一个医生的自白

走在生命与死亡的十字路口

[英]亨利·马什 著　刘丹丹 译

四川人民出版社

图书在版编目（CIP）数据

一个医生的自白 /[英]亨利·马什；刘丹丹译 .-- 成都：四川人民出版社，2018.6

ISBN 978-7-220-10820-4

Ⅰ. ①一… Ⅱ. ①亨… ②刘… Ⅲ. ①亨利·马什－自传 Ⅳ. ① K835.616.2

中国版本图书馆 CIP 数据核字 (2018) 第 118149 号

ADMISSIONS:A Life in Brain Surgery by Henry Marsh
Copyright ©2017 by Henry Marsh
Simplified Chinese edition copyright © 2018 by Grand China Publishing House
This edition arranged with Intercontinental Literary Agency LTD(ILA) through Big Apple Agency, Inc., Labuan, Malaysia
All rights reserved.

No part of this book may be reproduced in any form without the written permission of the original copyrights holder.

本书中文简体字版通过 Grand China Publishing House（中资出版社）授权四川人民出版社在中国大陆地区出版并独家发行。未经出版者书面许可，本书的任何部分不得以任何方式抄袭、节录或翻印。

四川省版权局著作权登记 [图进] 21-2018-280

YI GE YI SHENG DE ZI BAI
一个医生的自白

亨利·马什　著
刘丹丹　译

执行策划	黄河　桂林
责任编辑	石云
内文设计	胡小瑜
封面设计	胡小瑜
责任校对	申婷婷　王璐
特约编辑	刘馥鸣
责任印制	胡小瑜

出版发行	四川人民出版社（成都槐树街 2 号）
网　　址	http://www.scpph.com
E-mail	sichuanrmcbs@sina.com
新浪微博	@四川人民出版社
发行部业务电话	(028) 86259457　85259453
防盗版举报电话	(028) 86259457
印　　刷	深圳市东亚彩色印刷包装有限公司
成品尺寸	787mm×1092mm　1/16
印　　张	17
字　　数	212 千字
版　　次	2018 年 7 月第 1 版
印　　次	2018 年 7 月第 1 次印刷
书　　号	ISBN 978-7-220-10820-4
定　　价	59.80 元

■版权所有·侵权必究
本书若出现印装质量问题，请与我社发行部联系调换
电话：(028) 86259453

致中国读者信

A good relationship between doctors & their patients is essential to the practice of good medicine.
I hope that this book will help doctors & patients understand each other.
Henry Marsh.

医患关系对医疗行业至关重要。

我希望这本书能够使医生与患者相互理解。

亨利·马什

太阳与死亡都无法直视。
——弗朗索瓦·德·拉罗什富科

我们一直都应该尽最大努力整装待发。
——米歇尔·艾奎姆·蒙田

医学是一门不确定的科学,
又是一门可能性的艺术。
——威廉·奥斯勒爵士

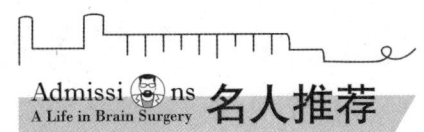

名人推荐

林 松
美国神经外科学会资深会员，中国神经科学学会神经肿瘤分会委员

  显微镜下，他以娴熟的技术穿梭于神经血管之中，承载性命重托，呵护人类健康。身穿白衣的我们，以独特的视角审视着这个世界。我们每次都尽最大的努力帮助患者康复，然而由于现代医学发展的局限性，医生们也有诸多无奈，正如美国公共卫生先驱特鲁多医生的墓志铭上所写的那样："有时治愈；常常帮助；总是安慰。"很多时候，医生群体往往和患者一样需要被治愈，需要帮助，也需要被安慰……

曹 勇
北京首都医科大学教授，天坛医院神经外科脑血管病和老年肿瘤专业病房副主任，主任医师

  生和死是个哲学问题，更是医生常常要直面的现实的探问。马什医生以神经外科医生的率直、诚实、同情和他细腻的笔法描写了神经外科日常面临的临床情景。同样，我也经历过许多类似手术成功的喜悦，也有面对疾病的无力和怅然。这本书带给我的是，在理性地了解患者可能发生的死亡、残疾等的同时，神经外科医生更应该运用专业知识、技术和内心深处的关怀给患者生的希望和未来。

克里斯·帕克姆
英国著名科学电视节目主持人和科普作家

　　书中的描述精彩极了。亨利·马什运用简单实在的言辞，描绘了他那令人好奇的一生和宇宙中最复杂的器官。我常常好奇大脑的结构是怎样的，它又是如何工作……虽然马什医生见过它，并在上面做细微的修复手术，但却仍然不了解它。虽然在神秘中寻找到奇迹令人振奋，但是当我们越发了解大脑，我们才越发认识到它的恢宏壮阔。

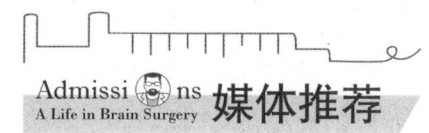

媒体推荐

《医学界》，中国权威医学媒体

顶尖脑外科医生坦诚吐露30多年从医心得，不隐瞒、不避讳、不矫饰的真诚之作。

《自然》(Nature)

亨利·马什担任神经外科医生长达30多年，并且名满天下。在这本充满思想性的书中（继《医生的抉择》之后的第二本书），他与我们闲聊了他的退休生活，以及在尼泊尔和乌克兰担任外科医生的经历。这本书充满了洞见，不仅讲述了人们对手术与大脑关系的担忧，而且谈论了衰老问题的复杂性，以及养蜂、植树和做木工活的乐趣。

《经济学人》(The Economist)

作者坦诚地为我们讲述着这些故事……虽然怀揣着不完美的英雄主义，叙述不免苛责挑剔，但尽管如此，这位医生还是招人喜爱。

对于死亡和濒临死亡的思考，他的写作可以与阿图·葛文德（Atul Gawande）的《最好的告别》相媲美……与其说《一个医生的自白》讲述的是一位外科医生的故事，不如说它讲述的是一个"人"的故事，但无论从任何角度切入，这本书都非常精彩。

《卫报》(The Guardian)

《一个医生的自白》优雅而有趣，相比马什的上一本书《医生的抉择》，它在许多方面都更加的真情流露。《一个医生的自白》就像是一部启示录，为我们提供了作者对生活的看法和他的私人体验。马什巧妙地阐明了神经外科的微妙和在其间遇到的挫折，他对更深层次的死亡的探索，并且也不失时宜地表达了对政客的愤怒。马什在书中相当诚实，作为外科医生中的精英，这是一种罕见而可贵的品质，我从未见过现实中的人有这种品质，怀疑它只曾在记忆中闪现。

《纽约时报》(New York Times)

马什已经退休了，这意味着他的人生回忆更加地明晰。如果你将《一个医生的自白》与他的第一本书《医生的抉择》作比较，你就会发现这本回忆录在内省上更为彻底。

《纽约客》(The New Yorker)

能够和马什共处一段时间是一种荣幸。他是一个值得尊敬的人物，时而情感强烈，时而隐忧恐惧。《一个医生的自白》让人想到生命中的愉悦、悲伤、热情和转瞬即逝。

《华盛顿邮报》(*The Washington Post*)

　　《一个医生的自白》再次展现了马什优雅的文笔和精湛的手术技艺。通过绘声绘色的散文化语言，马什描写了手术的过程中，每一次决定所面临的巨大风险。

《观察家报》(*Observer*)

　　也许是职业的缘故，马什十分多愁善感。《一个医生的自白》引人入胜，在这本书中，作者以青年马什为叙述主线，让它俨然成了一部成长小说。马什既是一位优秀的作家与讲故事能手，同时也是一位细致入微的观察者。

《泰晤士报》(*The Times*)

　　《医生的抉择》坦诚而细致，是一本由医生写就的、令人震撼的书籍……马什的第二本书也没有令读者失望。在《一个医生的自白》中，马什这位特立独行者又回来了，他甚至更加直率与易怒。书中讲述那些令人激动的故事、医学界从未征服过的手术领域，并在其间还穿插着作者的个人回忆……马什在书中滔滔不绝……他是一位不动声色的黑色幽默大师。

《新政治家周刊》(*New Statesman*)

　　我非常喜欢马什对大脑结构的描述，他对切除患者肿瘤的描写，以及他勇敢无畏地面对人生烦恼的态度……尽管在书中，他对医生的许多描述不符合我们的传统印象，但如果一定要让谁来撬开我的大脑，我最放心的还是把自己交给马什医生。书中最让人动容的是，马什坦诚地说出了自己对衰老和死亡的恐惧……他害怕自己被丢到英国任何一家养老院。

《每日电讯报》（Daily Telegraph）

《一个医生的自白》太精彩了……它是对外科手术的颂扬，亦是对生命的探索。我真希望这本书能一直读下去。马什是逐渐壮大的现代医学作家中的一员……他讲故事的方式和写作的能力都非常优秀……他行文的节奏无可挑剔……他的遣词造句就像出自能工巧匠之手，他将制造木工和做外科手术的热情投入到了写作之中。

《人物》（People）

这是个充满悲楚的、引人入胜的故事。

《好管家》（Good Housekeeping）

《一个医生的自白》这本书令人惊喜。作为神经外科医生，马什在书中分享他从业30余年的真知灼见。整本书洋溢着深刻的人道主义精神。

英国艺术台（The Arts Desk）

这本书真是精彩，令人手不释卷……这本书引人入胜，带我们一窥那个我们也许永远都不希望自己踏入的世界。

《文学评论》（Literary Review）

从马什对待不可避免的痛苦与死亡的态度，我们可以看出，他深深地同情病人及其家属……我们的大脑由左右脑组成，在一定程度上，它既等同于心灵和自我，又喻示着心灵和自我的相互分离……运用心理学和临床学知识，马什为我们详细剖析了大脑，吸引力十足。但他同时又认为，虽然大脑对于生命至关重要，但至今都没有理论知识能够完美地解释它的机理，对马什而言，自我剖析是寻找真理的关键。

《女士》（*The Lady*）

《一个医生的自白》之所以成功，除了作者精准优美的语言，更在于书中触及了生命、死亡和意识的本质。在这个越发缺乏坦诚的世界里，马什却做到了真诚，这实属不易。他的诚实让本书读来异常震撼。与《医生的抉择》一样，这本书让人印象深刻，合卷之后，仍余音绕梁，意犹未尽。

《每日快报》（*Daily Express*）

这是一本迷人的回忆录……无论是谈论犯下的过错，还是描写政治官僚的干预（从英国经由尼泊尔到达乌克兰纯粹的医疗决定），马什都感到无比的愤怒。站在现代医学的前沿，马什为我们绘声绘色地描写了外科医生所面临的压力。

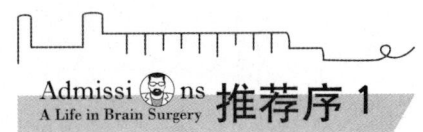

一个外科医生的故事

——《金融时报》

亨利·马什在他精彩的新书《一个医生的自白》中告诉我们,有意识的自我似乎在一个"无法被人了解的电化学海洋"上航行。作为一位长期奋战在神经外科的医生,他知道,多年来的经验不是加深了自己对大脑功能的理解,而是让自己更加屈从于人类本性的神秘和脆弱。例如,一个大脑额叶肿瘤就可能会将善良而体贴的人变得不理性和狂躁。但是,要不是神经科学的进步,我们现在仍然不会知道,我们脑内的灰质和白质如何让人类做出复杂的行为。

当马什即将退休,以及与熟悉但又不近人情的手术世界分离时,他开始意识到自己的思想正在慢慢改变。这不是疾病,而是渐进的衰老,他感觉到死亡正悄无声息地向他袭来。时间本身在向他的精神世界发起冲锋。

马什的青春超然而自负。在年轻时,面对人类在疾病中的日常痛苦,他迟钝麻木的情绪是必要的工具。但随着年岁的增长,他日益成熟,变得更加敏感、脆弱，开始反思自我，开始接受自己也将不可避免地成为"病人"。尽管他曾经很享受神经外科的挑战，但现在他发现，自己渴望从肿瘤中逃离。

在《一个医生的自白》中，马什描述年轻时的精神崩溃、抑郁、单恋和对父亲的忽视，写到自己在手术中的一些细节，并坦率地承认自己的错误，其中一些导致灾难性的后果。但更多地，马什把注意力集中在人生以及医学生涯的最后阶段。在多年的生活中，他看惯了人间悲剧，做出无数次生死抉择。每天面对"自我"的短暂性，他在书中思考该如何应付退休后的生活，如何看待令人恐惧的空虚时间。

在一定程度上，马什的退休是一个冲动的决定，这是他对医院官僚主义日趋严重的反应。医生权威的逐渐丧失，医院为政治正确而不是病人福祉制订目标，以及英国国家医疗服务体系的僵化，这些现实都让他不满和沮丧。英国国家医疗服务体系建立于一个温和优雅、资金充足、监管更少的时代，从这个意义上说，马什的这本书是一曲为英国国家医疗服务体系呐喊的悲歌。

然而，正如人们预料的那样，马什退休后的生活仍然充满活力和多样化。在尼泊尔，他协助同学做神经外科的工作，并在加德满都徒步旅行，试图登上喜马拉雅山；在乌克兰，他定期前往基辅，帮助朋友建立起神经外科科室；在英国牛津，他禅修般地改造废弃的小屋。在许多方面，马什这本书证明了人类精神的韧性。

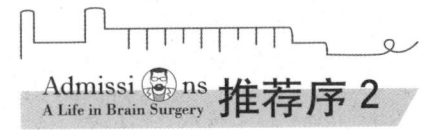

推荐序 2

剖析医学与生死的关系

——《科克斯书评》，国际权威书评杂志

英国神经外科医生马什已经从任职的医院退休了，《一个医生的自白》是他的第二本书。继他的处女作《医生的抉择》后，亨利·马什再次谈到了他对生活、死亡和脑部手术的看法。

作者的第一本书好评如潮，销量也不错。要是一些读者认为，《医生的抉择》并非尽善尽美，有一些不太准确的记录，那么，翻开马什的第二本书，他们便会意识到手中拿着的是一位大师的杰作。

马什退休后开始回顾他的生活和医学生涯，讲述了他在尼泊尔和乌克兰的志愿工作，那里的医疗护理条件极其糟糕。他用细腻的笔法描述了自己在手术中的成功，但更多地，他还是在谈论失败中的痛苦。讽刺的是，这种情况经常发生，因为这些国家的病人往往认为医生可以创造奇迹，所以，即使手术没有任何帮助，但在经过仔细的解释后，他们仍然经常坚持做手术。给脑溢血或无法治愈的脑肿瘤做手术，通常会将迅速的死亡转化为缓慢而痛苦的死亡。

马什曾说:"只有在美国,我才看到如此多的治疗,如此多的人有如此多的机会来恢复健康。"这是他对美国外科医生的赞赏,因为他们做的每次手术都是付费的。在他去过的所有国家中,只有英国不会上调手术的费用。所以,他在书中表达了对英国官员的愤怒,因为他们本可以通过提高税收来得到国家医疗服务机构最急需的资金。但是,害怕影响自己的仕途,他们从来没有这样做过。

在这本书中,我们看到,马什常常会感到痛苦,他既是一个深思熟虑的、令人着迷的脑外科医生,也是一个富有同情心的、热爱工作的外科医生。他用优雅现实的笔触展现世界各地的医学观点与他自身局限性的结合与冲突。这是一部杰出的书,我们期待马什的第三部作品。

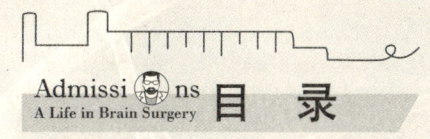# 目录

前 言 1

第 1 章　在退休的三周前 5

- 守门人的小屋 6
- 一个个病例,一场场悲剧 9
- 逐渐褪去的盔甲 16
- 肿瘤才是罪魁祸首 24

第 2 章　伦 敦 29

- 改变人生的决定 30
- 虽然痛苦,但我深爱 37
- 重症监护室里的小插曲 45
- 邓巴定律的关怀 47

I

第3章 尼泊尔 51

- 神秘而原始的国度 52
- 每个病人都有故事 58
- 医生心中有块墓地 63
- 富豪们牢牢霸占着转椅 67
- 有些话难以启齿 70

第4章 贫富只在一墙之隔 75

- 无名氏的光明未来 76
- 高楼外的流民 80

第 5 章　随时待命　83

- 术中唤醒　84
- 明智的选择　88
- 注定死于肿瘤的女孩　93

第 6 章　心脑问题　99

- 尼泊尔的首次门诊　100
- 晨　练　104
- 来来往往的病人　108
- 黑暗中的灯塔　115

第7章 骑大象 117

◎ 大象的气息　118
◎ 天堂没有幼童之友　128
◎ 徒步旅行　130
◎ 一个漂亮的尼泊尔女人　136
◎ 只有医生才能理解　139

第8章 律　师 145

◎ 卷入诉讼赔偿案　146
◎ 罪恶的繁华之都　150

第 9 章　**多余的财物**　153

◎ 手工制造　154
◎ 寿衣上没有口袋　161

第 10 章　**重修小屋**　167

◎ 打破的玻璃　168
◎ 燕子走了，再没回来　172
◎ 把小屋的过去留在过去　176

第 11 章 记 忆 179

◎ 从记事到现在 180
◎ 父母的故事 183
◎ "健康营" 190

第 12 章 乌克兰 195

◎ 伟大的分水岭 196
◎ 我的愤怒 199

第 13 章 抱 歉 203

◎ 错误时有发生 204
◎ 没有任何存活的希望 208

第14章 红松鼠 215

- 每个人都想离开 216
- 巨大的鸿沟 219
- 关于诚实与欺骗的演讲 224
- 小屋庭中半是苔 228

第15章 太阳和死亡 231

- 除了等待，别无选择 232
- 希望自己是只海鞘 239
- 我做好了离开的准备 243

致　谢 245

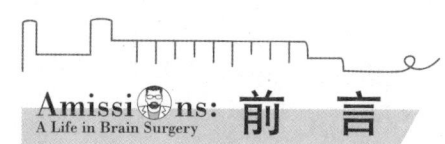

前言

我总是开玩笑,我最珍贵的东西是那套藏在家里的自杀工具包,我珍视它们,甚于珍视家中的书籍、祖传的画作和古董。自杀工具包里装有多年来我设法获得的一些药物。但是我不知道这些药物现在是否还有效,因为药物上既没有"保质期",也没有"最佳使用日期"。如果自杀失败,醒来后发现自己躺在重症监护室或者是在急诊室里洗胃,那该是一件多么尴尬的事情呀!对于企图自杀的人,医护人员总是夹杂着蔑视与傲慢,因为无论这个人是生是死,他都是失败者,是自我悲剧的始作俑者。

在成为神经外科医生之前,我还只是一个初级医师,那时我们抢救了一位年轻的女士,她在结束了一段不愉快的爱情之后,服用过量的巴比妥类催眠药,决心自杀。一位朋友发现昏迷不醒的她,将她送到医院。我们把她安排在重症监护室里,24小时使用呼吸机辅助呼吸。病情稳定之后,她被转到了普通病房,而我就是那个普通病房的实习医生,也是级别最低的医生。在那里,我看着她慢慢地恢复知觉,苏醒过来。一开始,她对自己仍然活着的现实感到惊讶,接着,又开始怀疑自己是否真的回到人间。我坐在床边与她谈心，她非常瘦弱，很明显，她一直在节食。戴着呼吸机昏迷了一天之后，她那深红色的短发蓬松凌乱，暗淡无光。她坐在床上，搭着医院的毯子，双腿蜷缩，下巴抵在拱起的膝盖上。她非常平静，这种平静也许是因为服用了过量的药物，也许是因为她感觉在医院里，自己仍处于生死之间的不稳定状态，因此暂时无须去想那些不快乐的事情。她在医院里住了两天，我们成了朋友，之后她被转到精神病科继续接受治疗。后来我才发现，我们都曾在牛津大学上学，还有一些互相认识的熟人，但是我却不了解她的过去。

不得不承认，当开始出现老年痴呆症的早期症状，或者是患上某种不治之症（比如作为一名脑外科医生非常熟悉的恶性脑瘤）时，我不确定自己是否有勇气使用自杀工具包里的药物自杀。患上老年痴呆症可能很快就会变为现实。在身体健康时，死亡还是很遥远的事，你总是相当简单地心怀幻想，认为有一天自己会非常有尊严地死去。如果我寿终正寝，而不是突然死于中风、心脏病或是被自行车撞飞，那么我可能无法预测，生命结束时我将有何感受。生命的终结可能恰恰是沮丧痛苦，毫无尊严可言的。作为一名医生，我不能抱有不切实际的幻想。但是，如果我拼命地想要抓住余生那可怜的时间，我也完全不会感到吃惊。因为虽然在有些国家，医助自杀（由医生建议或协助的自杀）是合法的，但很明显，很多患了绝症的人会在最初阶段对快速结束生命表现出兴趣，不过在临终之时，他们大都会放弃这一想法。或许，他们需要的仅仅只是安慰：如果最后的结果非常糟糕，他们可以迅速地放下自我，祥和平静地度过余下的人生。而且，这种态度的转变也有可能是另一个因素造成的，当死亡临近时，他们仍觉得自己有活下去的希望。这就是心理学家所说的"认知失调"，即心怀两种完全矛盾的想法。自我的一部分知道而且接受我们即将死去的事实，但另一部分却感觉或想象自己仍有未来可言。我们的大脑中似乎与生俱来就被植入了希望，至少部分如此。

随着死亡的临近，自我感知开始瓦解。一些心理学家和哲学家坚持认为，自我感知是一个有逻辑思维能力、能够自由选择的个体的自我意识，它仅仅是潜意识这个宏大乐章的扉页，这个宏大的乐章中还存在大量模糊不清、不够和谐的声音。很多我们认为真实的东西都仅仅只是大脑创造出的一种错觉。这种错觉能够对我们身体内外感受到的各种刺激、我们潜意识的种种活动，以及大脑中产生的冲动做出解释，也就是说，这种错觉只是具有抚慰作用的童话。

甚至有人说，意识本身就是一种错觉，它并不是"真实的"，而是大脑在捉弄我们。但我不理解这是什么意思。一个垂死的病人拥有两个相互矛盾的自我，一个知道自己即将死去，另一个则希望自己能够继续活着。一个好的医生会与病人的这两个自我交流。他既不能撒谎，也不能剥夺病人活下去的希望，即使这希望只是能够再多活上几天。但是这并不容易，需要长时间保持缄默。忙碌的医院病房不适合进行这样的谈话，因为大多数人都注定会在这里死去。当我们躺在那里，气若游丝，我们头脑的某一个角落里仍会残留着一丝活下去的希望，只有到了最后一刻，我们才会转过身去，面向墙壁，与世长辞。

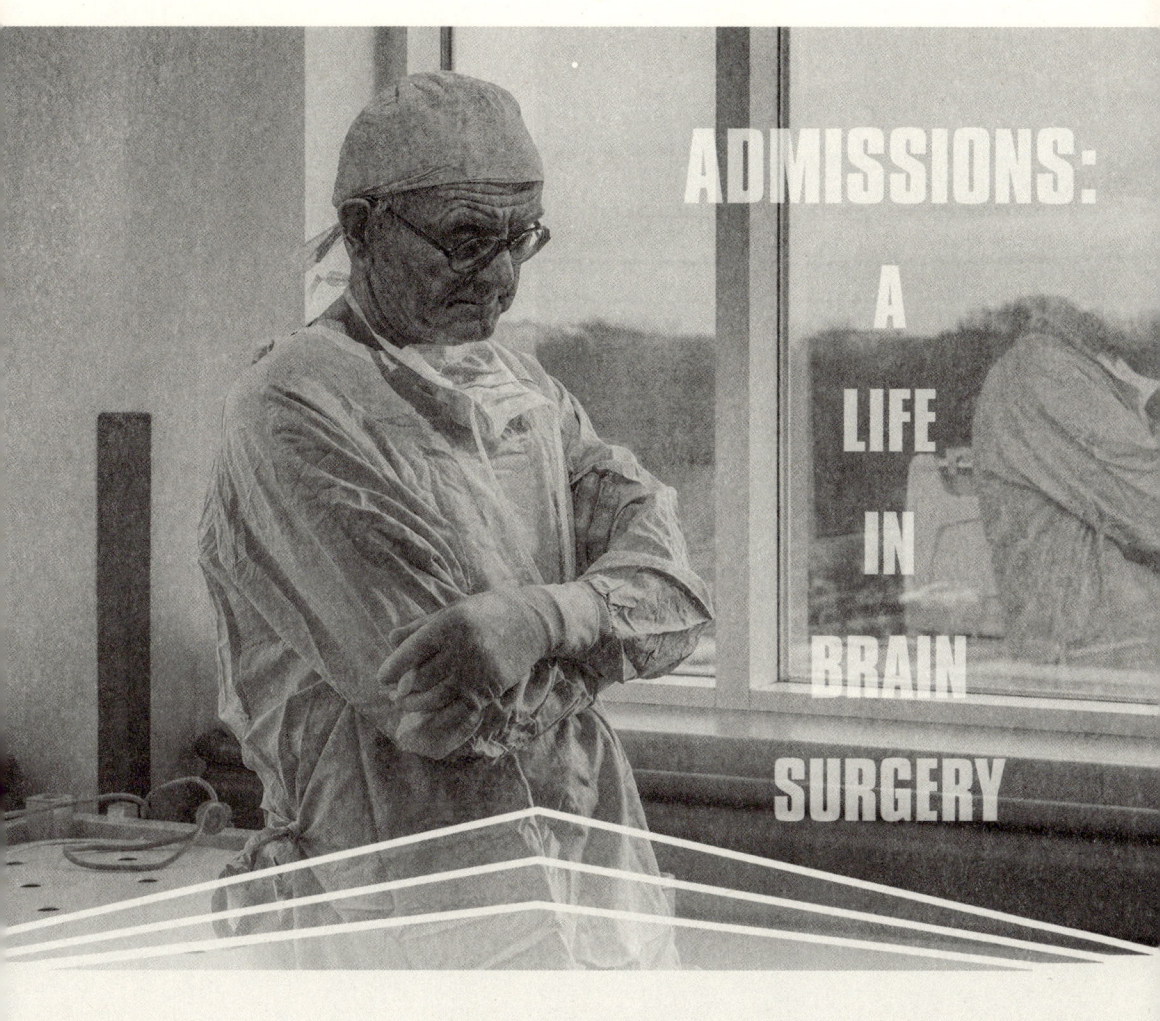

第 1 章

在退休的三周前

守门人的小屋

　　一间小木屋孤零零地立在运河边上，破旧不堪，空无一物。腐朽的窗框挂在合页上，花园里杂草丛生，在齐腰深的野草里，隐藏着堆积了50年的垃圾。小屋正对着运河和水闸，它的后边有一个小湖，小湖的另一边铺设着铁路。这间小屋所属的房地产公司已经雇人对其内部进行了清理。不管是谁做的清理工作，他都不过只是隔着破旧的篱笆，把屋内所有的东西扔进花园和小湖罢了，所以现在湖边乱七八糟地堆放着各种垃圾：床垫、吸尘器的外壳、饭锅、几把缺了腿的椅子、一些生锈的易拉罐和破烂的瓶子。除了垃圾之外，湖畔芦苇成行，两只白天鹅游弋在远处的湖面上。

　　在一个星期六的早晨，我第一次见到这间小屋。为了打发退休之后的时光，我正在牛津寻找一个能够做木工活的地方，一位朋友看到这间小屋正在出售，就把这个消息告诉我。我把车停在支路旁边，沿着天桥走过去，小汽车和卡车从我身旁呼啸而过，发出震耳欲聋的响声。我努力地在路边的树篱上寻找那个几乎看不见的小出口。在出口处，山毛榉矮小的枝条向下弯曲，形成一个幽暗的拱形通道，通道下一排长长的台阶向下延伸至运河边，台阶上落满山毛榉的叶子和果实。我逐级而下，走到宁静的运河边。这里河水平静，车辆的轰鸣声也戛然而止，我似乎在一瞬间从现实穿越到过去。顺着运河的纤道，走上大约几百码①，跨过一座古老的砖构拱桥，我来到小屋跟前。

花园里有几棵李树，其中一棵从一个废弃生锈的机器中间长出来。这个机器像是一个树篱修剪器，有一排能够修剪茂密灌木的往复式刀片。机器的两个大轮胎边缘上用很大的字体印着"艾伦"和"牛津"。我父亲曾经有一个几乎同款的机器，用来修剪他那个两英亩②大的花园和果园。父亲的花园距离这里不足一英里③，20世纪50年代，我在那里长大。有一次，我站在一旁看父亲工作，他在果园的草地上意外地碾压到一只鼩鼱。看着它血淋淋的身体，听着它刺耳的尖叫，我悲痛万分。时至今日，我仍记得当时的悲伤。

从小屋向外望去，可以看到平静沉寂的运河以及那个狭窄的水闸上厚重的黑门。没有一条路可以直接通向小屋，只能沿着运河的纤道步行至此，或者是乘坐驳船过来。花园正对运河的那边有一堵砖墙，砖墙边上有几个饮马的水槽。后来，我在水槽上发现了几个金属环，那些拖曳驳船的马匹可能之前就拴在这些金属环上。很久之前，闸门由管理员负责看守，但是现在，运河沿岸这些管理员居住的小屋都已被出售，闸门无人看守，那些途经这里的驳船只能自己操作闸门。有人告诉我，这里栖息着一只翠鸟，另外还有几只水獭，人们经常会看到那只翠鸟掠过水面一闪而过的身影。而仅仅几百码之外，混凝土结构的立交桥上，车流在运河上方呼啸而过。倘若转过身去背对公路，我就能看到田野和

---

① 1 码约等于 0.9 米。——译者注（本书其余注解均为译者注，除特别说明外，之后不再加标"译者注"）。

② 1 英亩约等于 6.07 亩。

③ 1 英里约等于 1.6 千米。

树木，以及屋后芦苇成行的湖畔。我能回忆起60年前，我在附近古老偏远的乡村中长大时的情景，那时候这里还没有修建公路。

地产经纪公司的年轻女士坐在小屋入口处的草堤上，一边晒太阳，一边等我。她打开前门的门闩和挂锁，我走进小屋，跨过地上几封满是泥泞脚印的信件。我低头看那些信，房产经纪人告诉我一位老人独自在这里生活了近50年，转让契约上说他是一位运河劳工。他去世后，多年前就已买下这间小屋的房产开发商开始将它挂牌出售。她不甚清楚老人是在哪里去世的，可能是在这里，也可能是在医院或养老院里。

小屋疏于打理，一股潮湿发霉的味道。破烂的窗户被破旧肮脏的蕾丝窗帘遮盖着，黑乎乎的窗台上落着一些死苍蝇。房间里空空如也，充满人去楼空的屋子里特有的那种令人伤心沮丧的氛围。尽管水电正常供应，房间里的设施却都很陈旧，只有一个破败不堪的室外厕所，厕所门已从合页上脱落下来了。前门边上的垃圾桶里有装满粪便的塑料垃圾袋。

我在附近一个古老的农舍里度过了自己的童年时光。那个农舍闹鬼，至少，住在农舍对面的怀特夫妇是这样说的，过去我很喜欢拜访他们。他们说夜里院子里会出现一辆邪恶的四轮大马车和几匹马，屋子里会有一个"头发花白的老妇人"。这是个匪夷所思的故事，自然而然地，我会想象那位老人的鬼魂仍然在这间小屋里。

"这间小屋我要了。"我说。

地产经纪人带着怀疑地表情看着我。

"您不要再做个调查吗？"

"不用了，我会自己做所有的修建工作，而且它看起来还可以。"我信心满满地回答，但同时又不确定自己是否有能力完成这项体力活，也不确定在没有路通到这里的情况下，我又该如何完成这项工作。或许我不该如此雄心勃勃，执着地笃信什么事情都要亲力亲为。或许自己去做与否已不再重要,我应该雇一个建筑工人。此外,尽管我想拥有一个工作室,但我又不确定是否真的想独居于这个孤零零的、可能会闹鬼的小屋里。

"这样的话,您最好给我们的办公室经理皮特出个价。"她回答道。

第二天,我驾车回伦敦。一路上我心神不宁,想到自己将会在这间小屋里度过生命中最后的时日,最终会在那里死去,我的故事也将终结于此。我想,既然我要退休了,就应该让一切重新开始。但是现在,我的时光所剩无几。

一个个病例,一场场悲剧

周一,回到手术室,身着蓝色手术服的我现在只是一个旁观者。在医学和神经外科领域工作了近40年后,再有3周我就要退休了。蒂姆将接替我的职位,他从实习开始就一直在神经外科工作。他非常能干且为人和善,也不乏对细节的关注,在做决定时略微带点偏执,这些都是一名外科医生所必需的。他能够接替我的工作让我倍感欣慰。现在,把大部分的手术工作留给他做看来是合适的,这可以为之后做好准备。如果等我退休之后才突然让他独自承担所有的工作和责任,他多少会有些慌乱与不安的。

第一例手术是一位18岁的姑娘,她是前一晚入院并准备做手术的。她怀有5个月的身孕,但却突然头痛难忍,扫描显示她的大脑基部有一个非常大的肿瘤,不过肿瘤几乎可以肯定是良性的。几天前,她是我在门诊时的一个急诊病号。女孩来自罗马尼亚,英语水平有限,丈夫会讲一点英语。当我通过她的丈夫向她解释病情时,她微笑着,毫无惧色。她的丈夫告诉我,他们来自马拉穆列什地区,位于罗马尼亚北部,罗马尼亚与乌克兰的边境线上。两年前,在从基辅去布加勒斯特①的途中，我曾和一位名叫伊戈尔的乌克兰同事经过那里。那里风景殊美，古老的农场和庙宇由木头建造而成，没有一丝现代社会的痕迹，田野里堆着稻草垛，路上有身着传统农民服饰的罗马尼亚人，他们驾着装载稻草的四轮马车驶过。那时罗马尼亚已经加入欧盟，而乌克兰却被拒之门外，伊戈尔曾为此事义愤填膺。一位罗马尼亚同事在乌克兰边境迎接我们，他戴着粗花呢布帽和一副皮革驾驶手套。在糟糕的路面上，他驾驶着儿子的大马力宝马一路飞抵布加勒斯特。除了在锡吉什瓦拉过了一夜，我们一路上几乎未作任何停留。在锡吉什瓦拉，吸血鬼弗拉德（《惊情四百年》里德古拉伯爵的原型）出生的房子依然矗立在那里，虽然现在已经变成了一家快餐连锁店。

  这位女士并不需要立即进行手术，从这个意义上来讲，她并不属于急诊病例。但可以肯定，她的手术也必须在数日内进行。目标明确的文化②界定了英格兰国民医疗保健制度的运作方式，她这样的病例没有依据可参照，既不是普通病例，也不是急诊病例。

  几年前，我的妻子凯特也面临着同样的困境。手术前，她在一家著名医院的重症监护室等待了很多个星期。她急诊入院，顺利地进行了紧急手术，但在几周的静脉营养③后，她还需要接受进一步的手术。我已习惯了一大袋金属箔片④包裹的浓稠液体悬挂在她床头的景象。通过一根插入到与心脏相连的大动脉的导管，营养液一滴一滴进入她的身体。凯特既不是普通病例也不是急诊病例，所以没有任何条款规定她可以进行手术。连续5天里，她一直在排队等待，等待着那个可能会有各式可怕并发症的大手术。可是每到中午，手术又都被取消了。

---

①基辅为乌克兰的首都，布加勒斯特为罗马尼亚的首都。
②指英格兰医疗体系中对于病例的分类方法。只有需要等待的普通病例和立即治疗的急诊病例的二元划法，没有处于中间过渡情况的分类。
③机体不能通过胃肠摄取食物营养时，通过静脉输入营养液的方法。又称肠外营养。
④一些药物为了保存，需用金属箔片遮蔽阳光照射。

最后，在绝望中，我拨通主刀医生秘书的电话。"是这样的，日常手术名单真的不是由医师拟定的。"她抱歉地解释道，"都是由经理，也就是由安排手术的人负责。他的电话号码是……"

我拨了那个电话号码，却仅仅收到了一条信息，告诉我语音邮箱已满，不能进行留言。那周周末，他们决定将凯特作为普通病例送回家，同时给她开了一大瓶吗啡。一周之后，她再次入院，大概是获得了安排手术的人的许可吧。手术非常成功，但是之后，在与那家医院的一位神经外科的同事一起开会时，我还是提及了我的遭遇。

"作为病人家属，我觉得很难。"我说，"我不想让人们认为，我妻子能够得到好的治疗是因为我是外科医生。但这真的相当难以忍受，取消你的手术已经相当糟糕了，排队等待5天又被反复取消更是糟糕透顶。"

那位同事点头答道："如果连自己的家人都无法照顾，我们又怎能照顾好普通的病人呢？"

所以，周一回去上班时，我很担心，要是那位女孩术后没有床位，情况就会如往常一样混乱。如果她有生命危险，我可以即刻进行手术，而不需要去寻求医院里相关部门的准许，在床位紧张的情况下为她再寻找一张病床。但事实是，她并没有生命危险，至少现在还没有，因此我知道这天从一开始就不会容易。

在手术室接待区，医生、护士、管理者们精神饱满，他们一边查看用透明胶带贴在桌面上的手术清单，一边讨论着今天可能无法完成所有的工作。我看到有好几例都是常规的脊柱手术。

"今天重症治疗室没有床位。"麻醉师苦着脸说。

"那我们为什么不能先把病人接过来？"我问道，"之后很快就会有空余的病床。"我总是这样说，但得到的回复也总是一样。

"不行，"她说，"如果重症监护室没有病床，病人术后就需要一直留在手术室里，直到苏醒过来为止，而这通常都需要好几个小时的时间。"

"晨会之后，我会过去把事情协调好。"我回答。

如往常一样，晨会的内容仍然是一个又一个的病例，也是一个又一个的悲剧和灾难。

"我们昨天接收了一位82岁的罹患前列腺癌的病人。最开始时，由于快要不能行走并且出现排尿困难，他被送去一家当地的医院。但那家医院没有让他住院治疗，而是让他回家了。"住院医师费伊边说边展示了一张扫描图。在昏暗的房间里，费伊的话引起了一阵带有嘲讽的笑声。

"不，不，这是真的，"费伊说，"他们给他做了导尿，我看过他的治疗记录，上面写着他已经好多了。".

"但是他妈的仍然不能走路呀！"有人大声说。

"嗯，但对那家医院而言这似乎不是问题。至少，4小时之后，他们就将他送回家。在家里度过48个小时之后，家人找到他的家庭医生，然后把他送到这里。"

"他肯定是一位没有怨言，长期忍受着痛苦的病人。"我对坐在旁边的同事说。

"萨米，"我问住院医师中的一位，"你在扫描图上看到了什么？"几年前，在喀土穆①进行医学访问时，我第一次见到了萨米。他给我留下了深刻的印象，所以我尽己所能帮助他来到英国继续培训。过去，把实习生从其他国家带到我的部门是相对容易的。但是近年来，欧盟综合了各个成员国从欧洲以外引进医生的限制条件，官僚程序越来越多，这些限制使引进医生变得非常困难。而英国是除了波兰和罗马尼亚之外，欧洲人均医生数最少的国家。萨米从所有的考试中脱颖而出，他的个子很高，为人温和，和他一起工作相当愉快。他全身心投入工作，深受病人和护

---

① 苏丹首府。

士的爱戴。他也将是我带的最后一位住院医师。

"扫描显示癌细胞的转移对第三胸椎后部形成挤压。其他部分看起来没有什么问题。"

"我们该怎么办呢？"我问。

"这主要取决于他的状况。"

"费伊，你觉得呢？"

"昨晚10点时，我看到他的腿被锯掉了。"

这句话很残酷，但精确地描绘出一个病人脊髓严重受损之后的状态，损伤部位以下没有任何的感觉，不能进行任何活动，也没有任何恢复的可能性。由于受到损伤的是第三胸椎，所以这个可怜的老人不能再活动他的腿或任何躯干的肌肉了。坐直身体对他来说都是困难的。

"如果腿被锯掉了，他的病情就不可能转好了。"萨米说，"现在做手术为时已晚。"

"这本是一个简单的手术。"他接着说。

"那这个人还有未来吗？"我问房间里所有的人。大家都沉默不语，所以我自问自答。

"他不可能再回家了，他需要全天候护理，为了避免长褥疮，每隔几小时就要为他翻一次身。这需要几名护士一起才能做到，不是吗？他可能从此就待在老年病房里，直到去世。如果幸运的话，身体其他部位的癌细胞能使他很快地从老年病房转入条件较好的安护病房。但如果他预后良好，几周内不会去世，安护病房也就不会接收他。如果不够幸运，他可能会在老年病房里拖上好几个月。"

我想知道，那个小屋里的老人是否也是这样，在某个冷冰冰的病房里孤零零地离开这个世界。他是否想念过那座运河边上的小屋呢？我带的实习医师们都比我年轻得多，他们身体健康，对于青春满怀自信。在他们这个年纪时，我也是同样这般健康与自信。作为一个年轻的医生，在现实中面对老年病人时我总是相当超然。但是现在，我快要退休了，正在失去这份超然。就如我成为医生之前一样，我将再次成为一个下层社会的普通病人，而不是一个地位显赫的专业人士。

有一阵子，屋子里十分安静。

"发生了什么？"我问费伊。

"他是晚上10点入院的，C医生本打算给他做手术，但麻醉师拒绝了，他们认为这位老人没有任何转好的希望，并且也不愿意在夜里进行麻醉。"

"哦，但是做手术也不会有任何损失，我们不可能让他变得更糟糕。"坐在后排的一个人说道。

"但是，现实一点来讲，我们是否有可能让他的状况转好呢？"我问。接着我又说，"尽管如此，但平心而论，如果我是病人，为了以防万一，我可能也会说做手术吧。想想都觉得可怕，带着麻痹瘫痪的下半身在老人病房里度过最后的时日。真的，如果在手术中死去，我也毫无怨言。"

"我们最后决定什么也不做。"费伊说，"如果地方医院有病床的话，我们今天就打算把他送回去。"

"好吧，我希望他们能将他带回去，我不想看到第二个罗西·登特。"80岁的罗西今年年初因为脑溢血入院，我是被迫接受她入院的，因为她根本不需要神经外科治疗。一位医师强迫我以急性神经外科病症准许她入院。如果不这样做，我至少会饱受抱怨和威胁，所以我妥协了。事实证明，我们很难将她再送回家去，她占着病床达7个月之久，直到我们成功说服一家养老院接受她，她才离开了医院。她是一位可爱的、从不抱怨的老人，我们都非常喜欢她，尽管她"霸占"着一个稀缺的神经科急诊病床。

"我想那没有问题，"费伊说，"只有我们医院才会拒绝接收从神经外科回来的病人。"

"还有其他入院的病人吗?"我问。

"还有威廉先生,"蒂姆说,"我希望在那个长脑膜瘤的女孩之后再给他做手术。"

"他是什么情况?"我问。

"他有阵发性癫痫症,最近表现得有些异常。他过去是个工程师或是做着类似的工作,工作效率很高。费伊,你能把那个扫描图展示一下吗?"

扫描图出现在面前的墙上。"你在扫描图上看到了什么,蒂尔南?"我问道。蒂尔南是我们这里最初级的医生,我们称他为"高实生","高级实习医生"的简称。

"大脑额叶的左部有东西。"

"你能够更准确地描述一下吗?费伊,请你展示一下弗莱尔大脑序列图①。"

费伊向我们展示了一些不同的扫描影像,这些序列图很好地表明了肿瘤正在浸润大脑。

"看起来肿瘤正在浸润整个左侧额叶以及左脑半球的大部分区域。"蒂尔南说。

"是的,"我回应道,"我们不能移除肿瘤,它的范围太大了。蒂尔南,额叶的功能是什么?"

蒂尔南有些犹豫,觉得这个问题有些难以回答。

"那么,如果前额叶受损会怎样呢?"我问。

"性格会发生改变。"他立刻回答道。

"具体是什么意思?"

"意味着病人无法抑制自己,会有些神志不清……"但是他无法更

---

① 原文为 the Flair sequence。FLAIR,指磁共振成像液体衰减反转恢复序列,是 fluid attenuated inversion recovery 的英文缩写,在脑、脊髓的磁共振中常用于成像,抑制脑脊液对图像的影响。

详细地描述额叶受损造成的影响。

"嗯,"我说,"如果无法抑制自己,一个人就可能会在高尔夫球场的绿地中间小便,这是医生喜欢引用的一个例子。额叶负责组织和安排我们的社会以及道德行为,如果额叶受到损伤,就会出现各种各样的社会行为的改变,而且几乎无一例外地,都会是一些不好的改变。突然出现的暴力行为和不理智行为都是最常见的类型。一个善良、细心周到的人会变得粗俗自私,尽管他的智力可能仍然完好无损。额叶受损的人很少能够洞察到自身的这种变化,'我'怎么能知道'我'发生了改变呢?他无法进行自我比对。我怎么能知道今天的'我'还是不是昨天的那个'我'呢?我只能假设'我'还是那个'我'。我们每个人都是独一无二的,只能了解当下的这个我。但这对于病人的家属来说是可怕的,他们才是真正的受害者。蒂姆,你希望手术达到何种效果?"

"如果我们移除一部分肿瘤,腾出一些空间,就可以为他争取更多的时间。"蒂姆回答道。

"但是手术会让他的性格有任何好转吗?"

"或许吧。"蒂姆说。我沉默了一会儿。

"我觉得很可能不会。"最后我评论说,"但这是你的病人,我还没有见过他。你是否把这些情况都告知了他的家人?"

"是的。"

"9点了,"我说,"让我们看看今天的床位情况,之后再决定是否具备开始手术的条件。"

逐渐褪去的盔甲

一小时之后,蒂姆和萨米开始给那个罗马尼亚女孩做手术。当蒂姆和萨米缓慢地将肿瘤移除的时候，大部分时间里，我都背靠着墙坐在凳子上。当他们使用显微镜时，手术室的灯光被调得很昏暗。听着熟悉的声响，看着手术静静地进行，我有些困了。各种声响交织在一起：麻醉监测仪发出的"哔哔"声，呼吸机发出的声音，吸管从大脑里吸走肿瘤时发出的"咝咝"声，以及蒂姆指导萨米和助理护士艾格尼丝的声音。"有齿镊……组织镊……止血……艾格尼丝，请注意碎片……萨米，你可以吸一下这里吗？……那里有一点出血……啊，好了……"

我也可以听到手术台另一端两位麻醉师的低声交谈。他们坐在麻醉机旁的凳子上，机器的屏幕上是一系列色彩明亮的线条以及红色、绿色和黄色的数字，这些是这个女孩的"生命机能"——她心肺功能的信息。远处，手术室的准备间里不时地传出一阵阵笑声和交谈声，那是护士们正在为下一个手术准备器械。她们都是我的好朋友，我们一起工作了多年。

我会怀念这一切吗？我问自己。多年以来，这样一个奇特、怪异的地方已成为我的家。在这里，人们切开活人的身体，就我而言，就是切开人的大脑。这里没有窗户，异乎寻常地干净，装有空调，灯光明亮，手术台位于房屋中间，周围是各类仪器，上方是两个巨大的圆形手术灯。几周之后，在我正式退休之时，我是否会毫无遗憾地离开呢？

很久以前，我认为大脑手术非常精细，因为它代表着最高形式的手脑并用，是艺术与科学的结合。我还认为脑外科医生一定聪明绝顶，能够洞悉生命的意义，因为他们的工作对象是神奇的大脑——一切思维和感觉的基础。年轻时，我简单地认为大脑是产生有意识的思维与感情的物理构造，是可以被了解和解释的。但随着年龄的增长，我开始意识到自己的无知。我们对于是什么样的物质和结构让我们产生了意识、思维和感觉一无所知。这个简单的事实让我对大脑的惊叹与日俱增。但是我知道，我的大脑会像其他器官一样逐渐衰老。这让我感到困惑，那个"我（大脑）"正在衰老，而它会变成什么样我又无从知晓。我的双手布满皱纹和黄褐斑，而使用它们做手术曾是我人生的主题，所以我很想知道如果对我的大脑进行扫描，扫描结果会是什么样的。我担心自己会得老年痴呆症，我的父亲当年就死于此病。在生命最后的日子里，他的大脑扫描图像看起来像一块瑞士奶酪，满是孔洞和空隙。我知道我非凡的记忆力已一去不返，因为我现在常常需要很费劲才能记住人的名字。

对于神经科学的了解也使我对于任何形式的"来生"不抱幻想，也不会自我安慰地认为那随年龄一同老去的大脑有朝一日会恢复如初。我知道一些神经外科医生相信灵魂和来世，但在我看来，这是一种错误的认知，和那些垂死的人认为自己仍有活下去的希望没什么两样。然而在想到我的本性时，我找到了些许安慰。我的自然属性，那个脆弱的"我"在用清晰的思维写下这些文字时，就像是在深不可测、由电化学物质构成的海面上进行一次前途未卜的航行。每天晚上，这个"我"又会在睡着时没入海面之下。这经历了无数个百万年进化而成的大脑与宇宙同样的神秘。

除了因大脑的脆弱而感到沮丧，我也知道脑外科医生的工作并不能让人对生活有更深的理解。在我结束职业生涯之时，我并不是感到幻想破灭，而是在某种程度上有点失望。较之于大脑的工作方式，我对自己容易犯的错误以及脑外科手术的粗犷（常常必须粗犷才行）有了更多的了解。但是，当我坐在那里，后脑勺靠在手术室冰冷洁净的墙面上时，我不知道这些想法是否仅仅是一位脑外科医生对职业的倦怠。

那位女士的肿瘤正从颅骨下部一个叫作颅后窝处的脑膜[①]向外长，紧挨着其中一个硬脑膜静脉窦。硬脑膜静脉窦就像排水管一样，持续不断地将大量的深紫色缺氧血从大脑向外输送。而这些血被心脏泵入

[①] 脑膜是一层薄但坚韧的薄膜，包裹着大脑和脊髓。

大脑时还是亮红色的，在流入大脑数秒钟之后，四分之一血液的颜色都会变暗，因为血液中的氧气被输送给了大脑。思考、感觉、情绪以及我们对身体的控制（这些活动多数都是无意识的），都是以氧气为动力的高耗能过程。去除肿瘤有撕裂静脉窦的风险，一旦撕裂，就会导致灾难性的大出血。因此，我彻底消毒，在最后 20 分钟帮助蒂姆完成手术。灯光下，我们小心翼翼地将肿瘤从静脉窦的边缘剥离，避免将其刺穿。

"我认为肿瘤已经被完全移除了。"我说。

"我没有时间再给威廉先生做手术了，就是那个额叶肿瘤患者。"蒂姆说，"一点钟我就要去门诊。我很抱歉，您能否给他做手术呢？移除尽可能多的肿瘤，再为他争取一些时间。"

"我想可以。"我回答说，但事实上我并不喜欢给不太了解的病人做手术，而且我也不确定手术是否真的是病人最好的选择。

然后，蒂姆去出门诊了，萨米完成手术的收尾工作。他将树脂黏结剂填入女孩颅骨上的洞里，又将头皮的表层进行缝合。一小时之后，威廉先生被推进手术室隔壁的麻醉室。我想他应该有 40 多岁，胡须稀疏，脸色惨白，表情茫然。他穿着白色长筒的静脉曲张袜，脚指头从袜子末端露出来，伸出手推车的边缘，可以看出来，他身材高大。

"我是亨利·马什，高级外科医生。"我低下头看着他说。

"啊！"他说。

"我想蒂姆·琼斯把事情都跟您解释过。"我说。

过了很长的时间他才答话，似乎之前进行了非常深入的思考。

"是的。"

"您有什么想要问我的吗？"我说。

他咻咻地笑了笑，然后又是长时间的沉默。

"没有。"他最后回答道。

"那么，让我们继续吧。"我对麻醉师说，然后离开麻醉室。

萨米正站在手术室的电脑旁等我，电脑的显示器安装在墙面上，从屏幕上可以看到病人的脑部扫描图像。他已经把威廉先生的头部扫描图像显示在屏幕上。

"手术怎么做？"我问。

"马什先生，肿瘤的范围太大，没法移除。我们所能做的就是取下肿瘤的一小部分进行活组织切片检查，以便于进一步诊断。"

"我赞同，但是活组织切片检查的风险是什么？"

"大出血或者感染。"

"还有其他的吗？"

萨米犹豫了，但我没有等他回答。

如果大脑本身就有肿胀的话，取出一点点肿瘤就会让肿胀的情况更加严重。病人会在术后死于"锥形变化"，也就是说，大脑会因为肿胀而将自身挤压出空间有限的颅骨，其中一部分会从大脑与脊髓连接处，一个叫作"枕骨大孔"的开口挤出，从而呈锥形。如果不被及时发现，这个过程无一例外都会导致病人死亡。

"我们需要取出足够多的肿瘤，给术后肿胀预留空间。"我对萨米说，"否则就会像是踢了马蜂窝一样，后患无穷。不管怎样，蒂姆说他打算尽可能多地移除肿瘤，这可能会稍稍延长他的生命。你想采用什么样的切口？"

麻醉师正在对威廉先生进行麻醉，同时给他失去意识的身体插入必要的线和导管以及体征检测设备。我们俩一边等待，一边就如何打开威廉先生的头骨进行技术性的讨论。

"打开他的头骨，"我叮嘱萨米，"看到大脑时就叫我一声，我就在那个有红色皮沙发的房间里。"

扫描显示，肿瘤已浸润威廉先生左脑额叶的大部分区域，看起来就像是灰色大脑中一片正在向外扩散的白云。这类肿瘤只会成为大脑的一部分，而不会替代它，癌细胞侵入大脑的软组织，在白色的神经纤维与灰色的脑细胞之间迂回前进。癌细胞就如木屋里的蛀虫一样，虽然在侵入大脑后的相当长一段时间里，大脑仍能正常工作，但是被虫蛀噬咬的房屋终将倒塌，大脑最后也同样会衰竭。

躺在休息室的红色皮沙发上，我有些焦虑。如同之前每一次等待手术时一样，我渴望退休，渴望逃离这些年来我不得不一直面对的病人的痛苦。但同时我又害怕离开，"一切都会从头开始。"我再次对自己说，但我的时间已所剩无几。这时召唤我返回手术室的电话响了。

左侧额叶的开颅做得干净利索，威廉先生的前额已与头盖骨剥离，被夹子和无菌橡皮筋固定着向前翻开。除了有一点满以外，他的大脑看起来没什么异常。外科医生用"满"这个词来描述大脑的肿胀，威廉先生的大脑从萨米在头盖骨上锯的开口处稍稍有些溢出。

"我们不能对此视而不见，是吧？"我对萨米说。"肿瘤范围太广，而且大脑有一点满，我们需要取出相当多的肿瘤来确保他能够安全度过术后的危险期。你想要从哪里开始？"

萨米用吸管指着大脑裸露面的中间。

"额中回？"我问道，"嗯，可能吧。但是让我们先去看看扫描图像吧。"我们走到房间另一侧，10英尺[①]外的电脑屏幕前。

"看！这一侧呈楔形。"我对萨米说，"我们应该从略高于这儿的地方开始。但从扫描上看，大脑有些向外突出，所以我们还不得不往里再深入一些。"

我们回到手术台旁，萨米使用电凝镊在威廉先生的大脑上烧灼出一条线，电凝镊的尖端带电，主要用来烧灼流血组织使其止血。

"把显微镜拿过来。"我说。护士调好显微镜之后，萨米轻轻地将吸管和电凝镊伸向大脑。

---

① 1英尺约等于30.47厘米。

"看起来挺正常的,马什先生。"萨米有点焦虑地说。尽管我们已经以各种方式检查核实了我们打开的确实是患病一侧的大脑,但此时此刻,我还是会如往常一样,陷入一种短暂而彻底的恐慌。我不得不迅速地安慰自己说,我们打开的的确是正确的一侧,也就是威廉先生患病的左侧大脑。

"嗯,低级别肿瘤的麻烦之处在于,它看起来、摸起来似乎都和正常的大脑一样。下边让我来吧。"

我开始谨慎地轻戳这位可怜的先生的大脑。

"是的,它们看上去和摸起来都完全正常。"我说,从显微镜里看着这些光洁无瑕的白色物质,我有些恶心。"这里应该就是肿瘤所在的部分了,扫描图像上显示有大量的肿瘤。"

"一定是的,马什先生。"萨米恭敬地对我说,"手术导航系统或者冻结切片对定位肿瘤的位置有帮助吗?"

这些技术手段应该消除我对肿瘤所在位置是否正确的疑虑。理智地讲,我应该已经找到肿瘤了,至少,已经找到了被肿瘤浸润的大脑区域。

即使是再轻的拨弄也会让大脑肿胀,威廉先生的大脑开始扩大,并且开始从已打开的颅骨向外冒出,这是不祥的征兆。在开颅(打开某人大脑的医学名称)手术结束时,医生会使用小金属螺钉、小金属片将颅骨固定,再用针将头皮缝合,这时颅骨就又恢复到原来的状态,成为一个封闭的"盒子"。如果大脑在术后有严重的肿胀,颅压就会急剧升高,导致大脑窒息,病人会随之死亡。在脑外科手术时,如果无法将肿瘤全部移除(特别是像威廉先生这样的情况,肿瘤长在大脑本身之上),术后必然会出现脑水肿。在这种情况下,移除足够多的肿瘤从而给脑内的肿胀留出足够的空间至关重要。这样,病人术后就不会因为颅压过高而出现危险。但是你又总会担心肿瘤移除过多,进而导致病人苏醒之后情况比手术前更糟糕。

我还记得两个类似的病例，接受手术的两个病人都是年轻女性。那是在我职业生涯刚开始的时候，经验不足让我畏手畏脚，未能取出足够多的肿瘤。两位病人在术后 24 小时内都死于脑水肿。后来，在类似的病例中，我学着更大胆一些，实际上，做这样的肿瘤手术是冒着很大风险的，但两位女士的死亡告诉我，不移除足够多的肿瘤的风险会更大。当时两位病人都罹患恶性肿瘤，即使手术非常成功，她们存活的希望也非常渺茫。回首过去的 30 年，在看过太多的人死于恶性脑瘤后，那两个悲剧性的病例也就没有当时那样令人伤心了。

"再糟糕也不过如此。"我一边忍着心中的不适，一边开始移除威廉先生几立方厘米的大脑，吸管发出的啜吸声令人难受。这个手术有什么值得称赞的吗？这看似简单的手术，这邪恶的肿瘤，改变了一个人的本性，毁掉了他和他的家人。现在就滚蛋吧。

显微镜下的吸管被我的手无形地操纵着，吸走威廉先生大脑里的肿瘤。我告诉自己我以前从未曾惊慌过，以前，我只会耸耸肩继续手术。但是现在，作为一名外科医生，我的职业生涯即将告终，我感到多年来在心理上保护我的盔甲正在逐渐褪去，我和面前的这个病人一样，被剥得一丝不挂，变得异常脆弱。类似的惨痛经历告诉我，威廉先生有可能死于手术，但是我很难让这样的事情发生。我知道在遥远的过去，一些外科医生会这样做。但是现在我们生活的世界已迥然不同，在这样的时刻，我总是痛恨我的工作。我们思维的物理属性——思维与大脑令人不可思议的统一，不再是一个让人心生敬畏、激励人心的奇迹，而是一个残酷可憎的笑话。透过橡胶手术手套，我能看到自己手上褶皱的皮肤，它让我想到我那罹患老年痴呆症、慢慢走向死亡的父亲以及他的大脑扫描图像。

我继续操作吸管移除肿瘤，威廉先生的大脑开始慢慢地收缩回颅腔内。

"空间足够了，萨米，"我说，"请开始缝合吧，我去把他的妻子找来。"

肿瘤才是罪魁祸首

那一天晚些时候，我到楼上的重症监护室看望术后的病人们。那位年轻的罗马尼亚姑娘一切都好，尽管脸色看起来有些惨白，还有点发抖。一名护士正站在她的床头往手提电脑里输入数据，她抬头看了看，告诉我一切正常。在成排的重症监护病床中，威廉先生与这里隔了3个床，此刻，他已经醒了，笔直地坐着，眼睛直视前方。

我坐到他旁边，询问他现在感觉怎么样。他转头看着我，沉默了一会儿。他那被癌细胞浸润和损伤的大脑，此时是一片空白，还是正在努力地组织思想？这些我都不得而知，甚至连他是否还是原来那个他都很难确定。我的很多病人在术后失去语言和思维能力，有时是永久的，有时是暂时的。等待是有期限的，之前，我只会待一小会儿。但是这次，我知道这样的情况可能不会再发生了，因此我静静地坐在那里，似乎过了很久很久。这或许也是我对过去的病人一种无声的致歉，因为我曾经不得不在回答病人的问题前就匆忙地离开。

"我会死吗？"他突然问道。

"不会，"我说，他似乎知道事情终究会怎样，这让我吓了一跳。"我发誓，如果是那样的话，我一定会告诉您。我总是对病人实话实说。"

他一定是明白了我的意思，所以他笑了，一种奇怪的、不合时宜的笑。"不，你现在不会死。"我在心里对自己说，"远比死更糟糕。"我又在他身边坐了一会儿，但他似乎再没有其他什么要说的了。

早上7点半，萨米如往常一样在护士站等我。他是传统模式下成长起来的一名初级医师，如果我已经在医院而他还没有到，这是他无法想象的事情。当我还是个初级医师的时候，在指导医师前离开医院对我来说是不可思议的事。但是现在，在医生轮班工作的新体制下，医疗训练的师徒模式在很大程度上已经消失了。

"她已经在接待室了。"他说。我们沿着走廊过去，坐在威廉夫人对面，我做了自我介绍。

"我很抱歉我们之前从未谋面。本来是蒂姆做这个手术的，但最后由我来做。恐怕我给您带来的并不是好消息，蒂姆是怎样跟您说的？"

通常，病人家属在听医生讲话时总是十分地专注，让你觉得好像一枚钉子正扎进你的身体。但是，威廉夫人只是悲伤地笑了笑。

"是个肿瘤，而且不能被完全移除。您知道吗？我的丈夫很聪明。"她接着说，"您没有见过他最佳的状态。"

"回想一下，您是什么时候发现事情不对劲的？"我温和地问道。

"两年前。"她立即回答道，"我们是7年前结的婚，两个人都是再婚。他是一个亲切友好的人，但两年前，他变得不再是原来那个他，开始对我做一些奇怪的、令人痛苦的恶作剧。"

我没有问她是什么样的恶作剧。

"事情变得非常糟糕，"她接着说，"以至于我们都有些想要分道扬镳了，然后他出现了阵发性癫痫……"

"你们有孩子吗？"我问。

"他和前妻生有一个女儿，我们俩没有孩子。"

"恐怕我得告诉你，治疗也不能让他好起来。"我非常缓慢地说，"对于他的性格改变我们束手无策。我们能做的就是尽可能地延长他的生命，不管怎样，他或许能够再活几年，但是慢慢地，他的情况会越来越糟。"

她用一种万念俱灰的表情看着我，茫然而无助，希望手术能够解除过去的种种恐惧，终结她的噩梦。

"我以为是我们的婚姻出了问题，"她说，"他的家人将一切都归咎于我。"

"肿瘤才是罪魁祸首。"我说。

"现在我知道了,"她说,"我不知道该怎样……"

我们又谈了一会儿。我告诉她我们还要等待移除部分的病理报告,如果病理报告显示移除的部分不是肿瘤,那么可能就要再次做手术。之后,唯一可能的进一步治疗就是化疗。但在我看来,这不可能让他好转。

我离开接待室,留下她和一名护士在那里。我认为在我离开房间之后,大部分病人家属都会痛哭。但或许,这仅仅是我的一厢情愿,他们可能更希望我待在那里。

萨米和我沿着走廊回去。

"那么,"我说,"至少他们的婚姻走到尽头了,她可能会稍微好过一些,但是谁又能知道如何面对这样的事情呢?"

我想起15年前第一次婚姻结束时的情形,想起前妻和我是如何冷酷愚蠢地对待彼此。我们两个人的大脑额叶上都没有肿瘤。那么究竟是大脑深处怎样的无意识活动,才让我们有了那样的行为举止?我惊恐地回想起来,在那段时间里,我对3个孩子的关注是如何地少之又少。那时,我看过精神医师,他告诉我尽可能地去做一个旁观者。但我根本无法摆脱心中愈发强烈的情绪,因为我被迫离开自己亲手建造的家。熬过那段可怕的时光之后,我有了些许顿悟,但或许,这也仅仅是因为,随着年龄的增长,我大脑里的情感消退了。

第二天,我去看望威廉先生。护士们告诉我,昨天我走之后,他曾试图在夜里逃走,她们不得不把门给锁上。这是一个美好的清晨,太阳刚刚升到伦敦南部的房屋顶上,阳光透过东面的窗户照进病房。他穿着睡衣站在窗户边上,我注意到睡衣上面装饰着泰迪熊。他的胳膊向两侧张开,似乎在拥抱清晨的太阳。

"您感觉怎么样?"我说,看着他轻微肿胀的前额,以及剃光的头上那一条缝合得很整齐的弧形刀口。

他没有回答，只是意味深长地朝我笑了笑，然后慢慢地放下双臂，一言不发、礼节性地握了握我的手。

两天后，病理报告证实，我送去的所有样本都被缓慢生长的癌细胞浸润了。需要很长一段时间才能给威廉先生配备好长期护理人员，而在家里，他又无法得到有效的护理。因此我让助理医师把他送回当地的医院，也就是他癫痫首次发作时被送去的那家医院。那里的医生护士可能会找到解决的办法。肿瘤肯定会夺去他的生命，但无法确定是在几个月内，还是需要更长的时间。第二天清晨查房时，我发现威廉先生的病床上躺着另一个病人，而他已不知去向。

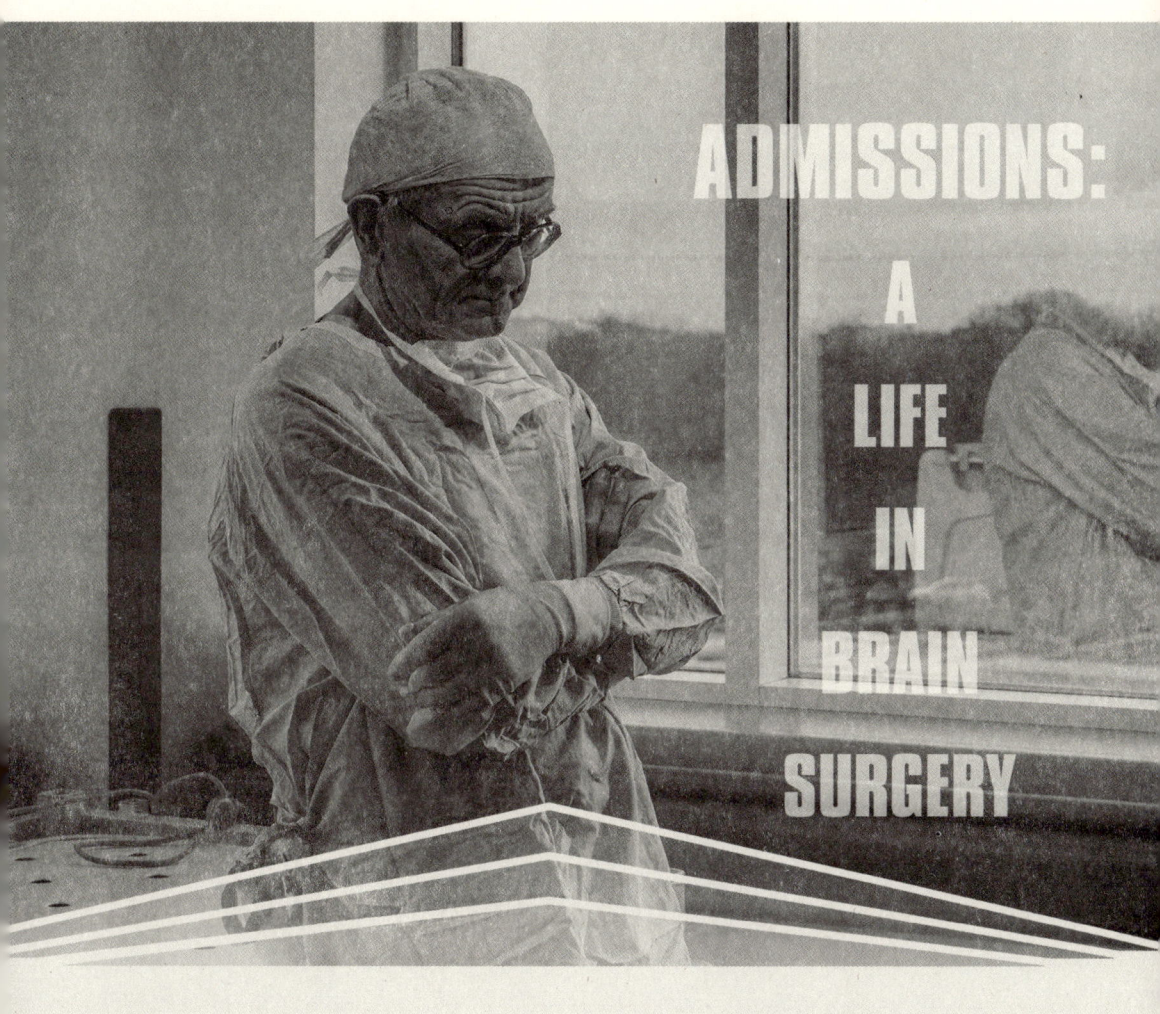

第 2 章

伦　敦

改变人生的决定

2014年6月,在我发现小木屋的4个月前,盛怒之下,我决定从位于伦敦的医院辞职。递交辞呈3天后,我回到牛津的周末居所,与妻子凯特一起生活,每天早上沿着泰晤士河的纤道跑步。外科医生的工作繁忙,让人无暇思考未来。但一旦不再工作,我该做些什么呢?这个问题让我惶恐不安。早在多年之前,几乎是在同一个地方、同一条纤道上,我的内心还经历着更大的痛苦。唯一不同的是,那时的我是漫步在这条路上。那时,我决定放弃牛津大学的政治、哲学和经济学位,父母听到这个消息后,他们十分沮丧。

沿着河岸晨跑,我突然想起一位患脊柱囊肿的尼泊尔女孩。囊肿致使她的双腿逐渐瘫痪。这种病是由寄生虫感染引起的,在英国比较少见,但在尼泊尔这样的国家里非常普遍。两个月前,我给她做了手术。几天前她康复了,到门诊室来向我表示感谢,和大多数尼泊尔人一样,她极其礼貌温和。现在已是夏末,水位较低,泰晤士河深绿色的水面看起来几乎纹丝不动。我一边跑步,一边回忆着她,然后就想到了德瓦。

德瓦是尼泊尔第一位外科医生，也是最负盛名的外科医生。他更广为人知的称呼是乌彭德拉·德瓦科达教授。他是我的朋友，30年前，我们曾一起在伦敦做外科实习医生。

"啊！"我突然想到，"或许我可以去尼泊尔找德瓦。我可以和他一起工作，闲暇时还可以看看喜马拉雅山。"

一个是放弃学位的决定，一个是从医院辞职的决定，这两个决定相隔43年之久，却都是由女人引起的。引起第一个决定的女人年纪较大，是我父母的一个朋友，我强烈地、完全不合常理地爱上了她。我的成长环境压抑且过于正统，尽管那时我已经21岁了，却仍然不够成熟，完全没有性经验。现在看来，是她诱惑了我。尽管只是一个热情的吻（我和她的关系也仅限于此），但之后，她却立刻大哭起来。那时的我心智成熟、行动笨拙，也许两种迥然不同的特征吸引了她，让她以为可以帮助到我。我给她写了一首热情洋溢的诗，这让她感到羞愧和尴尬（那首诗也早已被遗忘在岁月的长河中）。她已去世多年，但那段插曲带来的强烈愧疚感却一直如影随形，即使那个吻让我成为一名外科医生，让我找到生命的意义和使命的所在。

那段令人沮丧的、荒谬的爱折磨着我，给我带来困惑与羞耻感，我深爱着那个女人的同时，又抗拒着这份感情。我感到有两支部队在我的头脑中战斗，我想通过自杀的方式解脱出来。在牛津大学泰晤士河畔租住的学生公寓里，我试着用手去打碎玻璃，以期为这冲突的感情找到一种和解的方法，但是玻璃并没有碎，意识深处的我仍保持着理智的谨慎。

无法以身体的伤害来转化感情上的不快，我决定逃离。1971年9月18日凌晨，在未能自我伤害之后，我独自漫步在泰晤士河畔的纤道上。纤道狭窄，在夏季地面干燥，长满杂草；冬季充满泥泞，满是水洼。它穿过牛津大学，然后延伸至城市北面的那片宽阔的草地。当我闷闷不乐地沿河漫步时，我甚至看到过儿时的家，那是我非常熟悉的地方，距离这片草地仅有几百码远。顺着连接泰晤士河和牛津运河的狭窄河口，再稍微往远处走，就可以看到守门人的小屋。在走到那个小屋前，我做出了决定，所以折身返回。那位老人，尽管那时还很年轻，但已经居住在那里了。

由于那无果的单相思，我放弃了大学学位。同时，这也是对我父亲的反叛，他用心良苦地让我接受教育，因为他坚信，在牛津或剑桥大学读书是一种优势，这已成为他的一种信仰。在搬到伦敦之前，他是牛津大学的老师，对我充满期待。然而叛逆却深深植根于很多年轻人的灵魂之中。父亲是一个极其和善的人，但他也曾反叛过自己的父亲，因此，他接受了我的决定。我放弃一条可预见的职业生涯道路，来到纽卡斯尔北部的一个矿业小镇，在那里的一家医院里找了一份护工的工作。我希望，在目睹了他人因身体疾病而承受的痛苦后，我能够实现某种程度的自我治愈。但之后，外科医生的生活让我知道，身体疾病与心理疾病并无二致，它们一样的真实，应得到相同的治疗。约翰·莫德是那家医院的普通外科医生。他是我朋友的父亲，虽然我们素未谋面，但他在女儿的请求下，为我在医院手术室里谋得一份工作。他所做的一切让我惊讶，就像在缺课一年后，牛津大学居然同意我回去上课一样。如果没有他人给予的友善和帮助，我的生活将难以想象。

在医院做护工可以观看手术的整个过程，正是这样的经历促使我成为一名外科医生。一次，我回到伦敦，在妹妹伊丽莎白的家里度周末，主要目的是想跟她谈谈我的不快乐。她一边为家人烫熨衣服，一边和我说话。在交谈中，我突然决定要做外科医生。我已记不清当时发生了什么，我怎么就莫名其妙地认为，解决不快乐的方法是学习医学并成为一名外科医生。也许是伊丽莎白给了我建议，因为那时她正在接受护士培训。周日晚上，我乘火车回纽卡斯尔。车厢里黑色玻璃的车窗上映照出我的身影，我知道自己找到了生活的使命与存在的意义。尽管在成为一名合格医生的 9 年后，我才找到了神经外科这个我愿为其付出一切的挚爱，但我从未为自己的决定后悔。能够成为医生让我深感荣幸。

但如果我现在才开始行医，我不确定自己是否还有能力从事神经外科医学。许多事情已经改变。很多具有挑战性的神经外科手术，如动脉瘤摘除术，已变得相当烦琐。现在，医生们受到官僚机构的监督管理，而在 40 年前根本不存在这样的机构，这些机构的成员对于医疗实践也知之甚少。我非常信任英国国家医疗服务体系（National Health Service，以下简称 NHS），但这个机构长期资金匮乏，因为政府不敢对选民承认：一流的医疗保健需要更多的税收。除此之外，人们还面临着一些比疾病更为紧迫的问题。

带着刚刚找到的对于未来的方向感，我回到纽卡斯尔，读了《生态学家》（*The Ecologist*）的第一期杂志。对于人口持续的指数型剧增，杂志中充斥着对地球未来的悲观预测。在阅读这本杂志时，我想，成为一名医生，在治愈自我的同时治愈他人，这并不是一件任性的事儿。或许，想要让这个地球变得更好，还有其他更重要的方式，但我认为那些方式都没有成为外科医生更具魅力。"道德是医生的奢侈品"，这样的观点一直影响着我，因为医生们很容易就会自鸣得意，认为自己比病人重要得多。

几周之后，我回到工作岗位。作为一名手术助理，我目睹医生对一名男士的胳膊实施手术的全过程。这位男士在醉酒后怒气大发，故意用手打破窗户，破碎的玻璃使他的手就此残废。

在职业生涯的末期，另外一个女人——我所在医院的医疗主管——无意间在我的生活中扮演了非常重要的角色。一天，医院的董事长派她来和神经外科的顾问医师谈话。我们的傲慢与不配合是出了名的。

我们对管理者的态度过于疏离，没有发挥他们期待的作用，而我则被认为是这群违反规矩者中最差劲的一个。一位同事——头衔是服务交付科主任，或者是类似的荒谬的称呼。他待人和善，当我大吵大闹产生了不好的影响时，每次都是他帮我摆脱困境。这一次，他表现得适当庄重。——陪同她走进外科医生的休息室，房间里有个红色皮沙发，是我在几年之前购置的。因为要训诫 8 名神经外科顾问医师，医疗主管显得有些焦虑。她坐下来，将粉红色手提包放在脚旁的地板上。简短的介绍之后，主任就把话语权交给了这位医疗主管。

"你们一直没有遵守医院的着装要求。"她的意思是，人们在会诊时曾看到我们穿西装打领带。虽然我一直认为着装讲究是对病人的尊重，但那样的穿着有使病人感染的危险。然而潜意识里，我认为一个更可能的解释是，着装禁令与 NHS 的等级划分有关。高级医师看上去不应该与其他医护人员有任何不同，他们把这称为团队精神。

"你们并没有给初级医生起到很好的榜样作用。"医疗主管继续说。她说在病人出院时，我们没有确保那些初级医师按时将信息录入医院的数据库。过去，神经外科的出院总结被医院树为典范，这一直让我引以为豪。但是现在，他们使用计算机化的数据替代了传统的总结。计算机的版本质量低劣，在使用一次后，我就失去了让初级医生完成这项工作的兴趣。

"如果未能遵守规定，医院会给你们纪律处分。"她总结道，没有讨论的余地，也没有尝试说服我们。我清楚问题的所在，医疗质量委员会将要检查医院，这个委员会非常重视着装和文书工作。她说她知道这些相当愚蠢，但还是希望我们能配合。之后，她拿起手提包离开，主任有些滑稽地跟在身后。我确定如果我们一致拒绝她的请求，等待我们的将是纪律处分。所以第二天，我就寄出了辞职信。这个机构的高层管理者缺乏经营的意识，我不愿再在这里工作了。我非常谨慎地将离职时间推迟到60岁生日那天，这样，我的退休金就不会受到影响。

无论是职场、聚会，还是生命本身，我们总是说早走胜过晚走。但问题是，我们要确定什么时候才可以离开。我清楚自己仍没有做好放弃神经外科工作的准备，尽管我是如此急于离开伦敦的那家医院。我希望能够在国外兼职神经外科的工作，那样的话，我可以继续行医，却不需要让医学总会重新审核我的行医资格证。

每隔几年，飞行员的能力就需要重新评估。有人主张医生也应该如此，因为飞行员和医生的手中都掌握着他人的生死。现在有一个叫作"患者安全"的新兴产业，他们致力于减少医疗失误的出现，为那些遭遇不幸的病人负责。医疗卫生与航空工业有很多相似之处，现代医院是一个高度复杂的地方，很多事情都可能出错。我认为使用内容审查清单并努力形成一种免责文化是必要的，因为这样就能及时发现错误和过失，避免产生人为的悲剧。但手术与飞行并无共同之处，飞行员不需要决定飞行的路线，也不需要评估旅程是否值得冒险，更不需要和乘客去讨论这些风险。乘客不是病人，他们选择乘飞机旅行，而病人却没有选择疾病。在飞行中，乘客几乎都可以安然无恙，但身患绝症的病人通常很难活着离开医院。乘客不需要反复的安慰与支持（安全演示时除外，这时空乘通常会教导人们如何穿救生衣，并用难解的动作指示紧急出口的位置），飞行员也不需要与焦虑而苛求的病人亲属们打交道。如果飞机坠毁了，飞行员通常也会死，但如果手术出现了问题，外科医生会生活在强烈的负罪感下。尽管我们一直在提倡免责文化，但外科医生必须承担责任。

医生能力的重新评估十分重要，但这并非易事，NHS花费了多年时间才确定评估的方法。我不但要接受另一名医生的评价，还要完成一个"360度全方位"（包括几位同事和15位病人）的评估。我需要提供几位同事以及10位讨厌我的人的名字（唉，这并不是很难）。每次评估我都想实事求是，但每次到最后又临阵退缩，列出一个不太可能找出大问题的人的名单。他们在网上进行评价，说我如何地优秀，如何令人满意地实现工作与生活的平衡。当他们发来评估表时，我向他们表示感谢。

我需要将 15 份调查问卷分发给不同的病人。医学总会将大部分工作都外包给一家私人公司，所以评估工作实际上是由这家公司管理。这类公司的业务是众多商业中利润最高的一种，他们将 NHS 视为猎物，就如鬣狗一般猎食一头年老且残疾的大象。维持其生机与活力的政治意愿的匮乏，是导致 NHS 不能正常运转的罪魁祸首。

在门诊时，我需要让病人们填写这些冗长的、双面打印的表格，他们填完后再还给我。自然，我竭力做到最好，而且病人也不愿当面批评我，总是很顺从地填写表格。在我看来，无论谁来审查，都会怀疑这些表格是我自己填写的，因为上面写的全是赞美的话。作为一个典型的外科医生，有时我会忍不住想要停止这荒谬的填字游戏，但同时，我又会责备自己不够耐心。

在实习医院的神经外科，我的第一个职位是高级住院医师。实习医院的神经外科有两个咨询医师，年轻的那位等同于我的导师和监护人，因为我刚到那里工作不久，年长的那位就退休了。一天夜里，我正在值班，年长的那位打电话咨询我一些事情。他说他的一个朋友昏倒在家，想知道是否是服用降压药所致。很明显那个朋友就是他自己。记得有一次，我俩站在屏幕前看一位动脉瘤病人的血管造影[①]，他告诉我，他想让年轻的同事接手这个病人。

"到了我这个年纪，做动脉瘤手术对心脏不好。"他说，"最近在格拉斯哥[②]，在为病人切除动脉瘤后，一位上了年纪的神经外科医生突发

[①] 一种介入检测方法，通过显影剂在 X 光下所显示的影像来诊断血管的病变。
[②] 苏格兰最大城市，英国第 3 大城市。

严重的心脏病,并即刻陷入昏迷状态。"

在成功地为一位女孩切除了良性大肿瘤后,我的这位导师便光荣地退休了。女孩恢复极佳,几天后,她穿着病人睡服,剃光了头发,在他的退休派对上给他献了一大束花。我的导师退休几个月后就去世了。和他相比,34年之后,我的行医生涯却结束得不怎么光彩。

虽然痛苦,但我深爱

在退休的两周前,我和萨米看一张大脑扫描。

"奇怪的病例,马什先生。"他高兴地说道。不久之前,我也会像他一样兴奋。困难有风险的手术一直都是最有吸引力、最令人兴奋的,但当职业生涯接近尾声时,我对此类病例的热情正迅速消失。手术可能会失败,想到退休后留下一个无法治愈的病人,我满心沮丧。既然很快就要放弃这一切,我为什么非要让自己承受手术风险所带来的折磨呢?推荐某位同事代替我来做这个手术是完全没有问题的,但是,这位病人由一位年长的神经外科专家介绍过来,作为一名外科医生,我的自尊不允许自己这样做。

"应该还没有侵入任何重要的部分。"我指着扫描对萨米说。肿瘤长在枕骨大孔的边缘。对病人而言,脑干或分叉神经遭到破坏是灾难性的,会导致咳嗽和无法吞咽等诸多症状,也可能会导致口腔内的液体流入肺部,引起能轻易置人死地的肺炎。至少在理论上,肿瘤看起来是良性的,似乎也不会卡在脑干或脊髓神经上。尽管不可能完全确定,但移除肿瘤的同时不造成严重的伤害也是可能的。

周日晚上,在男士病房外,萨米和我坐在护士服务站的电脑前。我们并肩工作的时间很快就要结束了,彼此都感到惋惜。对于外科手术医生,能够和实习生建立亲密的关系是一件极大的乐事。

这是 3 月初的一个夜晚，天空晴朗，夜色深沉。透过病房的窗户，我看到一轮明亮的满月正高悬在伦敦南部的天空。之前，当我在小街上骑着自行车穿行时，月亮在身后追逐着我，空气中可以嗅到春天的气息。

"我还没见过他，"我说，"我们最好去和他谈谈。"

在有 6 个床位的病房里，我们找到了他，床的周围拉着帘子。

"打扰了！"我边说边将帘子拉向一侧。

皮特端坐在床上，一位年轻的女士坐在旁边的椅子上。我做了自我介绍。

"终于见到您了，我真高兴。"他说，比大多数病人第一次见到我时都兴奋。

"头痛真是越来越厉害了。"

"您看过自己的扫描吗？"我问。

"是的。艾萨克斯医生已经让我看过了，肿瘤看起来很大。"

"并不是太大，"我答道，"我见过更大的，自己的肿瘤总是感觉巨大无比。"

萨米把一个新的笔记本电脑从走廊拿到皮特的床头。在我们交谈时，他在计算机里调出了皮特的大脑扫描。

"这里以厘米为测量单位，"我指着扫描的边缘向他解释，"肿瘤直径 4 厘米。它造成脑积水，肿瘤就像是一个瓶塞，使得脑脊液无法从颅骨底部排出。如果不立即治疗，您只能再活几周。我很抱歉，如果这些话吓到了您。"

"我相信您说的，"他说，"我一直感觉很糟糕，尽管艾萨克斯医生给我服用的类固醇让我稍稍好受了一些。"

我们谈了一会儿手术的风险——死亡或严重的中风，当然这两者出现的可能性不大。我告诉他，术后可能会有吞咽的困难。他点点头，告诉我最近几周吃饭时偶尔会被呛着。我们谈到他的工作和孩子。我问他的妻子，孩子们是否知道父亲的病情。

"我们有两个孩子，一个6岁，一个8岁。"她说，"他们知道爸爸住院了，而且知道您会治好他的头痛。"

我们说话时，萨米拿来一份长长的手术同意书，皮特迅速地签了名。

"我一点也不害怕。"他说，"我真的很高兴您能在退休前给我做这个手术。"我对此不置可否，因为病人们总认为给他们做手术的医生是最好的。他们会特别地不喜欢，如果我告诉他们自己并不是最好的医生，也并非不可替代。萨米在手术同意书上记下他妻子的电话号码。

次日清晨，骑车去医院的路上，我一直在思索这样一个奇怪的事实：我的医生生涯即将结束。在近40年的时间里，面对处于死亡边缘的病人，我总是持续处于焦虑的状态，退休则意味着我不再会有这样的感受。尽管那样令人痛苦，但我却一直深爱着我的工作，不需担心每天要做些什么。每天都充满乐趣，我喜欢照看病人，并且至少在这个小小的医院里，我还相当重要。它不仅仅是一份工作，还给我提供了冒险与自我表现的机会，让我感觉自己的生命有意义。但是近年来，我的工作热情却开始逐渐消退，我将这归因于医生工作方式的改变。我越来越感觉到，自己就像是大公司里一个无足轻重的雇员，感觉到作为医生所特有的一些东西已经消失。它变成另外一种工作：我仅仅是团队中的一员，而这个团队中的很多人我甚至都不认识。我越来越没有权威，感觉自己越来越不被信任。我不得不花费更多的时间去参加政府法令所规定的会议，而这些会议在我看来对病人毫无益处。我们花费更多的时间谈论工作而不是实实在在地做工作。我们经常依据大脑扫描来决定病人是否需要接受治疗，而在这之前，我们与这个病人素未谋面。和我认识的医生一样，我感到越来越挫败，越来越被疏远。

尽管如此，强烈的责任感还是驱使我对病人负责。或许我的不满是因为我的手术越来越少了，尽管和其他外科医生相比，我还是幸运的，因为我一周还有两天的手术时间。很多同事的手术时间被缩短为每周一天，你可能非常想知道，在一周的剩余时间里，他们都在做些什么。近年来外科医生数量增加，而与之配套的手术设施和装备数量却没有得到相应地提升。或许仅仅是因为我年纪越来越大，越来越容易疲惫，所以真的应该离开了。一方面，我渴望离开，远离焦虑，做时间的主人；另一方面，我又把退休视为陷入可怕的虚无，与死亡无异，它始于衰老带来的无能，再以可能的老年痴呆而终结。

　　周末急诊入院的病人比平常要少，重症监护室里也有空闲的床位，因此，手术可以按时开始。为了照顾小孩，麻醉师海蒂在之前请了长假，但现在她回来了，虽然也只是兼职上班。我们是老朋友了，看到她，我会有一种如释重负的感觉。麻醉师和外科医生之间的关系（既是朋友又是同事）至关重要，尤其是出现麻烦的时候。我走进麻醉室，海蒂和她的助理已经让皮特进入睡眠状态。海蒂将导气管插进皮特的嘴里，并让它穿过喉咙到达肺部，麻醉师助理用弹性绷带将导管固定在皮特的脸上。当麻醉剂开始起作用，病人进入无意识状态时，麻醉就完成了。

　　这个过程我看过几千遍，它无疑是现代医学的奇迹之一。上一刻病人完全清醒，还说着话。然而在下一刻，当药物沿着胳膊上的静脉向上通过心脏，到达大脑时，病人会叹息一声，突然就进入深度无意识状态。看着这一切，我觉得病人的灵魂似乎正在离开躯体，去向未知的地方，在我面前的只是一具空空如也的皮囊。

　　"或许会流点血，"我对海蒂说，"脑干可能是个麻烦。如果脑干的下部，也就是延髓出现了问题，病人的心率和血压会突发惊人的变化，甚至出现心脏停止。"

　　"不要担心，"海蒂说，"我们一切都已经准备就绪。冷藏室里储存有免疫球蛋白和大量与之匹配的血液。"

所有手术人员都到齐了，皮特被推进手术室。萨米扶住他的头，我们从手推车上抬起他，让他俯身躺在手术台上。

"俯卧，中间位置，头自然伸展。"我告诉他，"将他身体固定好，从中线开颅，让左侧颈动脉 C1 段展露出来。做完这些后，看到硬脑膜时叫我一声，我过来和你一起。"

我离开手术室，绕道到外科医生起居室，与其他医师参加周一晨会。晨会已经开始了，两个值班的基层管理人员也在场（在这里我要说明一下，这两个人我都很喜欢，和他们相处得也不错）。会议主要是讨论神经外科的日常工作，有时，两位管理人也会向我们报告神经外科的财务状况。会议的大部分时间里，医生们都在抱怨遇到的小挫折和发泄对医院工作效率低下的不满。会议室里有一个天蓝色大脑形状的垫子，那是在美国做实习生的妹妹送给我的。有时，我们会在屋里抛掷这个垫子，就好像手里拿着的是《蝇王》[①]（*Lord of the Flies*）中的海螺。两位管理者中年长的那位名叫肖恩，他现在正在讲话。我把垫子扔给他，但他没有理睬。

"过去一年里，我们仅仅盈利 100 万英镑，而以前，在工作量相同的情况下，我们盈利 400 万英镑。过去我们是医院中赚钱最多的部门，但现在已经不这样了。"

"但那 300 万英镑到哪里去了？"有人问道。

"不是很清楚，"肖恩说，"很多钱花在雇用护士，给病人安装金属假体上。如果急诊工作超出规定的量，我们只能拿到 30 % 的报酬。"

"真是荒谬至极！"我轻蔑地哼了一声，"如果知道我们因拯救生命而受到处罚，公众会怎样想？"

[①] 英国作家、诺贝尔文学奖获得者威廉·戈尔丁的代表作，是一本重要的哲理小说。书中的海螺象征着文明和对专制、野蛮的反抗。

"你是知道的，"肖恩说，"我们这样做的主要原因是，为了防止医院把非急诊病人变为急诊，从而索要过多的费用。"

"好吧，但我们从不那样做。"我答道。

我需要解释一下，在 NHS 中，某一个部门的盈利并不是真正意义上的盈利，实际的盈利以我们是否超过预定的财政目标来界定，而这个目标则是基于前一年的利润来设定的。这是一个我完全不能理解的晦涩难懂的过程，我们所赚取的任何利润都用于支持体系中那些不太能盈利的部门。所以，尽管 NHS 引进经济学家挚爱的奖惩制度，但却无法激励基层临床医师提升工作效率。此外，多余的钱似乎都花在雇用越来越多的员工上，这似乎是在鼓励已有的工作人员做更少的工作。

有一阵子，晨会偏离原先的话题，讨论了有关脊椎植入的问题。这个问题并不简单。随着颅内神经外科技术进步的逐渐停滞，取而代之的是一些非外科的方法，例如动脉瘤的放射治疗，肿瘤的高度集中放疗。越来越多的神经外科医生 (数量在不断增加) 都热衷于做脊髓外科手术。这种手术主要是将各种各样昂贵的钛制螺母、螺栓和钛条嵌入病人的背脊，用于治疗癌症和背痛。对于背痛来说，支撑这种手术有效性的临床证据绵薄无力；对于癌症患者来说，癌细胞通常会扩散到脊髓，是否做手术一直是一个悬而未决的问题。因为无论怎样，这些病人或早或晚都会死于潜伏的癌症。脊椎植入是一个大手术，在美国，这是笔每年收入 60 亿美元的大生意。在现代医疗中，这是一个典型的过度治疗的例子，特别是在美国这样医疗体系商业化、市场化的国家里。

为了专注于脑外科手术，几年之前，我就不再做脊椎手术了。所以当我被唤回手术室，可以远离这个话题时，我感到很高兴。萨米已经开始手术了。

"让我看一看。"为了不碰到无菌布，我身体前倾，小心翼翼地向皮特脑后部的大洞看去。"很好！"我评论道，"切开硬脑膜，我去戴手套。"

"金贾,"我对巡视护士说,"请把显微镜拿过来。"

当金贾将沉重的显微镜搬上手术台时,我正在屋角的大水池里洗刷手掌和胳膊。这个动作我十分熟悉,它让我镇静下来的同时也让我有些反胃。这么多年来,这个动作我做了好几千遍,而现在我知道,这马上也要结束,至少,我不会再在英国做这样的动作了。

金贾过来帮我系上蓝色手术服后的带子。我走向手术台,皮特被蓝色的无菌床单盖着,明亮的手术灯照亮他脑后部血淋淋的大洞。硬脑膜像皮革一样,我在一旁看着,萨米用一把手术剪打开脑膜的最外层。然后,由我接手之后的工作。我坐在手术椅上,放下扶手。我告诉实习生们,显微外科手术的第一条原则就是医生要处于舒适的状态,所以通常我都是坐着做手术。在有些部门,坐着手术会被认为是不够强壮的表现,因此在整个手术过程中,他们通常会一连站上很多个小时。

肿瘤很容易就能找到,它位于大脑后部,小脑下几毫米的地方。它是一个亮红色的圆球,在显微镜的灯光下闪闪发光。肿瘤向左靠近人体十分重要的脑干,向右向下一直深入到细如线丝的颅神经下部。这些都被肿瘤遮盖,直到手术结束、移除了大部分肿瘤后,我才能看到它们。当我用吸管触碰肿瘤时,鲜血立刻喷射而出。

"海蒂,"我说,"出血了。"

"没关系!"她鼓励我说。

我镇静下来,开始专心致志地攻克肿瘤。

"如果流血过多,"我对萨米说,"麻醉师可能会要求你停止手术,包扎伤口,而那样做的话,又有可能伤害到大脑。如果病人看起来就要流血而死,那么你不得不抱着不损害任何部位的希望,尽可能快地完成手术,在病人死亡前取出肿瘤。通常情况下,肿瘤一旦被取出,流血就会停止。"

"你去喀土穆的时候,我见你做过一个类似的手术。"萨米说。

"啊，是的！我都已经忘了。他还好，尽管……"

4小时高度专注的工作，让我们最终移除了肿瘤。从那个3厘米宽的脑洞朝里看，鲜血源源不断地向上涌出。我无法看到大脑，也没有任何方法可以将肿瘤巧妙地从大脑上切除。我不再像过去一样享受手术的过程，这让我感到沮丧。我告诉自己，本应该安排同事一起完成这个手术的，那样可以大大减少手术带来的压力。但我没有想到肿瘤出血如此严重，而且，作为一个外科医生，寻求帮助通常是不太容易的，因为勇敢和自信是外科医生的重要品质，我不想让同事认为我老了，勇气不足。

"看，萨米，"我说，"那该死的东西被分离了。"肿瘤终于被移除，出血停止，脑干、颅神经的下部，以及所有的脊椎动脉都完好无损。这让我想到云开雾散后的月亮，光辉一下子就照亮了整个夜晚，这是一个美妙的景色。

"我们很幸运。"我说。

"不，不，"遵从外科实习生的首要原则，萨米恭维我说，"是您手术做得好极了。"

"是吗？我可不这么认为。"我说，然后对着手术台较远的一端喊道，"海蒂，失血量是多少？"

"仅有1升。"她高兴地答道，"不需要输血，他的血红蛋白值仍然是120。"

"真的吗？我觉得失血量要多得多。"

可能是手术过程中的过于紧张造成了我的错觉。我安慰自己，或许多年的经验还是起到了重要的作用。皮特会好起来，这才是最重要的。我治好了他的病，他年幼的孩子也会为此开心。

"来吧，萨米，"我说，"把创面缝合上吧。"

重症监护室里的小插曲

术后醒来，皮特的感觉良好。虽然他的声音嘶哑，但是能够正常的咳嗽，所以我不担心他会有呼吸的困难。

当夜晚些时候，我回到医院察看他的术后情况。许多时候，我都会在晚上来医院，因为我住得很近，来去比较方便，而且在手术前后，病人们也希望能看到我。实施轮班工作制后，医生的工作时间是固定的，我这样做也是对该制度的抵抗。因为如此一来，医学不再被看作是一份事业，而只是一份职业。与我一样，很多医生似乎都对医学有着相同的期望。

我走进仓库一样的重症监护室，找到皮特的床位。床位设在屋子的两侧，排成两列，床尾有一个护士，床头竖立着高科技监测设备。

"他怎么样？"我问护士。

"挺好的。我们给他插了一个鼻胃管，以防他呼吸……"重症监护室的护士很多，眼前的这个我并不认识。

皮特清醒地坐在床上。令我惊讶的是，他插着鼻胃管，管子固定在脸上，从鼻孔朝上插入，再向下穿过喉咙进入胃部。这让我非常生气，因为他根本就不需要这根管子。插管过程非常难受，我这样说是因为，我的妻子曾有过相同的经历。这样做也并非完全无害，曾经也有记载，一个医生不慎将管子插入肺部，导致病人因吸入性肺炎死亡。不得不承认，插管引起的并发症很少见，但是在这样成功的手术后，他们还是决定给他插鼻胃管，这让我怒不可遏。我没有任何理由去责备护士，因为这是值班医生的决定，很明显，他没有我经验丰富。我询问皮特感觉如何。

"比想象中的好。"他的声音有些嘶哑，反复向我表示感谢。我向他道晚安，并告诉他，那根让人难受的鼻胃管会在第二天早晨被拔掉。

"我知道病人的鼻胃管不是你插的，但是能请你把它取出来吗？"

"我很抱歉,马什先生,语言治疗师检查过之后才可以。"

几年前,语言治疗师开始不仅仅负责言语有困难的病人,也开始负责有吞咽问题的病人。我不是语言治疗师们喜欢的神经外科医生,过去,当语言治疗师拒绝取出那些我认为没有必要的鼻胃管时,我和他们有过几次争执。结果是,不论我怎么抗议,一些病人在住院后还是被插入了鼻胃管。

"把它取出来,"我咬着牙挤出这几个字,"他不需要鼻胃管。"

"很抱歉,马什先生,"护士礼貌地回答道,"我不能那样做。"

我周身燃起强烈的怒火。

"他不需要这根管子。"我大喊,"我给他做的手术,他的脑干和颅内神经完好无损,咳嗽并非不好的征兆……请把这该死的管子取出来,这是绝对安全的,我来负这个责任。"

"我很抱歉,马什先生。"这个倒霉的护士又开始道歉了。愤怒战胜了理智,我完全失控了。我猛地把脸伸到他的面前,用拇指和食指夹住他的鼻子,愤怒地拧了拧。

"我讨厌你们。"我喊着,转身去最近的水池里洗手,虚弱、愤怒、充满挫败感。医院要求医生在接触病人之后必须洗手,我认为,在与同事发生冲突后也需要这样做。权威的渐渐消失、信任的削弱、医疗业出现的令人难堪的衰退,多年来所累积的种种沮丧与不快在瞬间爆发。我想这种爆发是因为还有两周我就要退休了。我无法抑制自己的愤怒以及强烈的羞耻感,我冲出病房,萨米跟在我身后,留下一小群惊愕不已的护士站在皮特的床前。工作时我并不经常发脾气,也从未与同事产生过争执。

我慢慢地平静下来,那天晚些时候,我回到重症监护室向那位护士道歉。

"十分抱歉,"我说,"我不应该如此粗鲁。"

"发生的便无法挽回。"他回答。我不明白他是什么意思,想知道他是否已经向官方投诉,当然,他完全有权利这样做。那天要下班时,我收到了一封邮件,是重症监护室的护士长发来的,她说她知道了重症监护室里发生的小插曲,而且要求我第二天和她谈谈。

我带着以前从未有过的怯懦与惊慌回到家里。我害怕可能会受到官方的纪律处分,很长一段时间后才平静下来。"那个勇敢的外科医生到哪里去了?"我躺在床上问自己,由于害怕和愤怒而瑟瑟发抖。也许,真的是时候离开了。

邓巴定律的关怀

翌日清晨,我按时到了护士长那里。我和这位护士长一起工作了多年,彼此熟悉。过去上学时,学生会因为行为不端而被叫到校长办公室,今天,这种强烈的焦虑心情,让我想起了在校长办公室门口等待的情形。12年前,我就和护士长萨拉在一起工作了,那时我们所在的专科医院还没有关门。那所医院名叫阿特金森·莫利医院,是一家治疗神经外科和神经病学相关疾病的专科医院,仅有180名员工,是有别于其他医院的另类存在。它位于温布尔顿,周围的环境非常美丽,庭院树木环绕其间,我们不仅仅把它看作是一所医院。但后来,出于商业发展的考虑,这家医院被出售,现在已变成耗资数百万英镑的公寓住宅楼。从临床医学的角度来看,我们也有足够的理由与现在这家拥有上千名员工的大医院合并。

在医院合并的同时,我们也失去很多东西,其中最重要的就是同事间友好的工作关系。在一个小机构里,每个人都相互熟悉,大家在职责与友谊的基础上协同工作,每个人都是亲密的伙伴。神奇的邓巴数字——150定律,是医院工作效率的完美例证。罗宾·邓巴是牛津大学杰出的进化人类学家。他认为,在狩猎与采摘的活动中,人类的大脑得到了进化。人脑的大小是由人类自然社会群体的大小所决定的,我们有着灵长类最大的大脑和最广的社会群体,最多可以与150人建立起私人关系。当社会群体人数超过这个数字,领导阶层、客观规矩以及工作职责就变得必不可少。

所以,萨拉和我非常熟悉。尽管医院的管理者竭力让我们与一个陌生团体融合在一起,但我们在专科医院里形成的同志关系仍然保留下来。我认为,除了萨拉,医院护士中的任何人都会对我发起某种正式的纪律性惩戒。

"我为自己感到羞愧,"我告诉她,"这样的事情会发生,在一定程度上是因为,我知道自己就要离开了……"

"是的。他不知道语言治疗师会让你暴跳如雷。他不想正式投诉,但是他说他非常害怕,你的行为让他想起了几个月前受到的一次攻击。"

因为羞愧,我低下了头。我的前妻曾告诉我,我生气时的样子非常难看。在一次激烈的争吵后,我们的婚姻土崩瓦解。

"他对我的态度很好,而且很镇静,让人敬佩。"我说。

"下次见到他时麻烦您替我向他道歉,这样的事情不会再发生了。"萨拉了解我即将退休的心情,我微笑着补充道。

我离开她的办公室,顺道去了皮特所在的男士病房。让人高兴的是,那里的主任护士按照我的要求把皮特的鼻胃管拔去了。皮特正轻松地喝着茶,虽然他的声音还是有些嘶哑,但我觉得这已经很好了。

"我没想到自己会在病人面前攻击护士,"我说,"真的非常抱歉。"

"不,不,那没什么。"他用沙哑的声音回答,"我告诉他们,我不需要管子,我能够很好地吞咽。但是他们不听我的,硬生生地把机器推了过来。我是站在您这一边的。"

骑车回家时,我想,这是我在这里做的最后一个手术。

两周后，我收拾好办公室，终于离开了医院。我处理掉医生生涯中长期积累下来的杂物，其中有病人寄来的感谢信、照片、礼物、奖章和过时的教科书。有一些东西是30年前我所接任的那位医生留下的，甚至还有些书和眼镜属于我前任的前任——一位被授予爵位的著名外科医生。70年前，他创办了我现在工作于此的神经外科科室。我花了一天时间来腾空8个装得满满的文件柜。作为消遣，我偶尔停下来读一读那些由谜一样的政府部门发布的声明、计划、协议、报告和评价。这些政府部门要么已经不存在，要么已经被重组，有了一个新的名字。其中还有一些言辞激烈的投诉信和相关的处理文件，那些回忆太痛苦了，每次看到它们，我都会迅速移开视线。等做完这一切，我便离开空荡荡的办公室。无论怎样，我已毫无遗憾。

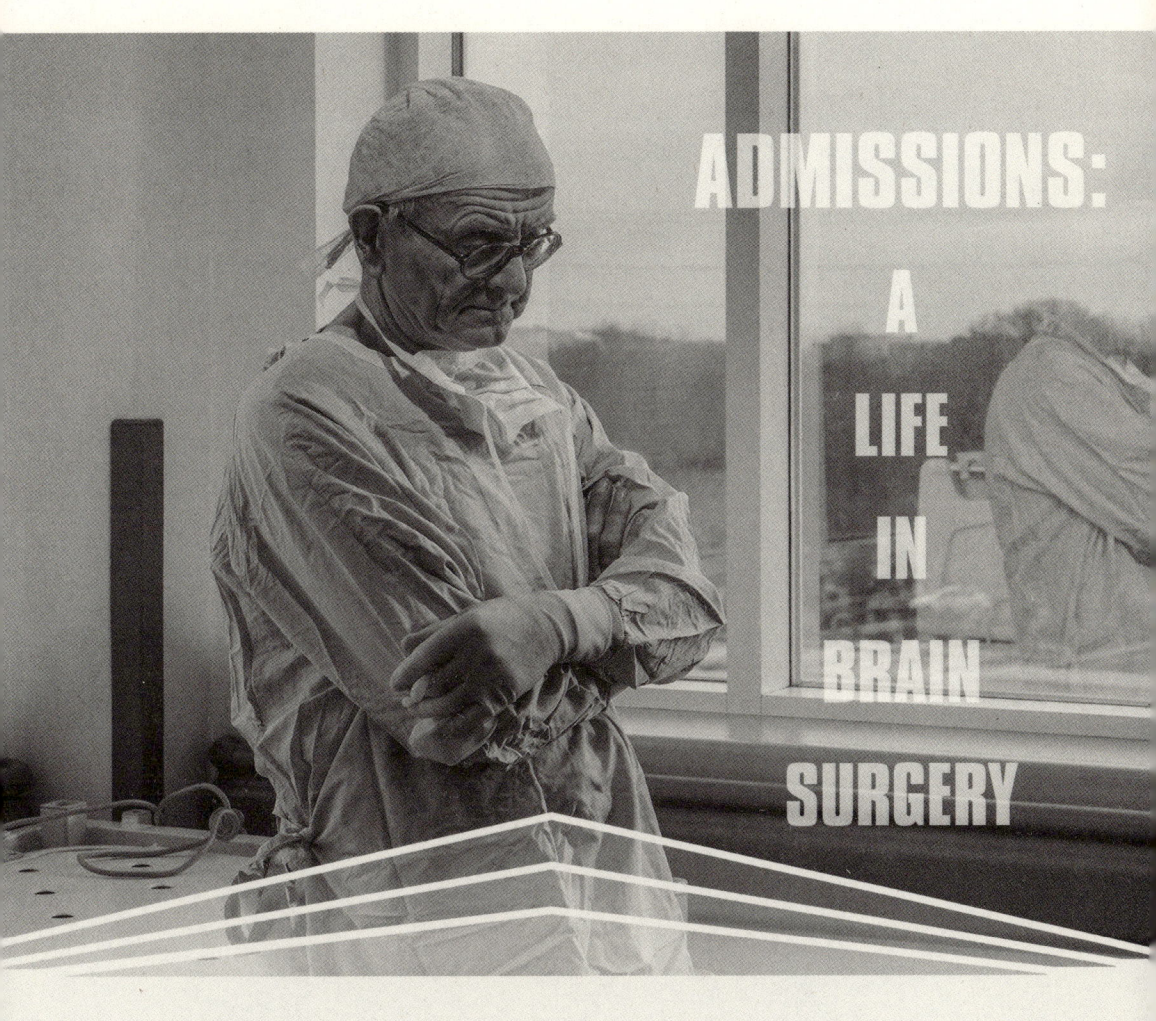

第 3 章

尼泊尔

神秘而原始的国度

  傍晚,发生了一次小地震,我没有感到恐惧,反而还有些激动。黄昏时分,我们坐在花园里,在城市污染的空气中,西边天空的一轮新月呈现出血红色。突然,一阵低沉的声音,像微风或是隐秘的思想般让人难以感知,似乎是远处某种巨大的东西飞逝而去。花园中的凳子也微微地颤动,就像是被人轻推了一下。与此同时,数千种声音从黑暗的山谷里飘上来,痛哭声、哀号声环绕在我们周围,好像是狂魔听闻自己要下地狱,由于恐惧而大声号啕。加德满都①所有的狗也都开始狂吠。去年发生了一次导致数千人死亡的大地震,当我们得知这不会再次发生时,一切又都回归平静,四周的蝉鸣声再次响起。

  那天晚上我睡得很香。黎明时分,我在鸟儿们的合唱中醒来。一对布谷鸟的叫声将合唱切分成不同部分,冠鸦在樟树间呱呱地争吵着,山谷里的公鸡们也都开始喔喔啼叫。8点10分,我动身去医院,由于

---

①尼泊尔首都和最大城市,位于加德满都谷地,巴格马提河和比兴马提河的汇口处。该市四周环山,海拔1370米。

深深的满足感，这一段路程我从不会感到疲倦。初升的太阳下，一切事物都投下狭长的影子，我的内心安静平和。由于污染，空气总是灰蒙蒙的，幸运的时候可以看到环城的山麓丘陵，以及远处丘陵之上伽内什山积雪的山顶。

我走在一片静寂中，周围只有鸟儿的欢鸣。我经过一座座房屋，在每个房屋的入口处，深红或品红色的三角梅如瀑布般倒垂，屋顶上的经幡飘着。房屋由彩绘砖和混凝土建造而成，刷上了令人愉悦的颜色。每个房屋都有阳台和屋顶平台，看起来就像是一个个摞起来的火柴盒，有的还额外砌了三角墙或科林斯式圆柱。有时，在破裂不平的道路旁，我会看到农妇在一片稀疏的草地上放牛。到处都是垃圾，敞开的下水道散发着恶臭。狗躺在路边睡觉，或许一夜的吠叫它们也筋疲力尽了。有时候会有妇女从我身边走过，她们用大背篓背着沉重的砖头，背篓一端的绳子捆在她们的额头上，起到支撑的作用。她们要把砖头背到附近的建筑工地。走过这些房屋，街边有很多小商店，小商店的前门开着，从外向里看，就像是阅读一本翻开的故事书，或是窥视洋娃娃的房子，让人满心好奇。

街道上满是谋生的人群。一位理发师正用锋利的刀片给人刮胡子，另一位顾客一边看报一边等待。肉铺前挂着各种形状的新鲜肉块，当我走过时，一个耳朵被切掉的羊头正茫然地瞪着我。一位鞋匠盘腿坐在地上，他正在用橡胶皮补鞋底，一旁的墙边堆了一罐罐的粘胶。鞋匠是达利特人，印度种姓制度中的贱民，地位仅高于处于社会最底层的清洁工。他曾给我补过一双粗革皮鞋，那双皮鞋曾伴我走过世界各地，每天早晨，我都把它擦得锃亮。他的手艺很好，每天清晨经过他的露天店铺时，我都会礼貌地向他表示问候。最初，他总是很尴尬和窘迫，直到我知道他是达利特人之后，我才理解了这一切。街上还有一位金属银匠和一位女裁缝。金属银匠在四溅的蓝色火花中做焊接；女裁缝坐在缝纫店前挂着的衣服后边，走过店铺时，我可以听到缝纫机呼呼的旋转声。孩子穿着漂亮的制服去上学，在摩托车的车流间穿行。小镇的外国人并不多，他们会好奇地看着我，如果我对他们微笑，他们也会开心地回复我并问候早安。这里的生活质朴直接、丰富多彩，有很多富裕国家早已见不到的场景。

走过这些熟悉的地方，就到了混杂着小汽车、卡车和行人的主干道上。成群的摩托车在车辆与行人间穿梭轰鸣，释放出一团团污染空气的烟雾。破烂的水沟中堆满垃圾，水果小贩在路旁出售苹果和橘子，水果就摆放在装有自行车车轮的移动摊位上。沿街一排五颜六色、摇摇欲坠的商店，目及之处，成百上千的人正赶着去工作，他们中的很多人都带着面罩，当然，这些面罩对于防护汽车尾气毫无用处。架线塔东倒西歪，电缆从上垂下来，像是纠缠在一起的蜘蛛网。一些末端破损、露出电线的电缆也掉在人行道上。不用想也知道，没有人做过维修工作。女士们面容姣好，她们穿戴着光彩夺目的衣服和黄金首饰，漆黑的头发从前额向后垂下。正是她们，让这难以忍受的贫穷场景有了些微改观。

我需要穿过马路才能走到医院。最初，这让我非常紧张。交通杂乱无章，如果你要等一个没有车的间隙，那将非常漫长。你必须很镇定地跨到马路上，然后缓慢地行走，对过往车辆做出预判后再穿越马路。你必须相信如梭的公交车、面包车和摩托车会绕过你。一些骑摩托车的人会把头盔向后翻，看起来就像是雕刻在古董花瓶上的古希腊战士。如果你奔跑着穿越马路，就极有可能会被误撞。尼泊尔旅行指南告诉我，在这里，交通事故的受害者约有 40% 都是行人。我目睹过几起致命的交通事故。有一次，在加德满都的环形公路上，我看到过一位被撞死的行人，他趴在下水道上，两条腿像青蛙腿一样交叉弯曲，弯曲的角度超出了人体所能达到的极限。一位警察在旁边记录事故情况，好奇的围观者默不作声。现在，我慢慢地变得喜欢过马路了，因为每次安全穿过马路后，我都有一种成就感。

大约在50年前，那时我还是个学生。在同龄人的眼中，加德满都是一个虚幻得近乎神秘的地方。我们之所以这么认为，一方面是因为那时的尼泊尔还在疯狂地种植大麻；另一方面是因为尼泊尔那时仍是一个有着原始美的国度，人们过着中世纪式的简朴生活。经由陆路，与我同龄的人会长途跋涉到达尼泊尔。那时的世界与现在完全不同，可以安全地从叙利亚到伊朗，到阿富汗，再到尼泊尔。如今，加德满都的面貌也大为改观。加德满都的人口从20年前的几万人增长到现在的50万，被公认为南亚人口增长最快的城市。新的城市区域毫无规划，基础设施缺乏，在造价低廉的混凝土建筑间，偶尔还会有几块小得可怜的稻田或麦地。那些地方的道路肮脏，交通也杂乱无章。到处都是随意丢弃的垃圾和建筑材料。空气由于污染而灰沉沉的，几乎很少能看见北部的喜马拉雅山。

尼泊尔是世界上最贫穷的国家之一，最近的一次地震使得到处都破损不堪。每周都会发生小地震，而且还一直有再次发生灾难性大地震的威胁。我的工作是和病人们在一起，但我和他们也仅仅只有最基本的接触。我从事神经外科的工作。在这里，病人们的疾病比西方国家的要严重得多，而且发现得也更晚。失败与死亡是家常便饭。病人和家属承受着惊人的痛苦，面对这么多的悲剧，你不得不努力习以为常，使自己变得冷漠无情。我几乎从未对自己满意过，我的工作让我不安，因为在尼泊尔这样的贫穷国家，我的价值相较于公共卫生建设微乎其微。我竭力去训练年轻的医生，但他们对我过于礼貌，我从来不确定他们在想什么；我不知道他们是否明白，一旦独立地去做外科医生的工作，等待他们的沉重的责任将是什么；我不知道他们如何看待病人；我也不知道他们究竟有多在乎病人，因为他们的英语水平有限，而我又不会讲尼泊尔语。我唯一确定的是，一旦有可能，他们就会离开尼泊尔。与他们可能在富裕国家找到的工作相比，这里的职业前景黯淡，收入微薄。尼泊尔和乌克兰这样的低收入国家面临着一个悲剧的现实：受过良好教育的年青一代（他们是国家的未来），都想离开自己的祖国。现在，我在一个文化迥异、深度迷信的国家工作。在这里，人们对建立在鲜血基础上的动物祭祀有着近似疯狂的热情。

作为病人和病人家属，很少有人能够理解大脑超越一切的重要性。大脑是一切思维和感知的基础，也决定着生死。很少有病人或家属会讲英语，我总感觉与他们相隔甚远。他们对于医学抱有不切实际的幻想，如果我们成功了，他们会将医生视为神明；但如果我们失败了，他们的态度又会极其恶劣。与这里的大多数人相比，我过的是一种奢侈的生活，这让我感到很不好意思。我住在同事德瓦的客房里，房间外有一个天堂般美丽的小花园。但事实上，我只携带了简便的行李，那些在英格兰、在我生活中占据重要地位的财物，我一件也没有带过来。我晚上9点睡觉，早上5点起床，一周工作6天，每天在医院里待10个小时。虽然我思念家人和朋友，但是在这里，我可以推后思考未来的时间，就如同获得了缓刑。

飞来尼泊尔之前，我的生活并非风平浪静。多年来，我闲暇时都在一家私人医院里兼职。所以，在到尼泊尔之前，尽管两年前我已停止了一切私人行医，但我还是就那家医院的工作，向NHS做了工作汇报。在几周前，我发现我的前额长了一个鳞状硬块。作为一名医生，当出现问题时，我知道去哪里寻求帮助，这是医生的一种特权。我去找了一位熟识并受人喜爱的整形外科医生，他告诉我应当切除这个硬块。

"你肯定已经麻醉到我的眶上神经了，我什么也感觉不到，整个头的上部像是块木头一样没有知觉。"我对大卫说。手术一开始，我就感觉到手术刀在前额切割所产生的压力。我总是对病人做这样的手术，尽管通常情况下,他们的切口要长得多,局部麻醉的范围也要大得多。为了在病人意识清醒的状态下打开他的颅骨、使大脑露出,我首创了术中唤醒的方法进行肿瘤手术。这是我第一次能够稍稍体会到病人们的感受,我能感觉到大卫在清理流进我耳朵里的血。

"嗯,"他说,"有两点需要注意。它看起来有点扩散了,切口需要更宽一些,植皮的面积也会更大一些。"

我的焦虑开始剧增。尽管他避免使用那个词,但很明显,他说的是癌症。我之前认为,切除前额上的小肿块是一件非常简单的事情,而现在,想象着我的前额上会有一大块难看的植皮,或许还需要放疗,我情不自禁地想到那些我治疗过的恶性头皮肿瘤患者,肿瘤最终穿入他们的颅骨,钻进了大脑。

"但这是可治愈的,对吗?它们通常也不会扩散到其他地方,是吧?"

"亨利,一切都会好起来的。"大卫安慰我说,或许他被我的紧张逗乐了。

"能不能等两个月再做进一步的手术?"我问。

"我想可以。但是我还需要用显微镜做个检查,看看它的侵入性有多强。我会给你发邮件的。"

按照传统,当同事为自己看病时,医生们会送一些葡萄酒作为回报,所以离开伦敦之前,我就准备了一些送给大卫。多年前,我为一位全科医生的太太做了一个复杂的脑动脉瘤切除术,她很快就在手术后去世了。我非常自责,但那位医生还是给我送来了一箱葡萄酒,这令我羞愧得无地自容。现在我理解了,他所做的一切是职业宽容的最高表现。

手术后第二天,我先乘飞机到新德里,然后再转机去加德满都。8个小时的飞行中,每次使用那个狭小的卫生间时,我都会沮丧地看着那涂着一大块黏性药膏的右前额,咒骂我的前列腺病和皮肤癌。

每个病人都有故事

我勇敢地穿过车流,沿着陡峭的道路往神经医院走去。医院坐落在主干道不远处的小山谷里,10年前医院刚刚建好时,周围还是一片种植着稻米的农田。但现在,除了医院旁仍有一小块孤零零的稻田和一棵香蕉树外,这儿已经盖满了房屋。

医院由德瓦创建,全名是国家神经病学联合科学研究所。医院大而宽敞,一尘不染,每个地方都采光很好。医院的周围有花园,就像很多年前我和德瓦一起实习的阿特金森·莫利医院一样。为了纪念阿特金森·莫利医院,德瓦在医院的入口处种了一棵木兰。在被改造为豪华公寓时,阿特金森·莫利医院里的那棵木兰树被砍掉了。很多病人坐在医院入口处的长凳上候诊,女士们衣着鲜艳,颜色各异,有深红的、蓝色的和绿色的,通常还都戴着黄金饰品。到了晚上,很多病人家属铺着草席睡在医院侧门外的地上。这家医院干净整洁,富有人情味,有很多窗户,空间很大,维护得也很好,在尼泊尔能有一所这样的医院令人惊异。它的科室涵盖德瓦在英国那所小型专科医院里学到的所有课程。它完美地诠释一条建设的格言:成功的建筑就是招揽客户的最好手段。但最近几年来,这些却被英国的医院忽视了。德瓦很清楚如何让一所医院高效运作。

在入口处有身着制服、头戴军帽的保安,我进门时他们马上立正。
"早上好,先生!"他们一边问候我,一边敏捷迅速地向我敬了个礼。前台接待员穿着优雅的蓝色莎丽服,她微笑着双手合十,恭敬地问候我。
"早上好,马什先生。"
每天早晨进门时的情形和伦敦医院完全不同。

尼泊尔有森严的种姓制度。直到1924年,尼泊尔才废除了焚烧寡妇和奴隶的制度。现在,尽管以种姓划分歧视他人是不合法的,但种姓制度仍占有重要地位。20世纪50年代之前，尼泊尔对外完全封闭，封建帝制的国王被认为是毗湿奴①的化身，对国家拥有绝对的统治权。2001年，由于一位储君用机关枪杀死了他的父母以及其他一些家庭成员，这才让君主制突然终止。之后他也头部中弹，但是否是他自己开的枪，一直众说纷纭，未有定论。德瓦给他做了去骨瓣减压术，但他仍然没有活过来，我相信这个结果让每个人都松了一口气。尼泊尔有100多个民族，每个民族都有自己的语言和种姓。这是一个移民国家，移民来自于北部的蒙古和南部的印度，他们通常都居住在偏远的山谷。这个国家的阶级分层和等级制度依然根深蒂固，很多人总是仰视外国人，对外国人的尊敬中带着奴性。尼泊尔是一个位于中国与印度之间的内陆国家，一个非常著名的尼泊尔国王将它描述为"两块岩石之间的白薯"。尼泊尔的种族众多、等级分明，近来的地震又让它受损严重，以至于这个国家陷入极度的贫穷，并且过度依赖外国政府和非政府组织的援助。尼泊尔到处一片混乱，悲惨无比。在很大程度上，整个国家的政治是赞助人的政治，是腐败者的政治，几乎没有公益事业和公共服务，而在西方，这些都是公民理所应当享有的东西。城镇里到处粘贴着彩色的外语课程广告，并承诺学完之后就可以在国外找到工作。如果有一点点可能，大部分尼泊尔人都想离开这个国家。然而，作为一个外国人，我几乎不可能不爱上这片土地和这里的人民。

一个人能否真的会爱上一个国家和它的人民？我之前认为，一个人只能爱上另外一个人。但是在尼泊尔生活的第一周，我就爱上了这个国家。我一生中爱过7个女人（实际上，这其中大部分的爱都是无果的），我对尼泊尔的感觉，就如同爱上了一个女人，即使我知道，这样的爱容易转瞬即逝。此外，尽管尼泊尔是世界上最贫穷的国家之一，

---

①印度教三大神之一。其性格温和，对信仰虔诚的信徒施予恩惠，而且常化身成各种形象拯救危难的世界。

但我在这里却过着奢侈的生活，人们对我的照顾无微不至。人们可能会对我的这种感觉嗤之以鼻，但是，我告诉自己，至少我能够帮助他们，为他们服务，做手术可能帮不了太大的忙，但是我可以培训年轻医生，让他们变得更加优秀。

　　一天早晨，卫生官员找到我，说他们希望我能永远留在尼泊尔。这个消息让我感到高兴和自豪。但是，出于对现实以及那些悲哀而棘手的问题的理解，我对尼泊尔的幻想很快就破灭了。我会有周期性的沮丧，还会在很长时间里无所事事。我经常会感到深深的失望，觉得自己过着背井离乡、流放边疆的生活。我总是渴望回家，渴望回到家人和朋友的身边，而且总在想自己为什么会抛弃他们来到这里。我想到自己年轻的时候，那时我总是把工作放在第一位，认为它比妻儿更加重要，而现在我又重蹈覆辙了。虽然有时思乡病切，但是每天早上，当我迎着朝阳向医院走去时，我的心中总会涌起一种强烈的满足感。

　　我沿着楼梯上到3楼，走过门上写着"超级贵宾"的套间，然后到了图书馆。超级贵宾室为总统和总理建造，平日里门是锁上的，他们生病时可以住在这里。我坐下，等待初级医师们过来。这是个天气晴朗的早晨，从宽大的窗户向外望去，可以看到城市北部的施拉普里国家公园。公园里，伽内什山的雪峰闪闪发光，就像是绿色山顶上一颗碎掉的大白牙。公园里还有一个曾经是肺结核疗养院的军事基地。据说在最近的一场内战中，俘虏被送到那里饱受折磨，还有很多人在那里失踪。最终尼泊尔的内战双方达成协议，停止了彼此的暴行。

　　热情高一些的住院医师已经在那里等我了，初级医师们也渐渐地一个接一个赶了过来。尼泊尔人不是很守时，10个卫生官员中，大约有5个也已经到了。

　　"大家早上好。"干事莎莉玛说。她穿着一件白色短外套，站在带支架的白板前，上面写着出入院清单。莎莉玛相当紧张，因为她知道我要问她一些与病人有关的问题。她看起来有些像中国人，眼镜后面有一双大大的黑眼睛。几天前，我在医院的联欢会上见过她。在联欢会上，她伴着尼泊尔的音乐翩翩起舞。尼泊尔人无论男女都长得很漂亮，他们的面容综合了印度人、蒙古人和中国人的特征。随着婴儿死亡率的下降，在过去的30年里，尼泊尔出现了人口爆炸，街上满是年轻的面孔。很多尼泊尔男人都在海外工作，尼泊尔30%的国民收入都源于海外汇款，所以在街上，你会看到女人要比男人多。

"80个住院病人，7个新入院，1个死亡，没有病人发病。"莎莉玛迅速说道。

"好的，第一个病例是什么？"我问。

"是一位50岁的女士，两天前失去意识，大便失禁。她有高血压，而且酗酒。检查显示……"

"不不不，她靠什么谋生？"我问。我注意到她们从不描述病人的职业，而在呈现病人病史时，这应该是很常规的一部分。尽管尼泊尔人的职业不外乎农民、司机、零售商或家庭主妇这几种，但提及病人的职业相当重要，因为这不仅仅是医疗传统，可以让我们对潜在的职业病更加敏感，而且也提醒我们每个病人都是独立的个体，有自己的生活和故事，而不仅仅是一个无名的患者。

莎莉玛看起来有些尴尬，在手里笨拙地摆弄一张纸。可能她还没有见过这个病人，她是根据其他医生的记录来描述的。所以现在我这样问，对她有点不公平。

"零售商。"过了一会儿她说。

"你是猜的吧？"我说。每个人都笑了，包括莎莉玛自己。

"那说明一下她失去意识的情况。"

"她是从其他医院转过来的……"

"所以我们没有一手的信息？她是否头疼，是否有过抽搐痉挛？"

莎莉玛看起来有些尴尬，一言不发。

"她的丈夫发现她倒在家里的地板上。另外一所医院的医生给她做了插管治疗，之后，她的家人把她送到这里。"值班的住院医师普罗透斯有点同情她，帮着她回答。

德瓦的医院是一所私立医院，病人来这里是他们自己或家人的选择，但前提是他们能负担得起费用。从另一个方面来说，即使去了公立医院，他们也需要付钱，那里的治疗在理论上是免费的，但实际上收费可能更高。

"好的，"我说，"莎莉玛，你在检查中发现了什么？"

"她的疼痛集中在一个地方，眼睛不能睁开，能够发出声音。瞳孔等距，能够对外界刺激做出反应。颅神经完好无损，身体右侧能用力，脚底向上翻。"她继续高声用尼泊尔英语说，"CT检查显示……"

"不，不，"我再次打断她，"你能用一句话来总结一下吗？"

"55岁的女士由于已知的高血压而昏迷。排便失禁。检查表明瞳孔等距，能够回应外界刺激，而且……"

"莎莉玛，是一句话，而不是三句话。"

过了一会儿，我们一起用一句话总结了病情。呈现病情要基于与病人的交流和分析，这是医学实践中非常重要的一部分。呈现病例的所有细节后再进行一个简短的总结，可以强迫医生深入思考诊断。很快我就知道了，这里的大部分医生在我面前都十分害羞，以至于他们很难进行分析性的思考。很久之后，他们才在我面前克服了这一点。并且我也怀疑，他们所接受的大部分教学完全是机械的。

"好的，现在让我们来看一看CT扫描。"

扫面显示，这位女士大脑左部的大部分区域近乎灰黑色。很明显，由于左侧颈动脉的一个血栓，这位女士患了严重的不可逆中风。她的左大脑半球已经死亡，随之丧失的还有所有的语言能力、大部分的智力和个性以及移动右部身体的能力，而且这些变化是永久性的，不可修复。这样的损害是无法挽回的，一些外科医生喜欢打开病人的颅骨，让梗死的大脑向外膨胀，从而阻止病人死于颅内持续增加的压力，因为严重的脑肿胀会置人于死地。

如果病人年轻并且是右侧大脑中风（这样他们不会丧失交流能力，因为言语区域位于左侧大脑），通过减压开颅术来拯救他可能是合情合理的。但是，如果一个病人即使活下来也会严重残疾，那么再做这样的手术就有些奇怪了。尽管各种著名期刊都声称，大部分的病人是愿意活下来的，所以这样的手术应该被推广。但是，如果病人失去了大部分的智力和个性（大脑中与自尊有关的一部分），或者是失去了语言能力，他们又怎能有幸福可言？你可能想知道家属的观点是否和病人一致。脑损伤严重的病人通常很难理解或感知自身所处的困境，而脑损伤不严重的病人却会严重抑郁。在某种程度上，最大的受害者是病人家属。他们需要全天候24小时照顾病人，而那人要么已不再是以前的那个他或她了，要么会因为家人的照顾而感到深深的内疚。很多婚姻都是因为这样的问题而结束。最糟糕的是父母，无论年纪多大，他们都会无条件地去照顾脑损伤的孩子。

"病人会死吗？"我问屋里所有人。

"我们来做手术。"普罗透斯说，他的话让我惊讶。

"我花了半个小时劝说她的家人，但他们不接受我的建议。"

医生心中有块墓地

晨会之后，我下楼来到手术室和重症监护室。我脱掉鞋子，让身着制服的保安把门打开，在手术室走廊的鞋架上选了一双不太合脚的粉色橡胶鞋穿上。大部分尼泊尔人的脚都很小，所以我非常不舒服地跛行至德瓦的办公室。他的办公室就在重症监护室和手术室的中间，非常地方便。

　　30年前，作为同事一起培训时，德瓦和我就相处得很好，但是我们之间的关系也仅限于此。我要很遗憾地说，那时的我雄心勃勃，过于关注自己的职业，很少关心同事。那个时候，我每周工作120个小时，还要照顾家里的3个孩子，几乎没有什么空闲的时间。一来到加德满都，德瓦和他的妻子马杜就热情地款待了我，好像我们一直都是好朋友，尽管在分开的这些年里，我们只是在一些会议上有过短暂的碰面。德瓦是一个极富魅力的人，诚实正直又意志坚定。像大部分的尼泊尔人一样，他又矮又瘦，尽管现在有一点点发福。他的下巴突出，显得有些倔强，他有一点驼背，看起来像是综合了斗牛犬和鸟的身体特征。他那乌黑的鬓发现在已经变成灰色。他有慢性咳嗽，他说这是在政府医院工作时染上的。当谈到过去的成就，以及把神经外科带到尼泊尔所克服的巨大困难时，他总是语速很快，充满活力，似乎处于一种永久性的兴奋状态。他也会谈到仅凭一己之力，独自支撑神经外科的困难。

　　他告诉我，当他还是尼泊尔唯一的神经外科医生时，事情要简单得多。如果是坏消息，他们除了接受别无选择。但是现在有了其他的神经外科医生，其中的大多数和他一起工作过，病人家属可以在这些医生那里获得第二种选择。教授和他的实习生之间似乎毫无感情可言，所以现在，当情况变得更糟糕时，病人家属就成了神经外科医生经常会碰到的大问题。我指出，现在英格兰有越来越多的针对医生的诉讼，在这些诉讼案件中，总会有医生给出证据来反对其他医生。

　　"是的。但在这里，病人会以暴力威胁我们，索要金钱，甚至有人说要把医院烧掉，将其夷为平地。"他反驳说，"当然，我们这里并没有真正针对治疗不当的起诉，对医生的诉讼也闻所未闻。"

　　医生之间的竞争相当激烈，外科医生之间尤为甚之。我们总是担心其他医生比我们优秀,我想到几个国际知名的外科医生,他们相当自负,似乎完全忘记经历过的失败,觉得丝毫没有担心的必要了。我们当然需要自信来应对这样的事实:外科手术是有风险的,我们有时候也会失败。我们也需要将自信传递给担忧的病人,虽然在内心深处,我们中的大多数人都很清楚,自己并不像想象中的那样好。因此,我们很轻易就能感受到同事的威胁,同时也会非议他们,指责他们犯了某些错误,而这些错误也是我们自己会犯的。如果我们周围都是在事业上依赖于我们的初级医师,他们只会告诉我们想听的东西,这让情况变得更加糟糕。但正如法国外科医生勒内·勒里什所说,这也是因为每个医生的身上都带着墓碑——由那些因各种原因丧命于外科医生之手的病人堆砌而成的墓碑。我们都怀揣着令自己内疚的秘密,然后用自欺和夸大来使这些秘密销声匿迹。

德瓦记得在伦敦工作时的所有细节,而我却早已忘记了。他的果断和精力令人称赞,我很快就明白为什么他能拥有如此精彩卓越的职业生涯,并能够在尼泊尔闻名遐迩。但这并不代表他毫无缺点。动机明确、有雄心壮志的人能够取得巨大的成就,但是他们在前进的过程中也树敌无数。各种各样的非神经外科疾病的患者来到他的门诊,希望他能够治愈一切疾病。几年前,他的女儿被人劫持,德瓦被迫支付了巨额赎金。从那以后,无论走到哪里,他都会带着贴身保镖。

重症监护室十分宽敞,由于安装了落地窗,房间里的采光也很好。这里一共有10张床,床位很少会有空着的时候。医院既接收中风病人,也接收头部受伤、做了去骨瓣减压术的病人。大部分病人都戴着呼吸机,缠着粉色的绷带,身旁有一套监测仪器和输液架,身后是闪烁的灯光以及聒噪的报警声。我已经忘记重症监护室里的故事是多么的残酷,因为在伦敦,我只是众多顾问中的一员,仅仅负责一小部分病人。

重症监护室里的很多病人都无法存活,他们之中的许多人只有极少数能恢复好，在尼泊尔，情况更是如此。

"这里做的去骨瓣减压术要比伦敦的多。"我对德瓦说，"即使病人恢复的几率很小，你们还是给他们投入大量的治疗。这样的情况我只在美国见过，但尼泊尔是世界上最贫穷的国家之一。"

"我需要和其他的外科医生竞争，他们在印度或中国接受医学训练，为了赚钱，他们会做一切可能的手术，就像在美国一样。如果我告诉病人家属没有治疗的希望，他们会去找那些和我的看法恰恰相反的医生，然后那些医生就会小题大做。过去我不会这样做，但现在不得不如此。我常常怀念自己为 NHS 服务的日子。"

我的乌克兰同事伊戈尔也面临同样的问题。在我去过的一些国家，当医生做手术时，病人家属就在手术室外拿着枪威胁医生，如果手术失败，他们就要杀死他。作为一名来自西方的访问医生，对于那些在文化迥异、没有法治的国家里工作的同事，最初我完全无法理解他们面临的困难，很容易就滋生出优越感，居高临下地给出评价。多年过去了，我希望自己已经学会了审视，而不是去评论。我应该给出有用的建议，而不是简单地发出谴责。许多时候，我发现自己没有理解，或者错误地解读所看到的或被告知的东西。我已经学会不盲目自信，因为所有的知识都是暂时的。

"这里的很多病人都会死去，对吗？"我看着旁边一个昏迷的病人说。这个病人头上缠着绷带，标签上写着"没有骨瓣"。在做了去骨瓣减压术后的几个星期或几个月内，病人的头盖骨上都会留有一个大洞，就像是人类出生时头上的囟门，只不过是它的放大版。"没有骨瓣"的标签是为了提醒医护人员：病人大脑的一部分不再有骨头保护。和很多尼泊尔人一样，这个病人也是遇到了摩托车事故。

"这个病例凸显了我们的文化。"德瓦说，"这里的家庭关系非常牢固，病人家属无法接受不可救治的说法。如果昨晚我没有给这个孩子做手术，他的家人会说医院不想做手术。你能想象这样的情形吗？他们会马上让病人出院，然后让别的医院给他做手术。虽然病人会成为植物人，但他的家人会很开心，并且还会损害我的声誉……"

德瓦转过身来看着我。

"最后一个国王在任时，也就是在废除君主制前，我是卫生部长，我规定骑摩托车必须戴安全帽，这一规定挽救的生命比我做外科医生以来挽救的生命要多得多。大部分家庭都没有人受过教育，"他继续说，"他们对于脑损伤毫无概念，不切实际到无可救药。他们认为只要活着，病人就有可能恢复。而且即使病人已经脑死亡，他们也不愿面对现实。"

富豪们牢牢霸占着转椅

我想，在尼泊尔这样贫穷的国家里，医疗卫生的商业竞争也仅此而已。所有的负担都压在个人的肩上，30年来，日复一日，从未停歇。

对于贫穷的国家来说，神经外科是一种奢侈品。与身体其他部位的问题相比，需要用神经外科治疗的疾病相对较少。它需要非常昂贵的设备，对于癌症或是严重的颅脑损伤，治疗通常不是失败，就是效果微乎其微。让病人恢复如初，这是我们做手术时的希望，而且很多病人手术后也恢复得很好，可能会有令人惊异的成功，但如果没有这些灾难性的疾病，又怎会有这令人扬扬得意的成功呢？如果手术从来没有出过错，成功也就没有特别之处。在手术后，有些病人的残疾程度变得更高；有的病人虽然通过手术保住生命，但却留下了严重的残疾。在我沮丧失意之时，我不确定自己是减少还是增加人类所承受的痛苦。因此，对尼泊尔或乌克兰这样的国家来说，花费巨额钱财来建设神经外科也许是一件毫无意义的事情。无论是尼泊尔的德瓦，还是乌克兰的伊戈尔，尽管很不情愿，觉得这样做会玷污自己的名声，但除了经营私人医院外，他们别无选择。虽然他们经常免费为穷人看病，但医院要生存下去，免费行医也难免是有限度的。

在医生的内心里，治病和赚钱之间总是存在一种张力。当然，两者都需兼具一些，但两者间的平衡是微妙的，很容易就会打破。想要保持这种平衡，高额的报酬和专业的水准必不可少。毕竟，在某种程度上，法治还取决于法官的收入，如果收入足够高，他们就不会去接受贿赂了。

很多医疗决策并不是非此即彼，比如是否治疗，做多少检查。我们要处理的是可能性，而不是确定性。从概念层面来说，病人并不是消费者，总是清楚什么选择是最好的。相反，在通常情况下，他们必须接受医生的建议。即使根本不存在收受贿赂的情况（尽管受贿也是存在的），只要是基于医生或医院经济获益可能性的考虑，事实就会轻易地被临床决策扭曲。针对医生的诉讼案件越来越多，这也推动了"防御式医疗"的过度检查和过度治疗。以防万一被起诉，做各种可能的检查和治疗是简单而必要的，这样就可以避免漏诊一些隐晦和可能性不大的疾病。一方面，医生的工资取决于收取的服务费，我们做得越多，收入就越高；另一方面，针对医生的诉讼案件不断增加。这两方面的结合是造成医疗费用失控的主要原因。

从另一个方面来讲，对于那些鄙视私人行医的医生来说，固定的工资收入会让他们自鸣得意，并且产生令人恼怒的道德正义感。这真是一种微妙的平衡，德瓦和伊戈尔都是非常正直的医生，对于经营私人医院有着非常复杂的感情。

"我是这个国家纳税最多的人。"德瓦指着墙上的一张照片，笑着告诉我。照片上，财政部长正在给他颁发一张纳税最多的证明书。这是最近的事情，但我个人认为，德瓦不可能是尼泊尔收入最高的人。

在尼泊尔、乌克兰以及其他很多国家，政府腐败昭然若揭，人们不愿意交税也在情理之中,他们总是想尽一切办法逃税。德瓦和伊戈尔还有一点相似之处,那就是两人在交税方面都细微谨慎。但是在一个不诚实的社会里,这样做是很困难的,许多人会因此而痛恨你。

低税收意味着政府没有钱投入到医疗保健和基础设施的建设中。此外,乌克兰仍处于战争旋涡中,尼泊尔则刚刚结束残酷的内战,还处于恢复期。资金投入的缺乏让公众更加不愿交税。这是一种恶性循环,要摆脱它相当困难。驾车驶过加德满都,目及之处如临地狱,完全处于混乱的无政府状态。夜晚的郊区更是如此,街道上没有路灯,卡车、小汽车、摩托车都填塞在狭窄不平的道路上,每辆车都开着耀眼的远光灯,行驶时扬起阵阵灰尘,排出股股废气,让人感觉怪异。没有人会让开道路,每个司机都想先行,如果你让路,那就永远别想再移动。没有争吵,没有喊叫,也没有一个人发脾气,只是偶尔会有一两声鸣笛,每个人都陷入这样一种他们无力结束的奇怪竞争中。为了穿过马路,行人们也加入到这拥挤之中,看上去就如同穿梭在灰尘中的鬼魅。最不幸的是交警,他们站在十字路口,试图指挥混乱不堪的交通,终日呼吸着混有有毒气体的空气。整个城市令人窒息,但政府似乎完全无能为力,缺乏解决问题的计划。

正如本杰明·富兰克林所说,生活中唯一确定的就是死亡与税收,而两者我们都试图避免。但是,医疗保健越来越昂贵,许多面临老龄化的国家需要的医疗看护越来越多,高科技的现代医学也比以往任何时候都要奢侈。我们都希望癌症能够被治愈,但这只会让医疗花费持续上升。这不仅仅是因为基因治疗和药物治疗的昂贵,还因为这意味着大部分人会活得更长,会在年龄很大之后死于其他疾病,或者是罹患老年痴呆症。而这些都需要持续且昂贵的护理费用。制药公司专注于研发治疗癌症、糖尿病、肥胖症等富贵病的药,而不是研发新的抗生素。但事实上,在未来数十年内,病菌对抗生素的耐药性将导致人类（特别是在贫穷国家）的大量死亡。

因此，医疗保健费用变得越来越昂贵，但是大部分政府担心提高税收或保险费会影响到他们下一届选举的成败。所以在西方，政府斥巨资聘请管理顾问，这些顾问认为市场化、计算机化以及利益驱动会以某种方式解决这个问题，他们的讨论围绕着提高效率、资源配置、精简机构、业务外包和改善管理而进行。这就像是一个抢椅游戏（至少在英格兰如此），音乐不停变化，椅子的数量却不改变，结果就是越来越多的人在绕着椅子转圈。政治家们似乎不敢向公众承认医疗保健系统的资金所剩无几。我担心英国的国民医疗保健制度也会被这种不诚实毁掉，而这一制度曾是社会正义与公平获得巨大胜利后的产物。有钱人牢牢地霸着那些椅子，而穷人除了在地上打个盹之外别无他选。

有些话难以启齿

日常的巡视令人压抑，数周之后，我开始缺席重症监护室的日常巡视，除非病人的手术是我自己做的。

巡视结束之后，德瓦还会留出一个小时的咨询时间。在这期间，病人家属会一直待在医院或附近。医院一楼中央有一个小厅，小厅里有采光良好的玻璃屋顶，屋里种植着几大盆的棕榈树。厅内有一个祷告室，里面挂着五颜六色的印度教和佛教的神像，病人的家属在这里等候。祷告室旁有一个咨询室，德瓦和他的同事会在那里接待他们。家属可以了解到病人的最新情况，向医生提问并得到解答。之后医生会让家属签署一份病情记录，确认他们知晓了病人目前的情况。

"开始时我碰到了很多问题。"德瓦说，"一些病人家属否认我给他们解释过病情，所以现在，我每天都会让他们签字。"

尽管这里全都是尼泊尔人，但能在工作中看到德瓦却让我很惬意。

就像所有的好医生一样，他会根据对象的不同来调整工作风格，有时幽默，有时严肃，有时和蔼，有时霸道。有一次，一位上了年纪的病人严重中风，右侧大脑完全死亡。她的女儿是护士，以前在英格兰工作，讲一口流利的英语。我们给她做了颅脑减压手术，她在术后几天内都还活着，但是躺在重症监护室里，半身不遂，不省人事。

"你来和她讲，"德瓦喃喃地说，"然后你就会知道问题所在了。"

像在英格兰一样，我告诉病人的女儿，即便她的妈妈能活下来，也会完全残疾，变得生活不能自理，智力和性格都会受到严重的损坏或改变。

"她愿意那样活下去吗？"我问，"这也是您和您的家人需要问自己的问题。我是不愿意那样活着的。"

"我能明白您的意思，"她回答，"但是我们想尽一切可能留住她。"

"你现在知道了吧？"之后德瓦对我说，"他们都是这样。即使是医生也不例外。他们只是不敢面对现实罢了。"

那个孩子的头发完全剃光了，头已被头枕固定到手术台上。在将输液管插入到颈部的一个主静脉时，初级医生遇到了问题，只好以压缩颈动脉来解决问题。然后为了输血，他们又把两个外部设备插入病人胳膊上较小的静脉。切除肿瘤可能会导致大量出血，这样做是为了以防万一。所以在我到手术室之前，他们已经耽搁了很长时间。她的脸被固定气管内导管的塑料绷带掩盖着，看上去很痛苦。虽然剃光了头发使容颜失色，但她看起来依然甜美柔弱，浅棕色的皮肤和略带锡红色的脸颊。

德瓦站在靠近病人大脑的一侧。"你过去和我一起接受培训，"他说，"我们的观点应该是一致的。"他有6个实习生，主要做一些简单的急救工作，以及日常手术中的"开刀与缝合"。主要的手术过程几乎都由德瓦一人完成。偶尔会有国外的外科医生和他一起做手术，但那仅仅是在某一个很短的时间段里。一周6天，每天都有大手术要做，压力无止无休。在加德满都工作的6周里，他做的手术比我在伦敦6个月加起来的还多。

这是我第一次见到这个孩子，我和德瓦已经在早上仔细研究了她的大脑扫描。

"之前另外一名外科医生给她做过手术。"德瓦告诉我，"但是，我不认为他已经移除了大部分肿瘤，他只是做了活体组织切片。根据他的说法，这是一个二度的星形细胞瘤。"

"这不是好东西。"我看着大脑扫描遗憾地说，"它可能是良性的，但是它牵涉第三脑室周围所有的结构，天知道穹窿在哪里？"

"我知道。"德瓦说。

穹窿是两条狭窄的白质带，虽然它只有几毫米大小，却对记忆至关重要。白质由数十亿个有髓神经纤维组成，有髓神经纤维实质上就像电缆一样，它们将人类大脑中大约800亿个神经细胞联系起来。如果穹窿损坏，人类就会丧失大部分接受新信息的能力，这是一种灾难性的残疾。

英国人的平均收入水平是尼泊尔人的40倍。尼泊尔缺乏基础医疗设施，疑难病症的诊断总是很滞后。因此在尼泊尔，当病人被诊断出肿瘤时，他们的肿瘤通常很大，治疗的难度更高，风险也更大，几乎不可能实现有效治疗。儿童患脑瘤的情况很少见，遇见时容易让人感情用事。尽管理性告诉我，做手术完全是时间和金钱的浪费，但是无论身在世界的何处，面对孩子绝望的父母，这样的话我都难以启齿。并且我自己的孩子也曾患过脑瘤，做决定的也不是我，而是德瓦。

在确定已经将孩子放到正确的位置后，我就离开了，留下他们开始做手术。直到一个护士过来找我，她默默示意我去和德瓦一起做手术，我这才返回手术室。

镀锌水池上一排长长的水龙头，上面摆放着消毒液。当我在彻底清洗时，我感觉自己正变得和兽医无异。我对病人一无所知，在他们被固定在手术台之前，我甚至和他们素未谋面。

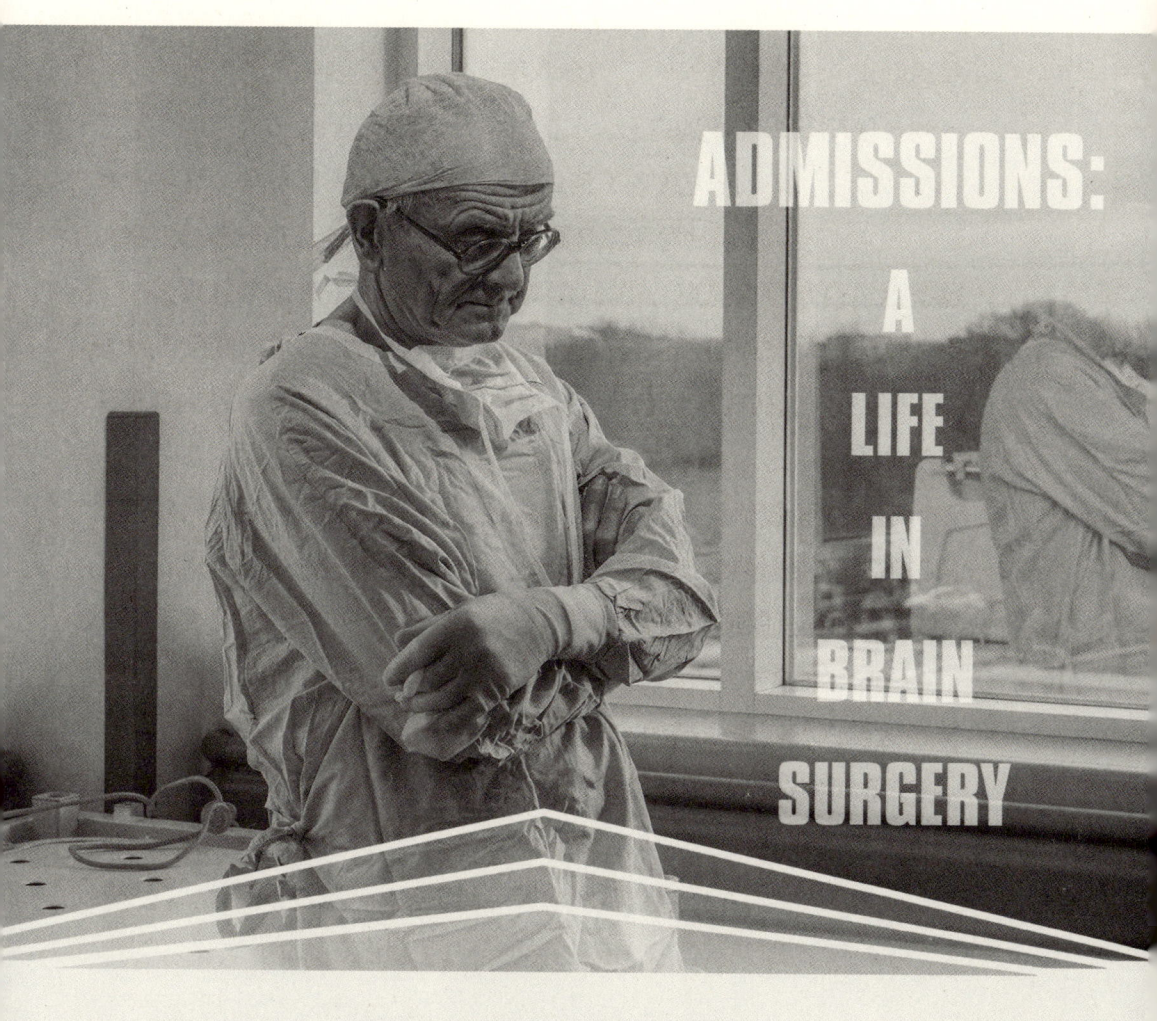

第 4 章

贫富只在一墙之隔

无名氏的光明未来

在来尼泊尔的前一年,那时我还没有退休,为了帮助实习外科医生们学会如何做脑血管手术,我和同事参加了一个在休斯敦举办的脑血管疾病研讨会。从伦敦起飞,10余小时后,我们抵达了目的地。研讨会在第二天清晨8点开始,在此之前,我先给访问医院的同行们做了一个讲座。美国医院上班的时间很早,实习生和初级医师们通常在早晨5点就开始巡视病房了。有一次,我问其中的一群医生,剥夺病人的睡眠会导致怎样的生理效应?他们相当吃惊,没有意识到自己的努力居然是对病人的伤害。

我演讲的主题是如何避免神经外科中的失误。只有一小部分人过来听讲座,我是一个不知名的英国外科医生,他们大概认为从我犯的错误中学不到任何东西吧!大讲堂外的房间里摆放着丰盛的、还没人开动的早餐。研讨会开始之前有一个简短的注意事项说明。我们坐在一个小房间的阶梯座椅上,面前有3个巨大的LED显示屏,一切看起来都是崭新的,洁净无瑕。一位外表干练的女士站在我们前面,穿着让她看上去像是《实习医生风云》中的人物。她告诉我们，任何情况下都不允许拍照，我们做的每一件事都要在联邦法律的允许范围之内。她引用了各种具体的法令，每一条都在屏幕上播放，每一条都有一个长长的参考编号。她也告诉我们必须尊重研讨会的每一个主题。她讲完之后，每个参会人员都分到了不同颜色的帽子。作为一名教学人员，我的帽子是蓝色的。医学生的帽子是黄色的，而神经外科住院医师的帽子是绿色的。然后，在工作人员的引领下，我们经过一扇巨大的安检门，来到了研究设备室。

这个房间共有7个隔间，看起来既像是手术室，又像是开放式的办公室。落地窗外是德克萨斯医疗中心闪闪发光的摩天大楼群。德克萨斯医疗中心是世界上最大的医院综合体，据说里面有8000个病床，51个临床机构，以及世界上最先进的医疗护理。有6个身材和10岁孩子相当的东西躺在手术台上，它们隐藏在蓝色的手术帘布下，插着麻醉管，麻醉管的另一端连着呼吸机和显示彩色数字的监测仪器，这些机器和我每天工作时看到的一样。我走向其中一个，伸出手的那一刻犹豫了一下，因为在手术台的另一端，帘布下露出的蹄状物让我感觉怪异。

"这真是不可思议！"我的同事说，很多年前他是我的一个实习生，最近刚刚晋升为组织这次研讨会的神经外科部的主席。"在任何地方都没有人做与这相同的事情。开始吧，伙计们！"他对那些带着绿色帽子的住院医师们说，"好好享受吧！"

一位讲师扯下猪头部位的蓝色手术帘布，然后开始做手术。这只猪仰卧在手术台上，粉红色的粗脖向外拉伸。它可能已经被剃毛，虽然它扁平和宽阔的颈部与人类明显不同，但让我不安的是，它的皮肤却与人类十分相似。教学人员使用热透疗法向下切割至猪的颈动脉。研讨会的教学计划是：首先切下一条血管并将它移植至动脉，创造出

"动脉瘤",一个会导致大出血并威胁生命的模型;然后再使用"血管内植入"或"卷绕法"将人造动脉瘤治好。"血管内植入"或"卷绕法"是一种只在皮肤上进行简单穿刺,将微小线材通过动脉插入动脉瘤内部,从而将其封锁的方法。还有另外一种更传统的动脉瘤治疗方法,即通过手术从外部将动脉瘤切除。现在社会中,大部分的动脉瘤都使用"卷绕法"治疗,但也有少数需要通过手术切除。研讨会的目的是在不威胁人类生命的情形下,给外科实习医生提供一些实际操作的机会。对于动物我很容易感情用事,但我同情这些猪的同时也提醒自己,相比于被制成熏猪肉,被用于外科手术实验更有价值,并且它们还受到联邦法令的保护。

那位教员开始将静脉移植物缝合到动脉上。整个过程相当漫长,我漫步到屋角,一群医生聚集在那里,一个戴帽子的讲师正在热情洋溢地讲话。

"这真是棒极了!比保存在福尔马林中的样本好多了。"

从他的肩上望去,两位实习生正在对一个切下来的人头做手术。在手术时,大部分外科医生都会使用钢制猫头夹。现在,在猫头夹的固定下,这颗人头的颈部皮肤形成两个皮瓣。两个皮瓣被缝合在一起,像是一个突起的树桩。缝合的针脚比较疏松,稍显浑浊的液体从缝合线中向下滴落。40年前,当我还是医学院的学生时,有一年曾学习过尸体解剖,如果不是有过那样的经历,相信在看到这些后,我在很长一段时间里会做噩梦。这样的事情匪夷所思,虽然我在手术中无数次使用猫头夹,但从没用它固定过尸体。

我加入到另外一个小组。在讲师的指导下,两名实习生正在做开颅手术。他们使用外科手术工具锯开断裂的头颅,并通过造价昂贵的显微镜观察大脑的内部情况。周围各种各样的设备让我目瞪口呆,手术台上有6头被麻醉的猪和一位死者的头颅,这些都是制造商提供的,价值几十万美元,全部被用作医疗练习。两名实习生在给那个人头钻孔,看上去显得很没有把握。当我看着他俩做这些时,身后的一个年轻人跟我攀谈起来,让我非常惊讶的是,他身着全黑的外科手术服,俨然一副日本忍者的样子。

"教授!"他说,语气带着设备代理人的热情与自信。"看看这个。"他指着一套很漂亮的工具,每一件物品都很好地嵌入面前那个黑色塑料盘的模压孔里。在锯开颅骨之后,为了使它们能重新复原,需要用螺丝刀将板片固定在合适的位置。

"您试过我们最新的电动螺丝刀吗?"他一边说,一边递给我一把由电池供电的精巧小螺丝刀。在我看来,当给病人的颅骨重新复位时,这把螺丝刀能够节省5秒钟的时间,而所费的力气与使用手动螺丝刀相差无几。我将电动螺丝刀关闭再启动,惊异于美国医疗系统的过度浪费。

"您觉得怎么样?"代理人问道。

"极好。"我想到前一天飞行员告诉我们的话。他说,飞机降落时是"极好"的去卫生间的时间。

"伙计们!我们这儿有一位大师!"一名讲师看到我后大声呼喊,"教授,您能给我们传授一些宝贵的手术经验吗?"

能够做点有用的事让我很开心,我戴上一副手套,走到显微镜旁,调整好位置,通过目镜看向那个死亡的大脑。

"有脑部手术牵开器①吗?"我问,"在美国你们把它叫作'丝带'。"貌似他们并不知道这个东西,所以我只能用一把小凿子轻轻地挑起大脑额叶。没有出血,死亡组织的稳定性与活组织并不相同。

"福尔马林让它变得僵硬结实,而且极其难闻。"我说,"他们是从哪里得到这些的?"我问大家。

---

① 又称拉钩,用以牵开组织,显露手术野,便于探查和操作。有各种不同形状和大小的规格,可根据手术需要选择合适的类型。

"是一个无名氏,他的头被撞断了。"有人说。

我一边用小凿子将大脑前动脉解剖开来,一边解释如何切割才能找到动脉瘤。

"直回与嗅觉相关,"我告诉这为数不多的几个观众,"如果动脉瘤得不到治疗,病人就会死于大出血。与死亡相比,可能的嗅觉损伤不值一提。"

我把手术交给两名住院医师,然后绕着手术台走了一圈,看了看死者的脸。他双眼紧闭,被剃光了头发,脸颊上留着胡须,仅剩的几颗牙齿的牙根都变黑了,很明显他从未去看过牙医,死亡时也没有老到牙齿都所剩无几的程度。有那样一个时刻,你不可能不去想这个人是谁,他曾经过着怎样的生活,还会想到当他还是个孩子时,面前也有美好的未来。

高楼外的流民

研讨会并没有什么特别之处,我之前从未参加过研讨会,这样的会议让我相当痛苦。这是我自身的问题,很明显,实习医师们在研讨会里的实际操作,要比在活人身上练习好得多。两周后,我回到英格兰,对一个同事提及此事。最近在英国,他也组织了一个类似的研讨会。

"啊!"他笑着说,"只有1个?我这儿有15个人头,冻干的,去年从美国空运过来。在会议开始之前,我要给他们做核磁检查,所以我把它们放进后备厢,开车把它们带到了医院。如果我被警察拦下,我还真不知道该怎样跟他们解释。另外一个问题就是它们开始解冻了。我不知道他们从哪儿弄来的这些。"他补充道。

我离开房间,离开那个被截断的头颅,那些被麻醉的猪,找到了那个摆放早餐的房间。吃过早饭,有人带领我们走马观花似地参观医院。

第4章 贫富只在一墙之隔

医院的多层高楼一栋接着一栋，我们穿过一个又一个的大厅和走廊，似乎没有尽头。医院有一座12层的宾馆，不只是美国人，世界各地的病人都来这里寻求治疗。医院旁边还有另外20家医院（是20家！）以及其他的医疗和临床研究机构。医疗中心的占地面积超过1平方英里，从位于第12层的宾馆房间向外望去，目及之处就是一栋接一栋的医院大楼，每家医院的大楼上都装有闪闪发光的玻璃，像山脊一样向远处延伸。美国医疗出了名的过度奢侈，在芝加哥的一家医院，我看到屋顶有奢华的餐厅、酒吧和花园。医院陷入激烈的商业竞争，许多医院的设计都尽可能使医院看上去不像医院。它们更像是豪华宾馆、购物中心和头等舱乘客的休息室，像雄孔雀尾巴一样招摇。

那天晚上，同事带我去他的城郊俱乐部。我们驾车穿过城市郊区，经过一幢幢豪宅。俱乐部的规模很大，会所里的冷气开得很足，在巨大的苏格兰式男爵壁炉两侧，各有一个装饰用的雄鹿头，豪华的楼梯上方挂着兰西尔的《山谷之王》的复制品。侍者都是上了年纪的墨西哥男人，有着阿兹特克人庄重呆板的脸庞。他们穿着黑色的礼服，白色的围裙，为客人服务时步履缓慢，显得很有尊严。几乎每一个客人都穿着松垮的短裤和长长的T恤。晚餐时，我们像往常一样闲聊与外科有关的八卦新闻，谈到一位与销售代表发生婚外情而被解雇的医生。我们还讨论了那个代表是否隆过胸，大家对第二个问题意见不一。那位医生被解雇后，销售代表起诉他性骚扰，并且胜诉了。但是现在，一些人说他们又在一起了。我也得知，那个在猪身上人为制造血管瘤的手术没有成功，一位技术人员忘了注射抗凝剂，所以在给它做颈动脉手术时，它突然中风了。尽管如此，即使没有出现那个错误，那头猪无论如何还是会牺牲，大家都将那叫作"牺牲"。

晚饭过后，我们到会所外去看车展。屋外闷热潮湿，停车场里大约有30辆古典汽车，每一辆都洗得明光锃亮，引擎盖都打开了，可以看到里面一尘不染的镀铬发动机。一辆红色的法拉利缓缓地从我们身边驶过，它在找停车位。

同事用肘轻推我一下，用羡慕的语气说："那辆车价值700万美元，车主肯定是个亿万富翁。"

后来我们得知，那辆车仅仅只是一个复制品，但也价值100万美元。很明显，亿万富翁是货真价实的，虽然看起来其貌不扬。那个亿万富翁刚把车停好，就有一群钦慕者围了过来，竞相在这辆车前拍照留念。

次日清晨，太阳渐渐升起。我出去跑步，沿着医院高楼旁的街道，经过打理得非常整齐的花坛，仅仅几分钟的时间，我就汗流浃背了。医院大街区的边缘有个大花园，环绕着一条微型铁轨线，几十个无家可归的人正在长凳和花园角落的人行道上将就着睡觉。据说附近的一个教堂免费发放食物。当我回到旅馆的时候，身后的太阳已升到医疗中心高楼大厦的上空，无数个医院窗户反射出令人眩晕的光芒，我几乎什么都看不见了。

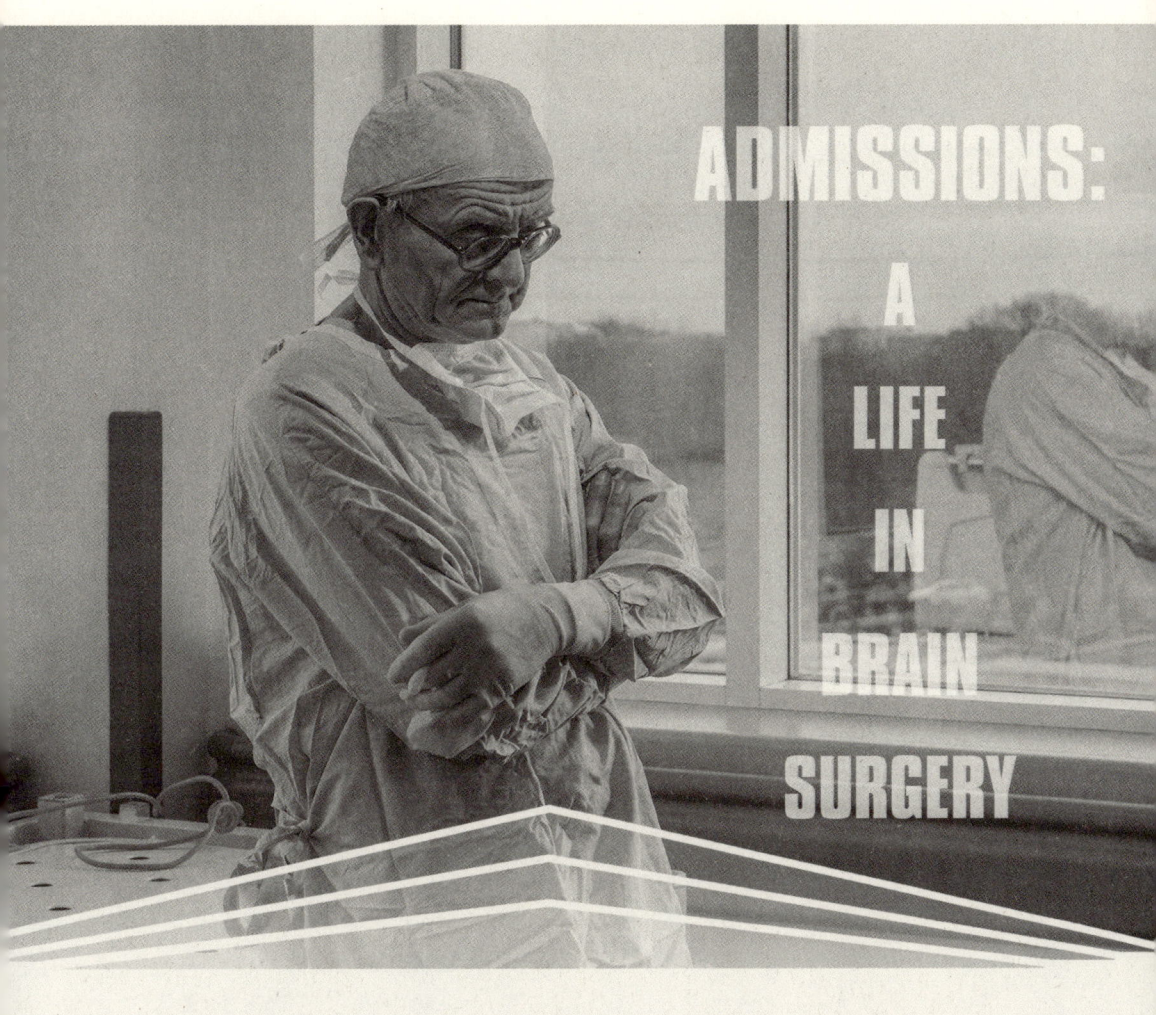

第 5 章

随时待命

术中唤醒

作为一名外科医生，帮别人做手术令我心生厌恶，因为我不了解病人，术后我也几乎不会再见到他，我对他不负有任何实际的责任，如果有问题，德瓦会处理。而且让我吃惊的是，我发现无论是在术前还是在术后，与尼泊尔病人的接触并不能减少我在手术时的焦虑，似乎这对我来说无关紧要。无论是在加德满都还是在伦敦，我在手术时都非常紧张和专注，而且我对加德满都的病人也一样在乎，尽管我对他们的关心完全是抽象的、不具体的。过去，我总是谴责那些与病人疏离的医生，但是现在，在我职业生涯的晚年，我被迫认识到那是我的虚荣心在作祟，仅仅是为了让自己感觉比其他医生优越。

如果外科医生与手术对象没有任何感情上的联系，他们就会认为自己与兽医无异。温布尔顿那所专科医院的附近有一个兽医外科诊室，其中有一个名叫克莱尔·路斯布里奇的兽医，她擅长治疗动物脑神经失调。挚爱宠物的主人们会给宠物购买一份包含头部核磁共振和脊髓扫描的保险。在每周一次的 X 光会议上，克莱尔会带来患有脑神经失调症的猫或狗的大脑扫描。那些扫描真是有趣极了，我们总是在会议的最后看那些扫描，并且把它称为"宠物角"。我们熟悉人类大脑和脊髓的解剖，这些扫描与它们形成非常奇异的对比。查理士王小猎犬会出现一种叫作小脑扁桃体下疝畸形的脑部畸形。拉布拉多犬会得恶性脑膜瘤。为了在选秀赛上多得分，人们通过选择性繁殖培育出脑袋又小又圆的西班牙猎犬，它们的问题在于，选择性繁殖导致的畸形破坏了脊髓，这个可怜的小东西会遭受难以治愈的疼痛，并不停地抓挠自己。

尽管没有一个西班牙小猎犬的主人愿意让我们对他们的狗做手术，但我和克莱尔还是合作了两三台手术。有一次是给一只獾做手术。在埃普瑟姆丘陵，一个动物慈善组织发现了那只糊涂的、四处乱跑的獾，他们救了它，还给它做了大脑扫描。扫描显示它可能患了脑积水。它是个漂亮的小东西，等它被麻醉后，我把它放在膝盖上，抚摸它灰白相间的毛皮。几分钟之后，为了手术，克莱尔用一把修剪工具把它大部分的毛都剃掉了。我认真地给潜在的脑积水做手术，我已经发表了一篇题为《乌克兰的脑外科》（*Brain Surgery in Ukraine*）的文章，我希望能在我的简历上再加上一篇"獾的脑部手术"的文章。但是手术并不成功，那个小东西死了，又或者可以说，它被实施了"安乐手术"。

"至少我们的病人不会感觉到痛苦，不像你的病人那样。"术后，克莱尔的一位同事评论道，他一直在旁边观看我们手术。

在给那个孩子做手术的两天前，我与德瓦合作做了一台手术，那是尼泊尔首例术中唤醒开颅手术。我将刺激皮质大脑的工具装在手提箱里，把它从伦敦带了过来。多年前，为了治疗一种叫作胶质瘤的特殊脑瘤，我是英国第一个在开颅手术中进行术中唤醒的医生。那时候，术中唤醒被认为是异端，但现在，它已成为多数神经外科手术的标准模式。事实上，这是一种非常简单的手术方法，让病人保持清醒而不是通过全身麻醉让病人昏睡。在这样的状态下，你可以安全地取出尽可能多的大脑肿瘤。问题的关键在于，那个所谓的"肿瘤"事实上是长有肿瘤的大脑，脑组织与肿瘤混淆在一起。那些异常部分，尤其是在其边缘，看起来和正常大脑并无二致，只有让病人醒着，你才能看到移除肿瘤时他们有怎样的反应，才能知道手术是否偏离变异的部分而进入正常的大脑，也就能够避免损坏大脑。一旦病人理解了术中唤醒被推荐的原因，他们在术中的忍耐力通常会超出你的预期。

大脑不会感觉到疼痛，疼痛是大脑内部产生的一种感觉，由神经末梢发出的电化学信号引起。当看到患有慢性疼痛的病人时，我会告诉他们，所有的疼痛都在脑中。如果掐一下小指，指头上的疼痛只是一种错觉，它并不在指头上而是在大脑里，它是一种电化学模式，是大脑在身体内产生的一种映射。我给病人解释，希望他们能明白，疼痛的心理疗法可能与物理疗法一样有效。思维、感觉和疼痛都是我们大脑内的一个物理过程，没有任何理由说明，由身体损伤造成的疼痛会比大脑本身产生的疼痛（不是由身体的外部刺激所产生的疼痛）更痛苦，或者更"真实"。截肢之后的幻痛令人极其痛苦，大部分慢性疼痛患者或者慢性疲劳综合征患者都难以接受这种说法。如果有人告诉病人，他们的疼痛有心理作用的成分，心理疗法可能会起到作用，那么病人通常会认为这是对他们症状的忽视。我们深信思维和物质是分离的，就像我们深信身体和大脑之外还有一个无形的灵魂，在人们的头脑中，这样的二元论根深蒂固。在写下这些文字时，虽然那个有意识的自我感觉并不像是电化学物质，但事实却就是如此。

因此，术中唤醒只需麻醉头皮，手术的其余部分都是无痛的。在给病人的颅骨钻孔时，他们会觉得钻入的声音非常刺耳，因为颅骨就像是一个共鸣板放大了声音。所以在做这一步的操作时，我会给病人短时间的全身麻醉，然后再将病人唤醒。普通手术的病人是在医院的病床上醒来，而术中唤醒的病人则是在手术台上醒来。有各种各样的方式来实施术中的"唤醒"部分,所有方法都与使用电极刺激病人的大脑有关。电极可以让你区分大脑表层的功能区域,就像是拉动木偶的线一样,当电极刺激大脑的有关部位时,在一瞬间,相应肢体的运动能力或者语言能力就会受到妨碍。如果肿瘤靠近大脑的语言中心,你需要让病人完成简单的任务:识别或是命名图画。在手术过程中,一些外科医生会让语言治疗师或物理治疗师与病人谈话并给出评估意见。我总是依赖麻醉师,特别是朱迪斯·丁斯莫尔,她的技艺精湛,总是能够让病人安心平静,保持合作。

在做手术时,我和病人之间隔着一个透明屏幕。朱迪斯会在病人面前坐下,与他们交谈,并评估大脑的相关功能,比如流利讲话的能力、阅读能力、肿瘤对侧肢体的活动能力(因为不可知的进化原因,大脑的每半部分控制的是另一侧的身体)。我会站在病人的后面,通过透明的玻璃观察和倾听朱迪斯评估病人大脑功能的过程。当她看上去开始焦虑的时候,我就知道该停下来了。如果病人在手术全程中一直处于麻醉状态,这一步就会停止得更早,移除的肿瘤也会少很多。在全麻状况下,我无法确定取出的是肿瘤还是功能正常的大脑。显而易见的是,某些更微妙的社交能力或智力水平是无法测试的,但这通常来说都不是问题。胶质瘤的范围看起来总是很大,但在病人的性格没有受到影响的情况下,做手术没有任何实际的效用。

手术中会用到显微镜,显微镜的摄像头连接到电脑显示器上。手术使用的主要工具是一个简单的吸管或是超声波抽吸器(一条能够发出超声波的吸管,可以将手术部位乳化)。通过显微镜观察病人的大脑,你能看到光滑、粗厚、像果冻一样的白质。如果有肿瘤存在,它通常要比正常大脑的暗一些,但偶尔也有例外的时候。我花了很长时间才学会在病人清醒的状态下做手术。手术开始时我总是很紧张,病人清醒的状态则让我更加紧张。为了病人,我需要用自己的镇定和信心去感染他们，但事实上我的内心深处并不如此。

"您想看一下自己的大脑吗？"一些人会同意，一些人会拒绝，如果他们同意，我会继续说："您是历史上少有的几个看过自己大脑的人！"然后，病人会充满敬畏地看着显示屏上自己的大脑。我甚至让病人看过自己的左侧视觉皮层，那是大脑中主要负责看右侧物体的部分。像这样的事情发生时，你也许会觉得人们会产生形而上的思考，会用富含哲理的话给出反馈，但从未发生过这样的事情，只有一次，当我用吸管刷洗患者的语言皮质，告诉他这正是他用来和我说话的部分时，病人评论道："这真是疯狂极了。"

在尼泊尔这次与德瓦合作的首例术中唤醒接近尾声时，病人的腿突然瘫痪了。

"那只是暂时的，"我安慰德瓦，"肿瘤位于辅助运动区域，在这一区域做手术就有可能发生这样的情况。"

然而第二天醒来，我感到非常担心。我坐在德瓦家的花园里喝咖啡（来尼泊尔前两天，我被安排到一家旅馆，之后，我就住进了德瓦家花园尽头里的一间客房），他走过来对我说，初级医生打电话说，病人的腿能够移动了。

"虽然你什么也没说，但我知道你很难受。"他说。

"夜间有没有病人入院？"我问，心情瞬间改变。

"有两个头部受伤的病人。"

明智的选择

当我还在伦敦工作时，有些晚上，我需要随时待命，因为半夜里总会有电话打过来。电话响起时，我就像被人从睡梦中拽出来一样，并且经常会有一种奇怪的幻觉，那便是仿佛在电话铃响起之前，我就已经决定要醒来了。这些急诊病人通常都是突发脑溢血（头部受伤或血管变薄弱而导致大脑出血），我必须决定病人是否需要做手术。有时候，病人不做手术就会死去，做了手术就会完全康复；有时候，病人不需要手术也能够活下来；有时候，无论你做什么，病人也终究会死；有时候，你也不确定是否应该做手术，也不确定手术后他们是否会康复。如果出血严重，无论手术多么成功，病人终会落下残疾，因为大脑是如此错综复杂又不堪一击，比身体的其他部位更加难以修复。问题的关键在于残疾是否严重，病人术后是否会变成植物人？如果是那样的话，让他们没有尊严地活着，死亡可能是更仁慈的做法，不管结果如何，作为医生，我们都只有尽全力抢救病人。

仅仅依靠大脑扫描，我们不可能完全确定病人术后的康复情况。如果我们不考虑可能的后果就对每一个病人做手术，那么我们就会对病人造成极大的伤害。对于病人家属而言，这则是更大的痛苦。据估计，英国有7000人处于永久的植物人状态或仅有最低程度的意识。他们的存在不为人知，要么长期待在看护机构，要么在家中由家人24小时全天候照料。完全不顾后果，对每一个病人都实施手术的做法相对简单，一个好的结果就能证明所有坏结果导致的痛苦都是合理的吗？那么我又是谁，又如何有资格去甄别结果的好坏呢？医生不是上帝，没有决定生死的权利，但如果你笃信医生的职责是减轻人们的痛苦，而不是不计后果地拯救生命，那么有时候我们不得不如此。

"病人26岁，昨晚淋浴时突然晕倒。看起来像是自发性颅内出血。可能是先天的脑动静脉畸形，部分钙化了。左侧基底神经节鼓起一个大洞，渗入中脑。从护理学上来讲，病人的格拉斯哥昏迷评分是4。病人左侧瞳孔放大，在使用甘露醇和呼吸机之后，瞳孔恢复正常。CT显示有很多'偏移'，可见基底池。现在已经插管。"

"稍等。我看一下扫描，"我一边说，一边从床边的架子上抽出笔记本电脑。我把它平稳地放在膝盖上，几分钟之后，我通过网络连接到了医院的X光系统。

"他不会恢复了，对吗？"

"是的。"住院医师说。

"你跟他的家人谈过话吗？"

"还没有。他还没有结婚，他的哥哥正赶过来，应该马上就要到了。"

"大概多久能到？"

"6点。"

"嗯，或许我们可以等他来了再说。"

再解释一下，事情（也就是医生们常说的病史）是这样的。一个年轻人由于脑动静脉畸形而突发脑溢血。这是一种罕见的先天性疾病，脆弱的非正常血管纠缠在一起导致了脑部出血。出血发生在大脑左部以及部分中脑区域，而中脑对于保持清醒至关重要。从扫描上看，我认为即使做了手术，他也不太可能恢复到有自理能力的状态。虽然什么时候都不可能百分之百地肯定，但他能否恢复意识我都相当怀疑，更不用说重新行走或是讲话了。他的格拉斯哥昏迷评分是4，这意味着他处于深度昏迷状态。扫描显示他大脑中的压力不断增强（也就是住院医师所说的"CT上有很多偏移"）。他的左侧瞳孔已经放大，对光线没有反应，这是一种危险的信号，如果不做手术，他会在未来的几小时内死亡。在使用了一种名叫甘露醇的药物后，他的瞳孔开始变小，这暂时降低了他的颅内压，所以做决定的时间十分有限。

我无法入睡，一个小时后就来到医院。太阳在伦敦慢慢升起，一道长长的橙黄色光芒从医院的窗户照射进来。现在还特别早，走廊里阒无人声，但是重症监护室里已经非常忙碌了，到处一片嘈杂的声音。护士们正在准备换班，医护人员在护士站周围来来往往。12张病床都满了，每个病床的旁边都有用于静脉注射的输液架、注液泵和监测仪，监测仪的屏幕闪烁着，不停地发出"哔哔"的声音，呼吸机在辅助病人的呼吸，不时发出轻柔的叹息声。护士们都在讲话，准备交接彼此的工作。

失去意识的病人们躺在床上一动不动，他们盖着白色的床单，静脉注射器插在胳膊上，嘴里连着呼吸机，身上连着鼻胃管和输尿管。有些病人头上还插着导流管和颅内压力监测线。

我的病人躺在远处的角落里，一位年轻人坐在床边，我朝他走了过去。

"您是他的哥哥？"

"是的。"

"我是亨利·马什，罗伯的顾问医师。我们可以过去谈一谈吗？"

我们握了握手，然后离开罗伯，走进会谈室。我要告诉他的是坏消息，所以我让一位护士加入进来。这时，住院医师也上气不接下气地赶了过来。

"我不知道你这么早就来了。"他说。

我示意病人的哥哥坐下来，然后坐到他的对面。

"你可能难以接受我的话。"我说。

"很糟糕吗？"他的哥哥问道。通过我的语气和声音，他大概知道我要说些什么了。

"他的脑部大量出血。"

"这位医生说，"他指向住院医师，"你会给他做手术。"

"是这样的，"我回答说，"但恐怕事情要复杂得多。"

接着，我给他解释，如果手术让他活了下来，他也几乎不可能恢复到能够生活自理的状态。

"您比我了解他，"我说，"他愿意坐轮椅吗？"

"他喜欢户外活动，喜欢航海……他有自己的船。"

"你们关系亲密吗？"

"是的，我们还是孩子时父母亲就去世了。我们是最好的伙伴。"

"他有女朋友吗？"

"他们最近刚刚分手。"他将双手放在膝盖中间，眼睛盯着地板。

我们沉默了好几分钟。此时此刻，保持这种悲伤的沉默是非常重要的。这是一个艰难的选择，但多年来的从医生活已经让我冷静了很多。

"没有任何希望了吗？"过了一会儿，他直视着我的眼睛问道。

"我怀疑没有。"我答道，"但是老实说，我也不可能完全肯定。"

又是长时间的沉默。

"他讨厌变得残疾。有一次他告诉我，如果那样的话他宁愿去死。"

我什么也没有说。

"罗伯是我最好的朋友。"

"我认为这是明智的选择。"我缓缓地说道，"如果他是我的家人，我也会这样做。我见过太多严重脑损伤的病人，他们生活得并不好。"

我们决定不再做手术。那天晚些时候，罗伯死了。在他脑死亡后，我们关闭呼吸机，将他的其他器官用于移植。我想我也许错了，或许他会恢复到某种类似于能够自理生活的状态；或者他的哥哥错了，罗伯也许能够忍受残疾的生活；又或许罗伯会变得不再是以前的那个自己，仅有最低程度的意识，无法理解自我的状态，认为生活也是幸福的。或许，或许……医生只处理可能性，不是确定性。有时候，如果你要做出选择，就得接受这样的事实，即你的选择可能是不正确的。一个好的决定可能会让你失去一个病人，但是却能让无数个病人和他们的家人脱离痛苦的渊薮。时至今日，这对我来说仍是一个难以接受的事实。当夜间接到类似的电话，如果我同意值班医生做手术，我会翻个身继续睡觉；但如果我告诉他不要做手术，让病人死亡可能是更好的结局时，那么在上班之前，我就会一直躺在床上，再也无法入睡。

注定死于肿瘤的女孩

在完成那例术中唤醒手术的两天后，我们给一个 6 岁的孩子做了手术。手术并不是特别困难，我之前也做过类似的手术，但却很少见到这么大的肿瘤。这个手术需要用"经胼胝体入路"的方法将左右大脑半球分开。我对这个手术特别感兴趣，因为多年前这个手术拯救过我儿子的生命。他在只有 3 个月大的时候就做了脑瘤手术，但是他的肿瘤仅有这个肿瘤的一小部分。

在德瓦的医院里，我的主要任务是培训初级医生，让他们学会更多的事情，而不是仅限于做开颅、缝合以及夜间的急救工作。在这一点上，我们俩达成了共识。来到尼泊尔的最初几天，由于对这个国家的挚爱，我盲目地认为，只要自己能够帮忙，我就愿意在这个国家花尽可能多的时间。

"你独自经营一家医院，但不能永远这样孤军奋战。"我告诉他，"你需要考虑一下你的继任者。你也不比我年轻多少。你离开后医院会是什么样子呢？"

"我知道，"他说，"最近，这个问题一直困扰着我。"

"我很乐意帮忙，如果我能帮得上忙的话。"我继续说，"但是如果你用不上我了，也必须要告诉我。"

"我保证。"他说。

给孩子做手术远比给成人做手术更让人紧张，因为手术室外等待的家长总是万分焦虑。我接受过儿童神经外科的训练，多年来，我在温布尔顿的医院里做过许多儿科手术。那所专科医院关闭之后，我们迁到了 3 英里外的一所医学院的附属医院。那所医院里的儿童病房让我很不满意，因为无论是手术室还是我的办公室，都和病房相隔甚远，我不能像过去一样，每天去病房巡视几次。到病房巡视能够减轻父母的焦虑，在我的儿子做了脑瘤手术之后，我就特别理解他们的焦虑。令我感到羞愧和沮丧的是，我发现自己并不怀念在儿科的工作，事实上，不再做儿科手术对我来说是一种解脱。

"能把显微镜拿过来吗？"我问。这是一台崭新的显微镜，与我在伦敦使用的一样好。他们把显微镜推过来，并摆到正确的位置。

"放置平稳了吗？"我问。有一次，我的手术几乎以失败而告终，那是我在尼泊尔做的第二例手术。在那次手术中，助理没有调节好显微镜观察系统（至少有30公斤重，完全悬在空中）的稳定性，住院医师一不小心按下了"释放"按钮，观察系统猛地落在我的手上，导致我手里的工具差点砸到病人的大脑。

得到德瓦的同意之后，为了确保（至少希望如此）这样的事情不再发生，每次手术前我们都要先填写一份清单。讽刺的是，在英国任职时，我对文书工作和检查清单深恶痛绝，但现在我却将这些引入了尼泊尔。

"是的，先生。"潘卡沙说。助理医师们都非常有礼貌，对我十分恭敬。即使不知道问题的答案，他们也不会承认。他们不会说不知道，只会站在那里，沉默好几分钟。这使得教学工作难以开展，很快我只好承认，我永远都不可能知道他们的真实看法。

我调整好显微镜的位置，谨慎地按下"释放"按钮。观察系统保持稳定，然后我才坐到手术椅上，椅子的高度已经调节到手术台以上。

"显微外科手术的第一条原则是什么？"我问潘卡沙。

"医生要处于舒适的状态，先生。"他答道。以前我给他讲过这一点。

"看着！"我说，潘卡沙站在显微镜的侧面，这样他就能够看到我在做些什么。德瓦正注视着显示器，我将牵开器抵在右大脑半球的内侧，然后轻轻地将它向右拉开几毫米，使其与一层厚厚的大脑镰分开。大脑镰是一层隔膜，它将大脑的左右半球分开。从双目显微镜向下看，我似乎正下降至一个峡谷或是穿过一条狭窄的裂缝，左侧是大脑镰闪光的银灰色的表层，右侧是大脑灰白色的表层，它仿佛是被风侵蚀过一样，上面有数以千计的细小血管，在显微镜明亮的灯光下闪闪发光。30年过去了，显微手术仍让我感到兴奋，那是一种关乎美、神秘和探险的感觉，这样的感觉从未离开过我。在多年的医疗实践之后，完美而平稳的设备已经成为我身体的一部分，只要一切顺利，你就会感觉自己拥有超人的力量。"如果幸运的话，我们很快就能找到胼胝体。"

白色的胼胝体就在我的眼前，它位于"峡谷"的底部，就像是悬崖峭壁之间的白色海滩。亮红色的大脑前动脉像两条河流一样从胼胝体的两侧穿过，它们随着心跳而轻轻地搏动，在任何情况下都不能破坏。胼胝体里有无数个连接左右大脑半球的神经纤维，如果所有的胼胝体都被分开了，那么病人就会出现"脑分裂现象"，只有严重的癫痫患者才有可能出现这种情况。表面上看起来，"脑分裂"的病人与常人无异，但一旦做实验，比如用两个大脑半球分别"观看"不同的影像，两个大脑半球就会对"看到"的东西产生分歧（特别是在事物的名称和用途方面，因为大脑左半球辨识名称，右半球判断用途）。在这样的情况下，个体就被一分为二了。在现实生活中，左右大脑半球发生冲突的情况很少见，但我听说过一个病人，在他对妻子发脾气时，他的左手要去打妻子，而右手却阻止他这样做。

谁没有过头脑中两种想法相互冲突的体验？对于大脑的了解越多，你就越会感到困惑。在我们的头脑中，似乎有很多相互冲突又相互协调的自我，但它们却以某种方式产生共鸣，并创造出一个思维和行动连贯的自我。很多年前，美国神经学家本杰明·里贝特做过一个很著名的实验，实验表明：大脑手运动区的电流活动是有意识地移动手的前提条件。之后这个实验结果又被多次证实。实验的结果意味着什么，至今无人能给出一个令人满意的解释。那个做出决定的自我无异于在惊涛骇浪中航行的水手，他被迫按照风暴的方向来调整航向，却声称是自己选择了航向。但有些人却说，那个有意识的自我仅仅是一个幻觉，幻想自己跑步的速度能超过风速，或者就像是一个安慰自我的童话故事。然而不知为何，这样的说法又让人难以相信，就像是"疼痛只是一种幻觉"的说法一样。

我打算在这个孩子的胼胝体上打一个小洞，这样我就能直达她的大脑中心处，那个肿瘤生长的地方。如同手术的名字：胼胝体离断术，手术不会给病人带来任何明显的伤害。此外，给孩子做手术的风险和切除肿瘤的风险一样大，我不确定这是否值得，因为无论我们做什么，这个孩子都会死去。尽管肿瘤是良性的，但是它太大了，完全切除肿瘤必然会对穹窿以及穹窿附近的下丘脑（控制着饮食和生长等重要功能）造成严重地破坏。下丘脑遭到破坏的孩子会成为重度肥胖的侏儒。

我轻松地找到了肿瘤。它的直径至少有4-5厘米，柔软、灰白、黏稠度一致，很容易取出来。穹窿至关重要，很难看出来它是否仍然存在，还是已经完全被肿瘤破坏了。我努力保护好一根细线般的白色物质，那可能是穹窿剩余的所有部分。

"你看一看，"我一边说，一边示意德瓦看显微镜。"你是否知道手术前她的记忆力如何？可能已经非常差了，因为穹窿已经少得几乎没有了。"

"无论我们做什么，都不会对它造成任何影响了，不是吗？"他说。

"是的。"我说，但有点不愿接受这残酷的现实。

德瓦彻底消毒，来接替我的工作。我出去喝杯咖啡。

德瓦的办公室位于二楼，大窗户外可以看到医院前的空地和北部远处的山麓。无论什么时候，我一看到这些山麓，就会想到隐藏在后面的喜马拉雅山。我渴望见到喜马拉雅山天堂般的银雪覆盖的山顶。

喝完咖啡后，我回到手术室。我重新消毒，和德瓦一起做手术。

在移除了更多的肿瘤之后,我发现手术范围竟然穿过整个大脑,到达了颅骨右侧的底部。肿瘤是如此之大,实际上已经将大脑一分为二。

"我们应该停下来了,"我对德瓦说,"我们至少已经取出了整个穹窿和一半的下丘脑。再多一点点破坏,她就可能完完全全地被毁掉了。"

"我同意你的看法,"德瓦说,"可以用放射疗法处理剩余的部分。"

"很难知道还剩余多少",我说,"可能还有 20%。"

做完这样的手术,我不会有任何的喜悦或成就感。肿瘤移除后,女孩的大脑里留下了一个大洞。我一边清理出血一边想:"脑内还有肿瘤,可以肯定她的大脑已经受到严重地损坏,所有我们能做的,就是延缓她的死亡。"

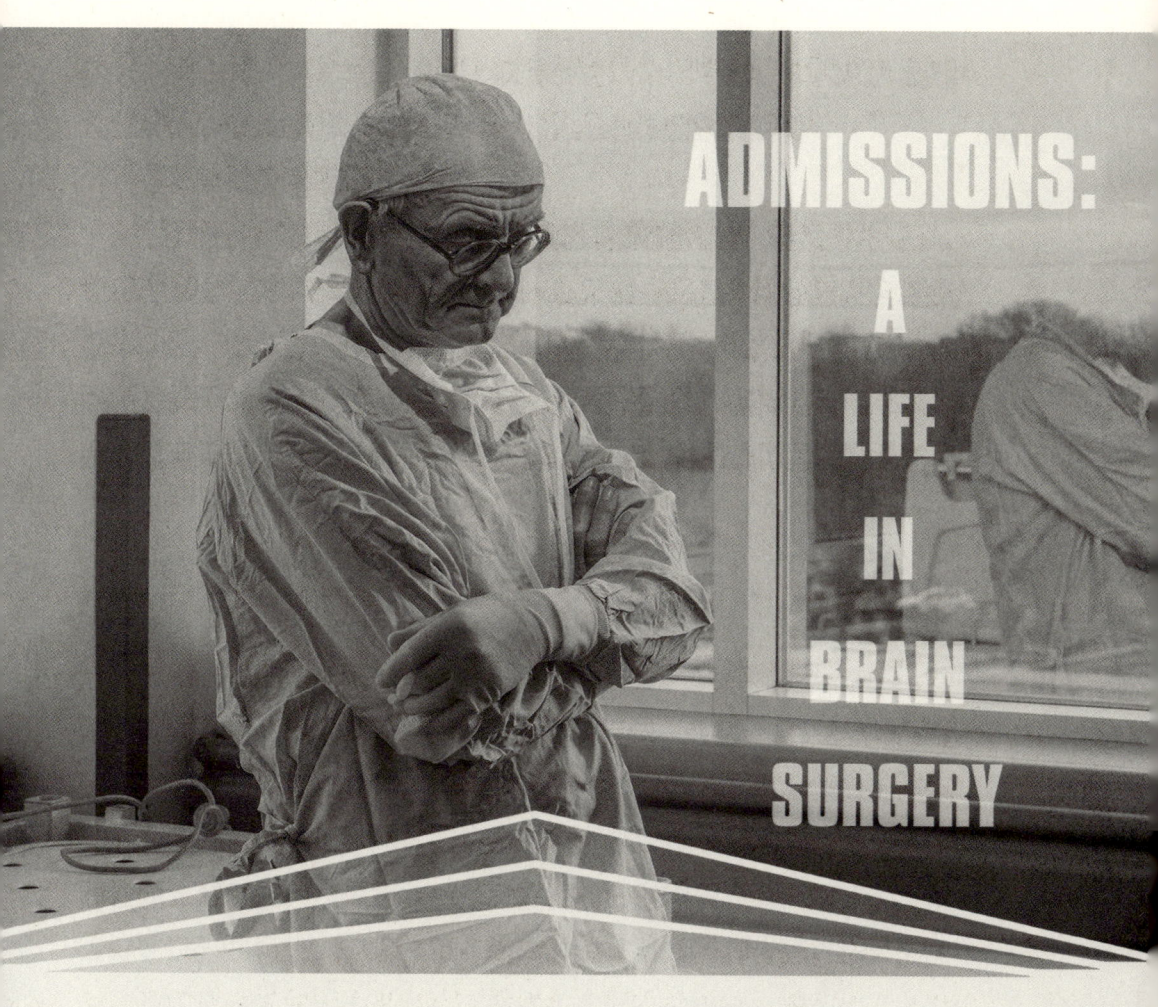

第 6 章

心脑问题

尼泊尔的首次门诊

"病人男，35岁，认为自己脑袋里有虫子。"

"你有他的核磁共振扫描吗？"

"是的，先生。我们没有发现虫子。"我们一起看着扫描。

"那样的话，你可以告诉他没有任何问题。"我说。

脑囊虫病会引起癫痫，丝虫病会导致四肢疼痛、肿胀以及其他的问题。这些问题对我来说都是全新的，所以尽管我之前见过很多脑囊虫病病人，但有那么一刻我还是在想：在这个病人的大脑里，是不是真的有一些不常见的，能够在颅骨上钻孔的尼泊尔虫子。

"我们要让他去看精神科医生吗，先生？"

"这是一个好主意。"

一天的手术结束后，门诊诊疗就开始了。病人已经等待了一整天，早上，初级医生给他们诊断，在做了各种各样的检查后，他们再去看更高级的医生。

当我进入门诊室时，屋子里已经坐着3位病人和他们的家人。他们在桌子旁坐成一排，看上去很焦虑，仿佛受到了惊吓。5位初级医师站在桌子的前面，顾问把病情记录拿了过来，然后一个初级医师给我读了读病史。这个初级医师刚刚从中国或孟加拉国的某个医学院毕业，讲一口磕磕绊绊、含混不清的尼泊尔英语，说的大部分话我都难以理解。病人是一位面容焦虑的女士，穿着一件漂亮的红裙子。

"病人35岁，有5年的头痛病史。她的内脏和膀胱正常，检查显示双侧瞳孔等大，对光反应正常，颅神经完整正常。我们已经给她做了核磁共振。"

"好的，我们来看一下扫描。"如我预测的一样，扫描一切正常。（"做一次核磁共振需要花多少钱？"我问自己。后来我得知，那要花去尼泊尔人一个月的收入。）我完全不知所措，不确定应该给出怎样的建议，只好询问一下初级医师们的意见。

我们犹豫不决，彼此之间讨论了好一会儿。种种庞杂的药物在尼泊尔境内广泛使用，而且使用得相当随意。在街边的小药店里，病人几乎可以买到所有的药物。在我上班的路上就有一家药店，店里总是排着长长的队伍。激素和一种名为安定的镇静剂，几乎被用于治疗所有的疾病。在门诊几周后，我开始怀疑所有的尼泊尔人都用一种止痛和抗抑郁的药物，这种药物叫作阿米替林。

在拿了药方后，第一位病人就匆匆离开了。她离开之后，下一位病人就移动到她刚才坐的椅子上。病人排成长长的一队，他们或是头疼或是背疼或是关节痛，还有一个是直肠出血。我意识到这里并不是神经外科专科诊室，它更像是一个外科全科诊室。所以，我不得不温习30年前学过的基础医疗知识。我在担心的同时也觉得很有趣，因为我居然能回忆起那么多的东西！在从事神经外科的多年之后，我已经忘记一些虽然是常识性的却又很重要的医学知识。但还好我有网络，许多我不确定的问题，它都能帮我找到答案。

第二位病人是个年轻的女士，之前她长了个巨大的听神经瘤，在切除肿瘤后，她的半边脸完全麻痹了。尼泊尔的诊断总是很滞后，所以肿瘤被发现时通常都很大了，而在大型肿瘤中，面部麻痹是常见的也是不可避免的并发症。当德瓦走进房间时，病人和她的丈夫都很高兴，七七八八地和他聊了起来。德瓦还将胳膊搭在了病人丈夫的肩上。

"我在赞美这位忠诚的丈夫，他的妻子在手术后病得很重，但他始终没有放弃。在他们家乡，一头水牛价值63000卢比①，如果水牛病了，他们会花钱给水牛看病，但如果是妻子病了，他们却不会这样做。他是个好男人。"说着，他再次拍了拍那位男士的后背。

"22岁的女士，头痛3个月。检查显示双侧瞳孔等大……"

"稍等一下。她是做什么工作的？"

初级医师和病人简短地交流了一下。

"她是那些酷刑受害者的法律顾问。"

"她喜欢她的工作吗？"

她说她非常喜欢这份工作。

"你是否接受过相关培训？"我问。

"是的。"

"培训了多长时间？"

"5天。"

初级医师让她去做一个颅骨的X光检查。

"她只是头痛罢了，你这是在浪费时间。"我说。

"不是的，先生。"初级医师非常礼貌地回答，"她有鼻窦炎。"

这时我才想起，她说话时鼻子好像被堵住了似的。

"啊，是的！我没注意到。要让她去看耳鼻喉科吗？"

---

① 印度、巴基斯坦、斯里兰卡、印度尼西亚、尼泊尔和毛里求斯所使用的货币名称。

"现在是德赛节①,耳鼻喉科的医生们正在休假。"

"那样的话,你最好给她开点解充血药②。"

偶尔会有一些患脑瘤或者其他疑难杂症的病人,德瓦会征询我对这些病人的意见,但大部分的病人都是慢性头疼、眩晕或是尼泊尔人所特有的全身性灼烧痛。尽管我向这些慢性病患者说明,核磁共振对他们毫无用处,但他们还是执意要做。他们自己付费,因此我也没和他们过多地争论。

很快我就知道,只有少数几个病人对我的诊疗感到满意。大部分病人都对我非常失望,因为我完全不像是一个著名教授。通过初级医生的翻译,即使是最简单的疾病,我也需要花费30分钟的时间,才能向病人解释病情。到最后,我只好礼貌地顺从那些坚持要见德瓦的病人。

就在我坐诊的同时,德瓦正在隔壁房间里飞速地门诊。病人们都期望见到他,他也设法一一会见那些新的病人。他的房间里站满了医生、顾问和病人亲属,在这混乱的人群中,只有病人们是坐着的。这一幕让我想到被侍臣和请愿者包围的国王。

我俩之间的房门开着,我可以听到他在用尼泊尔语和病人交谈。他的语速很快,会根据病人的阶层和教育背景来调整说话的方式,或哄骗、或诱导、或安慰、或慷慨陈词。病人来自于各行各业,有山区来的贫困农民,也有教师和政客。

"有多少病人患有神经外科疾病?"我问他。

"1.6%。"

"其他医生会给你推荐病人吗?"

"不,他们有自己的人脉,并且都讨厌我。他们设法把病人推荐给其他医生,但病人仍然要过来找我看病。"

---

① 又称杜尔迦祭典,每年9-10月间的月圆之时在尼泊尔的各地举行,连续9天,因而又叫"九夜节",意为"女神的九夜"。
② 一种医用喷雾剂,可以用于扩张鼻内血管。

结束了第一次门诊正要离开时，一个不认识的人过来拜访我。

"我是那个女孩的父亲。"他的英语还凑合。"谢谢您，先生，非常感谢。"他将双手合起抵在胸口，用尼泊尔人的方式问候我。德瓦告诉他我也参与到手术之中，我微笑着，希望自己看上去不那么伤心。

"我的儿子也得过脑瘤，"我告诉他，"我知道您的感受。"他又反复地感谢我，我点点头，既表示收到了感谢，也是对他的同情和慰问。与他告别后，我走到管理处等待德瓦。结束诊疗之后，我们一起乘车回家。

晨 练

我向来不喜欢游泳。在我8岁时，学校运动场的旁边有条浑浊的小河，老师在那里教我们游泳。在学游泳时，我的腰里系着一根帆布带，带子系在一根绳子上，绳子又拴着一根木杆，一个男老师像握着沉重的钓竿一样握着木杆。浮动跳台上装有一个木梯，我站在水里，透过跳台的木板，可以看到头顶上方老师的鞋子。我非常害怕从那个黏滑的木梯上进入黑暗的水里，当身子的一半浸入水中时，我就会紧紧地抓住梯子，直到握着绳子的老师将我完全拖进水里，让我像上钩的鱼儿一样在水里挣扎。没人讲解游泳的姿势，绳子和木杆是防止我们溺水的工具，老师期望你自己摸索着用狗刨式浮起来。一个学生因为太害怕而不敢从木梯上下去，老师猛地一下就把他拉进了水里。每次在下水之前，恐惧在更换泳裤时就早已把我浸透了。这段经历对我性格的形成有很大影响。

在我接下来上学的学校，和善的校长教我如何用正确的方式游泳。但是后来换了一个以施虐成性而臭名昭著的体育教师，他在课上使劲地打我的脸，导致我的脸在几小时里都没有知觉。我非常恐惧那个老师，以至于我用课桌上的铰链盖把手擦伤，并告诉老师我摔倒了不能游泳。但那只成功了一次，所以每次上游泳课前，我都一连几个小时将手指插进耳朵里，伪造出耳朵发炎的症状。校医对此十分不解，因为这样的事情一周发生一次。学校的女舍监带我去圣·托马斯医院的耳鼻喉科，一位会诊医师检查了我的耳朵。他的身旁站着一排医学生，检查完之后，他怀疑我是否真的是生病了。我不知道他说了些什么，但我一直在欺骗自己，说我的耳朵真的有毛病。这是我第一次出现认知失调，试图从完全对立的观点中自娱自乐。我也了解在欺骗别人时，自欺欺人的重要性。后来我发现，音乐课与游泳课在同一天的同一段时间里，所以我又开始学习小号了。但我没有坚持下去，最后，为了逃避游泳课，我只好躲进衣橱里。我认为这是一种勇敢的行为，而且也侥幸成功了。

25年之后，在一周一次的脑瘤会议上，一张大脑扫描出现在我面前的屏幕上。病人的名字我非常熟悉，是过去给我上游泳课的体育老师，扫描显示肿瘤是恶性的。

"我讨厌这个人，"我的肿瘤科同事说，"他给我们带来的麻烦源源不断，也许是额叶肿瘤让他的性格发生了改变。"

"不，他的性格没有变化。"我说，然后向他解释了我和这个不幸者之间的关系。

"我们要给他做活组织切片检查。"同事说。

"让其他人做手术可能会更好。"

我在黎明的曙光中醒来，窗帘之间的光线由暗变明，公鸡的啼叫声、狗的吠叫声和鸟儿的歌唱声都开始响起。我每天早晨都要跑步。一些狗在街上游荡，几周之后我才克服了对它们的恐惧，因为旅游指南警告我们要当心狂犬病。但是我的尼泊尔朋友却向我保证，街上的狗并不是大问题，寺庙里的猴子才是。起初，我总是绕着一个小得有些可笑的圈子跑步，还有就是在德瓦和马杜的花园跑步，再就是在楼道里上上下下跑半个小时。后来我变得勇敢了一些，开始在小道上跑得更远一点儿。这些小道在那些拥挤的房子之间，甚至10年前还不存在。

我在跑步时会路过垃圾堆和敞开的下水道，还会经过倒垂下来的电线，以及掩映在三角梅下的花园围墙。道路崎岖不平，上面满是泥土和石子，但偶尔也会有一小截修整得不平整的毛面混凝土路，上边还有狗走过时留下的脚印。在我跑步的途中有一个神殿，路过的人可以去敲入口处的鸣钟。神殿的周围人声鼎沸，他们咳嗽着清清嗓子开始了新的一天。当地的居民和狗都对我不感兴趣，一个穿着足球短裤的英国人跌跌撞撞、气喘吁吁地经过，似乎并不是什么不寻常的事儿。尼泊尔人非常有礼貌，或许他们的狗也是如此。

在英格兰，我跑步的路程会更长一些。在过去的每一周，我跑步的里程接近 50 英里，但在一个膝盖开始出现问题之后，现在我每周仅跑 25 英里。我很少享受跑步的过程，跑步需要耗费大量的体力，而我的身体又很僵硬，就像灌了铅一样。我坚持跑步是出于对衰老的恐惧，而锻炼会延缓老年痴呆症的发生。但在跑步时，偶尔也会有美妙的时刻。有一阵子，周末时我会在牛津附近的乡村跑上 17 英里。在一个春日的早晨，我跑到了威萨姆森林，还没升高的太阳斜射在树叶之上。突然，我看到一只小野兔正在路边吃草。它丝毫不害怕我，我就站在距它仅有 3 英尺的地方，看着它静静地吃草，而它也用明亮的眼睛看着我。在这样特别的时刻，这只野生小动物的单纯和信任深深地打动了我。这样的情形与珍藏在阿什莫尔博物馆里的一幅水墨画非常相似，那幅画是 19 世纪早期的神秘主义艺术家塞缪尔·帕尔默创作的，画的是太阳初升时森林里的一只小野兔。

还有一次，我沿着泰晤士河跑步，在一个破旧码头的一头，我发现一只鸭子正拼命地拍打着翅膀，好像被什么东西困住了。我非常英勇地沿着一根钢梁爬了过去，那是码头里剩下的唯一东西了。鸭子的嘴里有一个鱼钩，鱼线缠在了钢梁上。在避免自己掉入水中的同时，我设法把它解救了出来。鸭子没有停下来感谢我，而是迅速地潜入水中。

但我还是想象着，如果有一天，当我游泳遇到了麻烦时，那只心怀感激的鸭子会赶过来救我，就像童话故事里描写的那样。

绕着德瓦的花园跑完步之后，我会做 50 个俯卧撑和一些其他的运动。虽然我不喜欢这些运动，但运动之后的感觉却很好。最后，我还会在客房外的小游泳池里游个泳。我跳入冰冷平静的游泳池，清晨的天空倒映在水面上，附近的喜马拉雅山山麓仿佛就在眼前。有那么一瞬间，我会感到一阵狂喜，暂时忘记了对游泳的憎恶。在游泳之后，按照惯例，我会再冲个冷水澡，然后我的晨练就圆满结束了。两年前我开始洗冷水浴。一开始的时候，我会在英格兰寒冷的冬日里洗冷水澡，冷水澡就像是一颗长生不老的仙丹，在冷水浴之后，一种愉悦感和强烈的幸福感会持续两个小时的时间。这样的美妙感在两分钟内就可以获得，但后来让我失望的是，在几周之后，它持续的时间越来越短了。每天早上我继续冷水浴，但是那种感觉最多持续几秒钟，尽管冰冷的水还是会让我跳来跳去，并且不停地深吸气，但我的身体已经适应了。健身迷们认为寒冷有利于"迷走紧张"。"迷走紧张"是迷走神经的活动，它以我们几乎不能理解的方式控制着很多身体机能。它是一条很长的神经，绕着脊髓，到达大脑，再到心脏和其他一些器官。这是一条非同寻常的神经，双向传输信息和指令，可以通过电流刺激该神经的方法来治疗癫痫，但没有人知道这样做的原理。它也可以让那些瘫痪而且脊髓完全坏死的女人产生性高潮。如果将迷走神经切断，人类就不会得帕金森病。过去，人们也会使用迷走神经切断术来治疗胃溃疡，但现在，这个方法已经被废弃不用。

晨练结束后，我会坐在游泳池旁边的花园里，喝上一杯咖啡后再动身去医院。花园周围鸟语花香，是德瓦和马杜的小乐园。有时，会有一只小鸟掠过泳池，它外表亮丽，羽毛呈绿宝石色，翅膀溅起的水花在阳光下闪耀光芒。

来来往往的病人

几周后，我决定调整门诊方式。就像在英格兰一样，我让初级医师们坐着诊疗，并且规定一次只能进来一位病人，而不是像过去那样一次进来一堆人。我会礼貌地问候每一位进来的病人。在尼泊尔，这样的门诊方式常常出乎病人的意料，病人在进入房间时通常都面无表情。但当我对他们说"您好"，并双手合起向他们行礼时，几乎每一个病人都会以迷人又略带羞涩的微笑回应我。在诊疗要结束时，我会询问病人是否还有其他的问题，虽然这让诊疗不再那么像一份流水线上的工作，但也大大地减少了我和初级医师们诊疗的病人数量。病人们总是有很多问题要问，很少有病人会讲英语，他们也是"差劲的历史学家"——医生们称那些不能够描述自己病情症状的人为"差劲的历史学家"。大多数病人都是仅能勉强维持温饱的农民，他们不会读写，而初级医师的英语水平通常也很有限。有时候我无法做出任何诊断。一方面是因为，这些病人非常不确定自己的症状，而且下定决心要使用某种新药；另一方面是因为，有些病人患的是肺结核或丝虫病，而这些都是我不熟悉的疾病。门诊极其困难，患有慢性腰背痛、头痛和全身灼烧痛的病人源源不断，诊断必须极其谨慎，以防错过某个严重的问题。

"你们知道'躯体化'吗？"

"不知道，先生。"

"它指精神经验及状态转变为躯体症状的过程。如果病人因为婚姻等问题而不开心或者抑郁，但自己又不愿承认，那么他们就会出现头痛、全身痛或者奇怪的灼烧感。他们将自身的不快乐归因于这些症状，而不是有意识地承认他们婚姻的不幸福或者是其他类似的问题。这样的症状就叫作'躯体化'。你可以将它视为一种自我欺骗。在这里，病人认可抑郁症的诊断吗？"

第 6 章 心脑问题

"他们并不认可,先生。"

"所有的痛感都产生在大脑里。"我一边解释,一边对着初级医师们掐了一下自己的小指头,他们坐在桌子的另一边。"痛感并不在指头上,而是在我们的大脑里,指头上的痛感只是一种幻觉。心理性生理症状的外在表现是,即使没有周围神经系统的刺激,大脑也会产生痛感。所以疼痛是绝对真实的,但要采取不同的治疗方法。病人们不喜欢这样的诊断,因为他们认为这是在批评他们。"

"很多妇女都需要关注,"初级医师友帕玛说,"她们的丈夫在国外工作,所以她们并不开心。"

虽然许多病人仅患有小疾病,但也有一些病人的病情比较严重,比如一位恶性皮肤癌渗透入头皮的年轻女士,一位将要死于脑瘤的男士,以及一位半边脸都麻痹了的13岁的女孩。扫描显示女孩脊柱和颅骨的连接处存在复杂的先天性畸形,这可能是造成她脸部麻痹的主要原因。这样的情况很少见,德瓦和我对这样的问题都不专业,我们一致认为手术非常困难而且充满危险。友帕玛向女孩和她的父亲解释了病情,女孩在无声地啜泣。

"她是个女孩,"友帕玛向我解释,"她的脸……"

那个女孩的哭泣,让我想到自己的超然。我对她的痛苦超然事外,这一方面是因为我是一名医生;另一方面是因为我与她之间横亘着巨大的文化与语言的鸿沟。自从成为一名合格的医生后,我就已经学会了超然。我帮不了这个孩子,感情用事毫无意义,所以我不得不如此。但是,我也想到了与倭黑猩猩有关的研究。倭黑猩猩之前被称为矮黑猩猩,进化论的观点认为,它与人类有最近的亲缘关系。研究表明,它们富有同情心,善良并充满公平感,群体中的成员会相互安慰。没有牧师、哲学家或者教师告诉它们要这样做,这是它们遗传的一部分。所以一种合乎情理的推断是,同样的情况也适用于人类。

在成为医生之后，如果想要有效地工作，我们就不得不抑制与生俱来的同理心。医生不需要同理心，它是我们要摆脱的东西。在我们眼中，病人是人类学家口中的"外围群体"，他们不需要我们去识别去认同。但是那个孩子仍在哭泣，我开始感到很难受。我告诉自己，要使自己的工作比其他职业都具有道德优越感，唯一的方式是对所有的病人都一视同仁，不去考虑病人的阶层、种族和国籍甚至是财富。

但当那个女孩哭泣时，我开始无法超然事外，想弄清楚我和德瓦是不是搞错了，于是我拿起手机拍下了那个女孩的扫描，然后将邮件发给了一位同事，他身处世界的另一面，是这类问题的专家。30分钟后，我收到了他的回信，他说手术是可能的，也是一种相对直接的方法。

我把他的观点告诉德瓦。

"网络真是一个奇妙的东西！"我说，"我们可以迅速地获知世界一流专家的看法。"

"我们最好让那个女孩回来，再跟她的家人谈谈。"他说。但是他们已不见踪影。

病人们来来去去，外边的天变黑了，高耸的地平线上，喜马拉雅山山麓也隐没不见。医院旁的稻田里，香蕉树的锯齿状叶子在风中摇曳，一群小鸟忽地飞上天空，就像是一把飞舞在天空中的树叶。它们迅速地从眼前掠过，消失在我的视线之中。门诊房间里的窗户开着，空气中弥漫着令人陶醉的泥土气息，病情记录表被风吹离桌面。这里经常会停电，房间会不时地陷入到一片黑暗之中，每次都要持续好几分钟。在头顶上方，一道闪电从空中划过，远处传来雷鸣的回响。

"病人是一位65岁的老人，手指麻痹。"

核磁共振显示，颈部的第六颈神经受到轻度的压迫。

"他的病情给他带来了哪些不便？"

"爬树和挤奶都很困难,先生。"

我们决定让他继续保守治疗。

轮到下一位病人,病人自己没有过来。

"先生。一位父亲带来了女儿的核磁共振扫描。他的女儿只有两个月大,突然昏厥了。她住在另外一家医院里,在她的血液中发现了大肠杆菌,诊断认为她得了细菌性脑膜炎。那家医院的医生打算用抗生素做为期 3 天的治疗,他想知道那个治疗方案是否正确。"

CT 扫描的质量很差,我很难看清楚,但是那个孩子似乎有大量的脑损伤。

"他想知道花钱给孩子治疗是不是正确的做法。"

"他还有几个孩子?"

"三个,先生。"但接着,父亲又告诉我们,他有两个孩子已经死了。

我盯着扫描看了很久,不知道该给出怎样的建议。

"我需要一张核磁共振扫描,"最后我还是说话了,"如果扫描显示有严重的脑损伤,让孩子死亡或许是最好的选择。"

雅曼是一个非常优秀的初级医师,他将我的话转述给那个父亲。

"我付不起核磁共振的费用。"他告诉我们。

"那我就很难做决定了。"我说。

我离开了,雅曼和其他初级医师又和那位父亲谈了很久。我不知道他最终的决定是什么,但他离开时非常礼貌地对我说了谢谢。

"病人是一位 40 岁的女士,有 20 年的头痛病史,先生。"

我的心微微沉了一下。

"嗯,告诉我更多与她头痛有关的信息。"

我们讨论了几分钟,病人多年来服用了很多种药物。

"她有恐惧症,觉得'安定'能帮助她,先生。"

我不知道该给出怎样的建议。我给他们稍稍讲了讲"安定"的危害,以及过去在欧洲和美国，数百万的家庭主妇是如何对"安定"产生依赖的。

"你们知道'耻辱'这个词吗？"

"是的，先生。"

"在尼泊尔人看来，到精神科看病是一件耻辱的事情吗？"

"确实有这样的情况，先生。"

"我认为她应该去咨询精神科医师。我也曾接受过精神科的治疗，你们告诉她那样的经验是无价的，这会对她有所帮助。"

他们用尼泊尔语迅速地交流了一会儿。

"她想要做核磁共振，先生。"

"这是在浪费金钱。"

"但是她住在尼泊尔的甘吉。"

"离这儿有多远？"

"路况很差，到这里要两天的时间。"

"那好吧，就让她做一个核磁共振吧……扫描上不会有任何问题，这样做只会让她的抑郁变得更加真实。"

后来初级医师告诉我，病人已经两次试图自杀了。

"尼泊尔人用怎样的方式自杀？"

"通常是上吊，先生。"

病人来自尼泊尔的各个地方，他们通常都是从遥远的山村过来，那些地方只有步行才能到达。他们来到这里，希望能迅速地治愈自己的疾病。他们盲目地信任医学，这可能与他们祈祷和祭祀的信仰有关。药物有副作用，成本和利益之间要有一个权衡，这些观点与他们的理念背道而驰。头疼、癫痫、高血压或是腰背疼痛，这些慢性病不可能只通过一次门诊就得到有效治疗。所以最后的结果是，病人会服用各种各样令人眼花缭乱的药，这些药要么是他们自己买的，要么是多年来不同的医生开的。他们来的时候总是带着装满药物的塑料袋，里面的药物颜色多样，形状不一，大小不等，金属箔片的包装闪闪发光。病人会将这些药品摊开放在我们面前的桌子上。

"她30岁了，患有头痛病，先生。"

"天哪，"我想，"又来了一个。"她羞怯地坐在我的面前，丈夫就站在她的旁边。

"先生，她会不能自已地大笑。"

"病理性的笑？"

初级医师将扫描递给我。情况非常糟糕。

"你看出了什么，莎莉玛？"

过了一会儿，在我的帮助下，莎莉玛搞明白了我们看到的是一个巨大的脑瘤，专业名称为"岩斜部脑膜瘤"。我曾在伦敦碰到过一个类似的病例，病人的症状罕见，也出现了不可控制的、病理性的大笑。我给她做了手术，但她术后变成了植物人，一直都没有醒来。在我内心的墓地里，那是比较大的墓碑之一。

"告诉他们，明天教授在的时候再过来一次。"我说。

她一离开房间，我就告诉初级医师们，如果不做手术，这个可怜的女人会在几年内缓慢地死去，而且很可能死于肺炎引起的呼吸问题。由于肿瘤压迫控制喉咙的颅神经，她目前已经出现了吞咽困难的症状，这无疑是死亡的先兆。但是做手术也存在许多困难，几乎不可行，因为在术后，病人很有可能落下终身残疾。哪个选择更好一些呢？是在未来几年内死去，还是在糟糕的残疾状态下度过更长的生命？

"他们需要和教授谈谈。"我说。

但是，她再也没回来。

"一切顺利，除了那个孩子……我们给她做了内窥镜脑室造口术。"这里说的是另外一位病人，一个仅有几个月大的婴儿，她有严重的脑积水。

"孩子怎么样了？"

"情况不好。"

"她的妈妈还有其他孩子吗？"

"还有。"

"最好的选择是让她死去，不是吗？"

德瓦一言不发，但我知道他默认了我的观点。

"在英格兰，法律不允许我们这样做。"我说，"我们需要使出浑身解数，花费大量的钱才能让这个孩子活下来。但即使她活下来了，她的未来也会充满坎坷，因为她有严重的脑损伤，头的大小也和足球一样。在我接受培训的那家儿童医院里，我的老上司有时会对我说，有一些没有希望的病人，他们注定会在手术后留下残疾，并且过着悲惨的生活。他希望可以让病情严重的孩子死去，然后告诉他们的父母再另外生一个，但是这样的事情不被允许。"

"孩子在夜里死了。"第二天早晨，当我在看向那个孩子空荡荡的病床时，住院医师告诉我。孩子已经走了，床上只有一小团杂乱无章、引人伤心的被单，护士还没来得及更换床上用品。

在做显微血管减压术时，我们要把病人摆放到正确的位置，但对我来说，这有些困难。显微血管减压术用于治疗面部疼痛，它需要用显微镜将一个小血管从面部三叉神经（面部感觉神经）上推移开。我在伦敦做过上百次这样的手术，但在尼泊尔做这个手术的感觉却完全不同，让病人翻身有点问题。

"在伦敦，我会说'一、二、三'，然后再将病人翻转过来。"我说，"你们也这样做吗？"

"是的，先生。"住院医师高兴地向我保证。

"一，"我说，然后他就抓住病人，开始把他从手推车上往下推。

"不！不！"我喊道，"一，二，三……然后再给他翻身。"

这更像是英式橄榄球里的混战，而不是相互配合的协同作战。但最后，我们还是安全地让病人趴着躺在了手术台上。

黑暗中的灯塔

从神经医院到比尔医院有 20 分钟的车程，我们在路上遇到了一些小的示威游行，警察们正全副武装地维持秩序。尼泊尔一直处于动乱状态，几年前内战刚刚结束，君主制在皇家惨案的 4 年后才彻底瓦解。民主选举的政府取代了君主制政权，但持续的政治内斗使新政府四分五裂。医院周围的路上挤满了行人和摩托车，一个瘦骨嶙峋的年轻女性正在卖黄瓜，对半切开的黄瓜上胡乱地涂着一些调味料。医院对面的街道上有一排破败不堪的药店，成群的人站在药店门口。

"那是尼泊尔的第一家药店。"德瓦指着简易药房后的一座古老的砖混建筑。最近的一场地震使那个药店的墙裂开了几条大缝。

医院更像是一个肮脏老旧的仓库，让我想起了在非洲和乌克兰乡村里看到的一些条件最差的医院。这所医院是美国人在 20 世纪 60 年代建造的，它代表一种典型的建筑风格，这种建筑风格将医院、工厂和监狱视为相同的地方。医院里有长长的昏暗的走廊以及许多阴郁的房间（虽然一些病房有很多窗户）。病房里非常拥挤，一切都疏于打理，看了让人伤心。医院的员工高兴地接待了德瓦，他们微笑着向他行"合十礼"。后来德瓦告诉我，这里让他心烦意乱。

"我在这里创建了自己的神经外科。"他说，"那也是尼泊尔的第一个神经外科。所有的都从零开始，我们使用二手设备创建了一切。过去我常常直接通过颈动脉穿刺来做大脑血管造影，自动化设备处的杰米·安布罗斯教会我如何操作。每年我们都会自掏腰包装修医院，我们还有一个粉刷团队。但看看现在，它变成了什么样子？肮脏拥挤，疏于打理，现在一切都一去不返了。"

"当我刚从英国回来时，"他继续说，"下午两点就没有人工作了。作为医院里唯一的高级医生，我会一直坐在自己的办公室里。后来，在我的感染下，每一个人都待在医院里工作了。我们那时也没有钱，我总是一直在工作。"

我们离开医院，等德瓦的司机开车过来。很多人都认出了德瓦，他在尼泊尔声名远播，更不用说在他曾经工作过的医院了。他和那些人闲聊、开玩笑，我站在旁边，看着源源不断的人流来来往往。从主管道渗漏出来的水汇聚成一个肮脏的大水坑，对面的排水沟里满是垃圾和地震后留下的碎砖头。然而，当看到衣着鲜艳、优雅讲究的女士们小心翼翼地穿过马路时，我还是觉得景色非常美丽。

当司机拉梅什驾车驶过加油站外一长队混乱的车辆时，德瓦的话题又重新回到了比尔医院。

"经历了那一切之后我需要休息。真的是太可怕了，太可怕了……以前人们来这家医院是因为它有美丽的病房……而现在一切都没有了，地板也不一样了。在以前，这里的工作环境舒适，曾得到英格兰皇家学院的认可，可如今一切都去而不返了。"

几个月后，我在新西兰见到了一位英国籍神经外科医生。他说当他还是个医学生时，他曾拜访过比尔医院的神经外科。他非常确定地说，那里的神经外科与其他的科室完全不同。

"就像是黑暗中的一个灯塔。"他说。

"回到这里时我们曾满怀期望，"那天晚餐时，马杜对我说，"但现在一切都如此糟糕。"

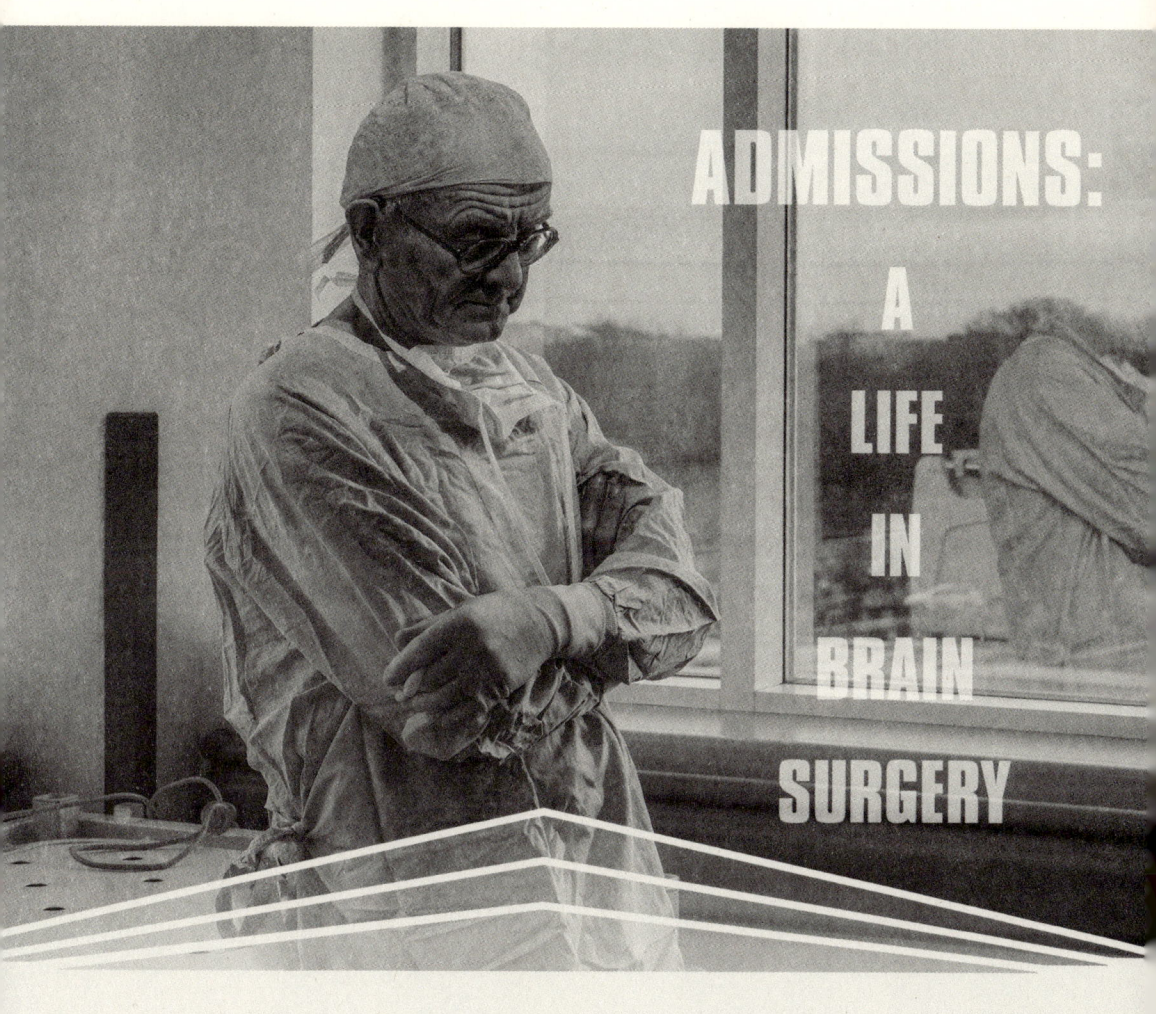

第 7 章

骑大象

大象的气息

一大早我们动身去特莱。特莱位于尼泊尔南部,是一片与印度接壤的平原低地。天刚刚破晓,空气不流通,既潮湿又闷热。我的心情愉悦,因为在一天前,我收到了皮肤瘤的病理报告。肿瘤确实是恶性的,但我已经痊愈了,不需要再做进一步的治疗。

奇达旺国家公园附近有一个旅游村,村子里主要的旅游项目是骑大象。去年的地震使尼泊尔的旅游业遭受重创,附近的度假村萨乌拉哈原来有很多酒吧和小旅馆,但当我们驾车经过时,整个村子看起来空空如也。

"他们靠什么生活?"我问德瓦。

"希望。"他耸了耸肩,然后说道。

有为数不多的几个西方游客,他们身着松垮的短裤和T恤,很容易分辨。在尼泊尔,我总是穿着长衫、长裤,这并不是为了显示我和游客的不同,而是因为在50年前,当我在非洲做义务教师时,我和天主教传教士生活在一起,他们教导我要尊重当地人。

我们被带到丛林边缘的一个官方骑象站。骑象站周围极其安静，树与树之间的间距很宽，光亮和阴影，斑驳交错在高大的树下。这里有很多高高的、东倒西歪的大象棚，象棚的基部有4根柱子，柱子上架着破旧生锈的铁皮棚顶，棚的四周缠绕着破烂的电线网。每个棚舍的中心都有一个巨大的木柱子，上面挂着沉重的锁链和脚镣，看不到一只大象。

"过去，他们在夜里会用链条将大象锁住，后来，一个英国人教会他们用电网。"德瓦对我说。

象棚的另一边有一些低矮的建筑，其中一栋的前门开着，可以看到两个十几岁的欧洲小女孩，她们穿着超短裤，盘腿坐在地上，旁边站着一个皮肤黝黑、上了年纪的尼泊尔男人。她们正在给大象做午饭。她们把糖果（塑料包装已经被仔细地剥掉）和一些米饭混合在一起，接着将其卷成圆形的饭团，然后用一只脚固定住饭团，再用双手将长草缠在饭团外边。女孩们全神贯注，没有一个人说话。我问她们是哪里人，她们微笑着回答："德国。"看到西方富裕国家的孩子扮农民玩儿，我五味杂陈，不知该说些什么。

一头巨象缓慢地从附近的丛林里走了出来。它的脖子上坐着一个象夫，象夫的脚耷拉在它的耳朵后边。它庞大、庄严、威武，而且不可思议地优雅。它们是陆地上唯一寿命比人类长的巨型动物。

"这是我们要骑的大象。"德瓦告诉我。

象夫把这个巨型动物带到我们等待的地方，大象弯曲粗壮的膝盖，后腿向后，前腿朝前，笨拙地跪在地上。为了把木鞍放在大象背部的垫子上并固定好，象夫和他的助手又花费了一些时间。在象夫们做这些的时候，我走到大象的面前，直视着它那双若有所思的小眼睛，而它也看着我，优雅地将躯体蜷缩在左前腿上。前些日子我一直在读和大象有关的书，它们的躯干由40000块肌肉组成，有发达的大脑，在所有陆生动物中，它们的大脑是最大的。它们的社交能力很强，有着复杂的社交生活。它们会彼此安慰，为死者哀悼，还有各种各样的表达能力。它们还可以识别出镜子中的自己，人们认为，这是大象有自我意识的一种表现。

意识的产生需要多少数量的大脑细胞？最近的研究表明：昆虫可能也有意识。因为它们的大脑与爬行动物和哺乳动物的中脑有相似之处。一些权威专家认为，中脑能够产生意识经验。研究一个生物是否有意识就如同研究它是否有痛感一样，没有人知道神经系统能够感知何种程度疼痛。如果你刺激龙虾的爪子使它有痛感，那么它就会用其他的爪子去摩擦疼痛的部位。这仅仅是一种条件反射吗？看起来它更像是感觉到了疼痛。而我们无视这种反应，总是用活蒸的方式烹饪龙虾。

当病人失去意识，比如说头部受伤之后，可以通过对疼痛的反应来评估病人昏迷的深度，要么用铅笔扎进手指的甲床，要么用拇指用力按压眼睛上方的眶上神经。如果病人有目的地对疼痛做出回应（就像龙虾用爪子来摩擦疼痛部位一样），那么他们会试图将你的手推开，这时我们就会认为有意识的疼痛感知仍然存在，即使病人对此毫无印象。反之，如果病人处于深度昏迷，他们不会对疼痛做出任何反应，只会本能地、毫无目的地移动自己的肢体。在这种情况下，我们就会认为病人处于深度无意识状态，他的回应里没有任何意识的成分。

以脑的大小来衡量，昆虫位于天平的一端，鲸鱼则位于天平的另一端。鲸鱼的大脑要比人类的大得多，这真是一个奇妙的谜题。鲸鱼的大脑结构与我们的确实不同，它的大脑中没有第四皮层，而且胶质细胞与神经元细胞的比例也要远远高于人类。但是没人知道，它们为什么进化出了如此巨大的大脑，而这又有怎样的作用。近年来，动物智力的研究如开闸的水流般在四处涌现：奶牛会与其他的奶牛做朋友；领航鲸大脑中的神经细胞比其他任何生物都要多；蝠鲼能够认出镜子里的自己；鱼在捕食时会相互交流配合。这些研究使我们与笛卡尔的理论越来越远。笛卡尔认为思维与物质是分离的，他说动物仅仅是一种不会思考只会机械行动的动化装置。这真是一种糟糕透顶的言论。

自我意识就是指意识到自我的存在，并审视自我的思维。我第一次了解到这一点是在14岁。那时，学校组织我们去南部海岸进行探险活动，那里有贝特修道院的遗址。活动结束后，我和其他的男孩子们在附近的卵石海岸上嬉戏玩耍。我穿着衣服跑进海里，海水浸透我的校服。我站在那儿让波浪亲吻我的脚踝，突然，一种势不可当的自我意识向我袭来，那感觉就像是望着无底洞，又像是在一对平行镜里看到了无数个自己。我吓坏了，赶紧坐大巴车返回伦敦。回到家后，我一直处于极度沮丧的状态，父亲坐在书房里，我向他解释这一切。我大声地谈论自杀，但这样一种歇斯底里的情绪，只是让他感到困惑。

从哲学上来讲，突然间的自我意识会让人手足无措。对于青春期的男孩来说，这是睾酮上升的结果，我仍记得看到自己的第一根阴毛时的情形，它孤零零地立在那里，让人震惊。在接下来的两年里，我经历了一系列事情，神秘是对这些事情的最佳描述，光影与颜色获得了非同寻常的深度与美丽，进而产生强烈的视觉效果，随之而来的就是深刻的启发与统一感。我的双手以及双手上的静脉血管看起来尤其意义深刻，过去，我常常满怀惊异地凝视它们。

多年以后，我成为一名医学生。在学习解剖时，我尤其痴迷于手臂。在那间解剖用的长长的停尸房里有一个大塑胶袋，里面装满了分解程度各异的、被截断的手臂。手臂的构造复杂，令人惊奇，它由一系列的肌腱、关节和肌肉组成，就像是一个有着铰链式控制杆和滑轮的装置。研究这些手臂时，我会精心细致地绘制它们的水彩图，但可惜的是，很多年前我把解剖笔记弄丢了。之后我发现，奥尔德斯·赫胥黎在作品中描述人在服用迷幻药后的感觉，那种感觉与我的那些神秘体验一模一样。大脑边缘系统与人类的情感有关，在较低等的动物中，它主要负责嗅觉。边缘叶癫痫为癫痫病中的一类，患有这种病的人会有一种强烈的统一感和超验感，并通常将此理解为见到了上帝，人们认为陀思妥耶夫斯基就患有此病。在牛津大学时，我的大部分朋友都用过麦角酸酰二乙胺①，但我从来不敢尝试。

随着年龄的增长，那种神秘的体验渐渐消退，开始被性欲和性焦虑替代。当我的同龄人都去参加聚会并学着亲吻女孩的时候，我却坐在克拉珀姆的房间里如饥似渴地读书。我有写日记的习惯，但由于强烈的尴尬和羞耻感，几年之后，我把日记毁掉了。对此我非常后悔，现在我退休了，年老体衰，有很多问题困扰着我，我相信同样的问题在我年轻时已经出现，因为那时的我也在努力寻求生活的目的。如果日记还在，我就可以看到自己年轻时的天真和严肃，那应该是一件有趣的事情。

父亲给我推荐过很多作家和他们的书，其中就包括雷蒙德·钱德勒和卡尔·波普尔的《开放社会及其敌人》（*Open Society and Its Enemies*）。我认为后者的这本书对我的生活产生了深远的影响。波普尔教会我质疑权威，让我知道生命的道德职责并不是通过意识形态展开宏伟的设计，而是通过零碎的社会工作来减少世间的痛苦。在社会正义方面，这与基督教的伦理和信仰非常相近（这些都是父母反复教育给我的），同时，在证据和诚实的重要性方面，这也与医生的理解不谋而合。医生会因为工作而获取丰厚的报酬，但除非无能为力，我们也会不自觉地帮助他人。我们的工作不需要在道德方面做出任何特别的努力，因此，我们很容易就会自鸣得意，这是医生的所有过失中最糟糕的一种。我们要用医生对待自己的方式来对待病人，同时也要在专业护理的仁慈与完成工作所需要的超然之间寻求一个平衡，这些都

---

① 也称为"麦角二乙酰胺"，一种强烈的半人工致幻剂。

是医生在道德方面所面临的挑战。问题就在于，如何才能在仁慈与超然之间找到一个正确的平衡，这绝非易事，病人总是源源不断，所以很多时候，总是有我们无能为力的问题。

实习生的经历让我决心要做一名外科医生。在进入医学院之前，我先完成在牛津大学的学业。回到伦敦后不久，我和一个同情我的莱斯特郡女孩发生了关系，于是我就有了第一次不成功的性体验。这次不成功的体验引发了更加严重的危机，我的思想开始狂躁起来。我在毫不相干的事情之间看到各种各样的联系，最初这让我很兴奋，但之后又让我非常害怕。我的思想迅速失控，那种绝妙的无所不知的感觉开始被害怕取代，我害怕身旁有某种邪恶的存在。我的一部分自己使用恐惧强迫另一部分自己去寻求帮助，这是另外一种形式的边缘叶癫痫，病人感觉恶魔而不是上帝的存在。在一位朋友的建议下，我联系上一位精神病医生。不久后，我就被送进精神病院住了一小段时间。

我住在一个单间。第一天晚上，我躺在那里，觉得有些痛苦和紧张。一位友好的印第安护士走过来，问我是否需要一粒安眠药。

"不，我不需要。"我非常抵触地说道。

"那好吧，我叫查理，如果您改主意了，可以来走廊的尽头找我。"他微笑着说。

我无法入睡。我的人生已跌落谷底，无论如何也没有未来可言了，我就像在无底深渊的底部，永无天日。我变成一个精神病人，彻底孤身一人。我不停地痛哭。但同时，我也感觉心中某些冰冻的东西开始融化，就像《冰雪女王》（*The Snow Queen*）中的那个男孩儿，他心中那面邪恶的魔镜最终变成碎片。长久以来，我内心恐惧，不停地挣扎，一直将他人视为自我的折射。哎！直到现在，我依然有这样的倾向。

凌晨时分，我起床走到黑暗的走廊尽头，查理正在微弱的台灯下读报纸。我问他要了一片安眠药。我筋疲力尽，很快就睡着了。第二天早上，照着浴室里的镜子，我十分高兴，因为我看到自己内心的痛苦变成真实可见的东西，那就是我眼睛下边两块极大的紫色瘀痕，比起被碎玻璃划破手上的血管，这要好得多。

在接下来的一周里，我每天都会花一个小时和一位年长的极富同情心的精神科医师待在一起。我向他倾诉我的想法，慢慢地卸下内心的负担。那是一种重生的感觉，让我对这个世界又心生热爱。不久我就出院了，在一个美妙的秋日午后，我跑步到了奇尔特恩丘陵。那是我一生中最快乐的一天，从山上下来后，我的身体僵硬，就像是刚刚跑完一场马拉松，我还记得自己笨拙地翻过了一个锁着的牧场大门。

研究表明，恋爱中的狂喜很少能够持续6个月的时间。它会逐渐消退，取而代之的是更加世俗的维持关系的行为。但相较于洗冷水浴中的狂喜，在恋爱中，这种感觉的消退速度要慢很多。离开医院后，我受到启发，不再分裂，变得乐观起来。除了不相信在生命或世界中有某种神性的存在外，这种感觉与我在一些启示书中读到的完全一致。产生这种感觉的大脑机制与爱上一个人的大脑机制完全一样，它让人把所有的欢愉与美丽都倾注于所爱之人的身上。

交配季节开始时，鸟儿会通过歌唱来吸引配偶。在这个时候，斑胸草雀和其他的鸟儿会长出新的大脑细胞。当人类恋爱时，我们的大脑里是不是也经历着类似的变化？其他的动物是否会体验到极乐的感觉？有研究表明，海豚和鲸鱼有极高的智力，喜爱欢笑嬉闹的习性说明，它们确实会有这种狂喜的感觉。如果你看到过一群海豚在海里游泳并跃出海面，那么你就会相信这一点。在经历极乐的体验时，我并没有感到上帝的存在。相反，我却由此知道了大脑深藏的神秘，即神圣和世俗不可避免地联系在一起。这种感觉必然与一种神经有关联，通过深植于芸芸众生中的繁殖本能，它将我们大脑中的复杂感情和抽象推理交织在一起，这些都是我们通过进化所获得的。近些年来，在

第7章　骑大象

我的生命接近终点之时，自我意识的神秘感越来越强烈。这种神秘感里没有丝毫狂喜的成分，它是宗教信仰的替代品，在某种程度上也是对死亡的准备。

当我在苏丹旅行时，朋友带我去一个小动物园游玩。动物园位于苏丹南部，距离喀土穆几百英里远，在白尼罗河沿岸的一个沙漠里。一个围场里圈养着5只会捕食人类的尼罗鳄，它们半潜入混凝土筑成的池子里，若有所思地看着我。鳄鱼池旁的笼子里有一只小象，它被迫与母亲分离，离开自己生活的社会群体。很明显它已经疯了，它那奇怪的重复性动作既与患有严重自闭症的儿童相同，也与我照顾过的一个慢性精神分裂症的患者相似。在那只可怜的大象旁边，一个小围场里圈养着一只年幼的黑猩猩，和小象一样，它也已经精神失常了。看到我难过沮丧，那位我非常喜欢的苏丹同事哈哈大笑。

"你们英国人还真是心软！"他说。

当象夫拉紧肚带时，尼泊尔大象会用它那红红的小眼睛看着我，眼神中透露出悲伤的顺从（也许只是在我的眼中，它们才有这样的神情吧）！

在导游的带领下，顺着一个踏板腐朽、上面长满了苔藓和藤蔓植物的楼梯，我们爬到一个12英尺高的平台上。大象已经顺着平台的方向站好，德瓦、我和两个导游爬进大象背上的木椅里，我们面部朝前，各坐一个角落，腿叉开放在座位前的角柱上。座位上有一个薄薄的垫子，坐上去没有想象中的那么舒服。

坐在离地面12英尺高的大象背上，我们重新回到丛林。大象的脚掌巨大，轻轻地落在崎岖不平的小道上，我们的行速缓慢，旅程颠簸，刚开始时，我十分紧张。坐在大象背上无事可干，我想，等适应了摇摆之后，这多少有些乏味。但我很快就开始享受这个过程了，尽管我仍关心大象有何感想。

象夫手里拿着一把镰刀和一根棍子,他不时地用镰刀来扫清道路。大象也会用它的长鼻熟练地将树枝卷起,然后再将它们折断。我曾经在书中读到,如果大象失去控制,镰刀也可以用来割掉大象的耳朵。尽管书中描写象夫与大象之间的亲密关系,以及骑大象带来的旅游收入如何有益于大象的保护,但是也描写了在训练幼象的过程中存在的种种残酷行为。

强迫大象做它不愿意的事是很困难的。看看象夫和大象在密林中选择道路的方式,你就知道他们在不停地协商。就像飞行员使用方向舵一样,象夫会用脚轻轻地踢一下它耳朵后边的部位来控制方向,但是大象的看法并不总是和象夫的意见相同。我们要跨过一条河。大象轻而易举地就爬上对岸陡峭的河堤,然后,它再顺着几乎看不到的道路,朝丛林里树枝缠绕的更深处前行。在一块空地上,我们看到一群梅花鹿,它们受到了惊吓,迅速消失在丛林中,只给我们留下优雅的背影。保护区里也有老虎和豹子,但很少能看到它们。我们缓慢地、有节奏地穿行在丛林之间,树叶不时地从我们的面庞上拂过,一个小时后,我们进入一片草地,一些草几乎和大象齐腰深。象夫指着一片平整的草地对德瓦说了些什么。

"那是犀牛的家。"德瓦给我翻译。之后没多久,在附近河岸上,我们偶遇一只带着幼崽的犀牛。大象的背上坐着5个人,当这个身形巨大的生物靠近它们时,那只幼崽迅速地躲在妈妈的身后。我们惊异于犀牛妈妈的独角以及它身上满是颗粒、如装甲一般的皮肤,而它却完全无视我们,继续吃草。亚洲人将犀牛角视为珍宝,他们以前将犀牛角磨碎后制成治疗癌症的药粉。经济利益导致人们大肆捕杀犀牛,非法狩猎致使犀牛濒临灭绝。

"他们为什么不用其他的药物代替?"当我们离开那只犀牛时,我向德瓦抱怨,"那样的成本更低。"

当我们在茂林中缓慢穿行时，德瓦给我们做翻译，我问了象夫一些我们骑的大象的问题。象夫告诉我，它已经 45 岁了，也许能活到 70 岁。由于最近的肺结核，他们损失了几只大象。它生过 4 只小象，但是其中 3 只在 3 岁前就夭折了。

"为了接受训练，小象会在几岁时离开妈妈？"我问。

"3 岁。"他说。

象夫还告诉我，所有的大象都是被单独关着的。在回程途中，当我们经过一条河时，那只大象突然发出了巨大的叫声，就像是喇叭一样。

"它为什么要这样？"我问。

"它闻到了另一只大象的气息。"

回到骑象站，我们从大象背上下来。我们在小屋檐前的阳光下坐成一排，等德瓦的司机和保镖过来。这些小屋是由国外的慈善组织捐款建造的，屋顶上的铁皮已经生锈，变得破烂不堪了。一个已经发霉、有些倾斜的告示牌上写着"儿童妇女发展促进中心"。公告牌褪色严重、字迹模糊，在一长串的名单中，我仅仅可以分辨出"让库尔电脑"（原文如此）"运动教练（任何运动）""环境保护""野生动物看护（受伤动物）""动物孤儿保护""关注艾滋病及患者计划"以及其他的外国资助的项目，这些项目都接收"技术不熟练的志愿者"。另外一个公告牌同样的破旧不堪，上面的文字也同样难以辨识，这是一个"秃鹰复苏"的计划，公告牌下有各种各样的国际鸟类慈善组织的图标。除了一些从中国进口的商品外，商店里几乎空空如也。只有一个女人在值班，和我通常见到的尼泊尔人不一样，她并没有对我微笑。全世界都想帮助尼泊尔，人们投入巨额援助，但是大部分的资金都消失得不留痕迹，只剩下一些褪色的标签和布告栏在风中摇曳。

天堂没有幼童之友

德瓦要给一个8岁的小男孩做脑瘤手术，我自愿而愉快地加入到手术之中，但很快就为这个决定感到后悔。手术一开始，病人就血流如注。由于有非常大的动脉化血管流经肿瘤，所以血疯狂地向外渗，流量极大，在这种情况下，热透疗法没有任何的作用。我开始出汗，当病人可能会因失血而死亡时，医生与麻醉师就需要亲密地合作。但是现在，麻醉师不会讲英语，而且还很少说话。肿瘤中间的一根血管大量出血，我奋力阻止这个孩子因失血过多而死。只有让实习生们独立完成手术，他们才能在困境中有所成长。我对自己感到失望，我曾想方设法地训练德瓦的初级医师，换来的却是被动地看着他们笨手笨脚地做手术，还不停地犯错误。他们置病人的生命于危险之中，这让我难以忍受。这就是为什么在尼泊尔，实习生只会给穷人做手术的原因，因为即使手术不成功，穷人们也不太可能会投诉。在我工作过的所有国家里，手术之前，有钱有势的人必然要确定给他们做手术的不是实习生。

在像苏丹和尼泊尔这样的贫穷国家里，私人诊所和私人医院的数量大幅增加。在很大程度上，基于英国的传统模式而建立的专业医疗协会现在已经被边缘化。医学专业的标准越来越难以维持。财富和医疗总是同时消失不见，还有什么会比健康更加珍贵呢？由于无知和恐惧，病人极易受到伤害；出于对利益的追逐，医生和医疗服务人员也很容易腐败。美国医疗卫生的社会化确实存在很多弊端：它运作缓慢，有官僚化的趋势；它缺乏人情味，视病人为生产线上的物品；临床人员缺乏良好表现的动机，而且容易志得意满；医疗资源总是处于匮乏的状态。但是，如果能够维持高昂的士气和高水平的专业标准，如果能够在临床自由和规则间寻求一个正确的平衡，如果政治家们能够勇敢地去提高税收，这些弊端都是可以克服的。从根本上看，社会化医疗卫生的弊端还是少于竞争性的私人医疗卫生，因为私人医疗卫生容易滋生医疗浪费、不平等对待、过度治疗和欺骗患者的行为。

德瓦接过手术，我终于可以去吃个三明治了。事实上，在那个时候，最糟糕的出血已经被止住了，但能停下来，稍微休息一下也是一件好事。很难想象德瓦是如何单枪匹马地经营一家医院的，没有人帮助他减轻负担，他随时处于待命的状态，30年来，日复一日。

第二天，当我在重症监护室里见到那个男孩时，他已经醒了，正在哭喊。我认为一切正常，但是有件事情让我不安，那就是他虽然睁着双眼，但眼神涣散，不能聚焦于一处。最开始我没有太在意这一点，但当我从另一个病人那里回来时，我才明白他失明了。

"他的视力在手术前怎么样？"我问德瓦。

"不太好。"

"因为严重的脑积水，他肯定患有重度视神经乳头水肿。"我说，"这样的病人有可能会在术后失明。"

那天晚些时候，我又见到了德瓦，他说他见到了男孩的母亲。

"孩子的视力在手术前就已经非常糟糕了。"

"之前我遇到过两个相同的病例，"我说，"这是不可避免的。"最好还是不要去想男孩的未来会如何。

当我还是一个中级住院医师的时候，我做了我的第一例儿童手术。那是一个9岁的男孩。男孩的邻居带着他和自己的孩子去动物园，另外一辆车和他们发生了碰撞，车祸使邻居和他5岁的女儿当场死亡，男孩则出现了急性硬膜下血肿。这是一种严重的头部创伤，在手术过程中，这个孩子的大脑肿胀得非常厉害，以至于我几乎不能将它放回颅骨里，甚至很难将他的头皮缝上。后来我得知这个男孩是家里的独子，他的父母在多年的生育和试管授精治疗后才生下他。他的妈妈不可能再有另外一个孩子了，但我不得不告诉她，她的儿子就要死去了。我望着她，意识到自己是在宣判死亡，不仅仅是对儿子，也是对母亲的宣判。我十分难受，这是一种毁掉一个人的感觉。我在伦敦的一所医院受训，那是一座高层建筑，重症监护室里的窗户很大，从那里可以看到下方城市的全景。我把那位母亲领到儿子的病床前，阳光从窗户照射进来，投射在擦净的地板上闪闪发亮。孩子躺在那里，连着呼吸机，头上歪斜的大绷带遮盖着我粗劣的头皮缝合。目睹这般痛苦的场景，我很难相信人类生活中存在一个仁慈的上帝。这样的事情只存在于神话之中：湛蓝的天空上有一个幼童之友，在天堂中他会免除人们在世间遭受的所有痛苦。

我是一个神经外科医生，我经常见到的情况是，在大脑前额叶受到物理性的损坏之后，人们通常会以一种荒诞的方式不断丧失最基本的道德感与社会性。当看到这样的事情后，我很难相信灵魂不灭，或者是有任何的来世可言。

徒步旅行

门诊通常在晚上 6 点结束，德瓦的保镖总会像变魔术一样，在完全准确的时间现身。司机会开车载我们回家，从医院到家只有很短的路程。回到家之后，我们就坐在花园里，一边喝啤酒一边聊天。

6 年前，绑架德瓦女儿的匪徒是从山谷里爬上来的。他们先扔过来一块肉把狗毒死，然后才翻过带刺的围墙进入院子。

"不单单是女儿被绑架这一件事情，经常还有人想勒索我。过去，我常常带着手机，直到有一天，我接到了一个电话。'你听说过黑蜘蛛团伙吗？'一个声音说。'你不记得我们杀死了某某和某某医生吗？'他们想要钱，但我并没放在心上。现在我把手机交给拉梅什保管了。在叛乱时期，一些叛乱者总是过来向我索要金钱，我总是拒绝他们，但我也告诉他们，我很高兴为他们提供免费的医疗服务。"

"但叛乱的副领导人不是你在学校时的一个朋友吗？"我问。

"严格来讲，并不是朋友。"他说，"但我们确实是在同一所学校里读书。那些传教士老师们很喜欢他，而我却不招他们的喜欢。"

"他应该是那种刻苦努力的人吧？"我问。

"大概吧。"

我问德瓦，绑架她女儿的匪徒后来怎么样了。

"她非常勇敢！"德瓦说，眼里满含泪水。"当歹徒说要带一个人离开时，她立刻站了起来跟歹徒走了。我的女儿只有16岁啊！我感到非常无助，对我来说那真的相当痛苦。为什么她要因为我的成功而遭受折磨呢？"

"后来怎么样了？"我问。

"他们要我支付一笔赎金。但梅德哈被带到帕坦时，她的眼罩掉了，注意到那里的一些细节。警察展开了一次大规模行动，抓到了整个团伙。那时还没有判罚绑架的法令，所以可能也就是一两年的监禁。但警察在他们身上发现了毒品，他们被判了15年。"

德瓦知道我渴望去看看喜马拉雅山，但是在加德满都，大部分时间里，远处的山峰都掩盖在层层的浓雾里。一天，天刚刚破晓，我们从加德满都出发，驾车1小时后来到了杜利克尔小镇。在无云的短暂时间里，我们终于见到矗立在远处的喜马拉雅山。

在薄雾掩盖着的山麓和峡谷之上，白雪覆顶的喜马拉雅山犹如天堂一般在空中飘浮，那里一片祥和宁静的氛围，完全超脱于我们的世俗生活之外。不用想象，就知道那里是众神所在的地方。在这儿生活一段时间后，终于见到了喜马拉雅山，我喜极而泣。之后不多久，云彩从西方升起，喜马拉雅山消失在我的视野里。

后来，我又在尼泊尔做了一次旅行。那时我刚好休假几天，就和威廉去山里远足。威廉是我的儿子,来尼泊尔陪我待了两个星期。我们走了5天,第一天从那雅浦出发,向上走到了南安纳普尔纳峰①周围的山麓,在华氏80度②的气温下爬了1000多米。那雅浦是一个典型的尼泊尔小镇,破烂不堪,遍地都是灰尘和垃圾。走了几英里之后,在布满灰尘的小路尽头,我们开始沿着粗糙的、看不到终点的石砌小路向上爬。向导希瓦是一个讨人喜爱的、既热心又谨慎的人。在爬山时,威廉和希瓦都沉着平静、有条不紊,只有我一个人汗流浃背,每隔一段时间就停下来喘口气。我之前还以为日常的锻炼计划让我很健康,但这里发生的事情提醒我,我已经日渐衰老了。我想起了远在英格兰的年迈父母,每当我说他们的问题是由于年老导致时,他们总是向我抗议:"但是,马什先生,我感觉自己还是非常年轻的。"

在山麓脚下,围绕着小型的自给自足的农场,人们聚集在一起形成村落。希瓦指着各种各样的正在生长的农作物,一一向我们介绍。山脚的低地上种植稻谷,慢慢往上爬,随着地势上升,山腰地带种植马铃薯和玉米。安纳普尔纳峰位于自然保护区内,没有那雅浦小镇上遍布的各种垃圾。这里有中世纪的田园风光:一位农夫牵着两头牛在坡地上耕种;远处山脉的陡坡上,老太太们背着大筐的柴火;沿着石砌台阶,还有运货的骡队上上下下。再往上爬,山坡就变得愈加陡峭,那里的气候寒冷,不再适合耕种任何农作物。该地区的人完全依靠徒步旅行业生活,徒步旅行也是整个尼泊尔经济中非常重要的组成部分。这样的情景多少有些荒诞:尼泊尔人背着巨大的篮子、树干或建筑材料缓慢地走在台阶上,身边走过一个个穿着短裤T恤的背包客,他们都是富裕的西方人。在一个宾馆里,我看到一对德国情侣光着脚走在尖锐的瓦砾路上。他们和一群带着瑜伽垫的徒步旅行者出发了,我猜想,

---

① 尼泊尔北部境内的喜马拉雅山,安纳普尔纳峰的群峰之一。
② 32华氏度等于0摄氏度。

他们也在这高山的石子路上寻求心灵的启迪。我还看到一位头发灰白的英国女士,她独自一人旅行,她告诉我们,她打算去一个遥远的村庄。

"听说那里有年长的喇嘛。"她语带敬畏,然后又补充道,"但是他们也可能不会和我说话。"

"百分之二十的房子都是空的。"希瓦指着一座空房子对我们说。农村人口持续锐减,越来越多的人去了附近的城市博卡拉。山间的房屋都是用石头建造而成,有木制的露天阳台,一些房屋的屋顶也是由石头建成。这些房屋原本非常漂亮,但越来越多的人用蔚蓝色的铁皮棚顶来替代石头屋顶,这让房子看上去和周围的环境很不协调。希瓦告诉我们,他的房屋在地震中损坏严重。他有年幼的孩子和衰老的父母需要照料,所以一年中的大部分时间里,他都会出来做导游,他希望在挣到足够的钱后,再给家人修一所新的房子。他目前的生活相当困难,虽然只有33岁,但看上去要衰老很多,而且一副疲惫不堪、饱经忧患的样子。

很多骡队在我们身边上下穿行。这些耐心的动物驮着煤气罐、砖块、水泥、啤酒和其他的一些食物。它们在高低不平的石阶上小心地择道而行,脖子上的铃铛发出悦耳的响声。我们渴望看到高耸入云、白雪覆顶的大山,但它们仍顽固地躲在云层之后,仅仅能看到被植被覆盖的海拔数千英尺的山麓。当然,按照欧洲的标准,它们也是山脉的一部分。

第二天晚上,我们上升到海拔11000英尺的高度,在徒步旅行村戈雷帕尼的一个宾馆里休整,威廉和我是宾馆里唯一的客人。我们的卧室就像是一个大茶叶箱,仅能放下两张硬板床。房间的墙是由三合板搭建而成的,上边还留有制造商的黑色商标。房间里有一个油桶做成的炉子,烟道向上接入天花板,管道上焊接着一些金属杆用于烘烤衣服。屋外寒风凛冽,围着一个大火炉,我们和宾馆主人度过了一个非常融洽的夜晚。晚上下了一场极大的暴风雨，这是这个季节的第一场雨，雨水敲打在锡皮屋顶上，像是在演奏一支立体声交响曲，听着头顶上的声音，威廉和我在茶叶箱般的房间里睡着了。希瓦希望雨水可以驱散云雾，那样的话，在第三天的黎明，趁着云雾还未从山谷升上来遮掩群山，我们就可以走到附近的潘恩山，那里能看到喜马拉雅山的壮丽景象。所以第三天早上，我们4点过就起床了。

很多徒步旅行者突然出现在漆黑的夜里，他们的身影模糊沉寂，排成一纵列朝山上进发。这寂静的队列就像是一支行走在黑暗中溃败的军队，我们加入其中，等待我们的将是一段奇异凶险的旅途。在通向顶峰的石阶上，两只狗咆哮着厮打在一起，它们从路上翻滚下来，差一点把我撞倒。高山上空气稀薄，我停下来大口地喘息了好几分钟，就好像患了"惊恐发作"[①]一样。但是周围那些沉默的身影迫使我继续向上爬，这段石阶通向山顶，有300米长，他们爬起来似乎毫不费劲。我只能听到自己急促的呼吸声，身体很快就被汗水湿透了。但是我求胜心切，竞争的本性驱使我继续向上，尽管我可能是山上最老的游客，但一想到任何人都可能会超过我，我就感到难以忍受。所以我加快速度，喘息向前。

我们期待可以在高山上看到日出，但是什么都没有发生，浓厚的云雾很快就包裹住了一切。威廉和我迅速地离开了聚集在山顶的人群，他们大部分人还握着手机或相机，希望能够看到喜马拉雅山。希瓦告诉我们，在徒步旅行的旺季，黎明时分的潘恩山上会聚集成百上千的人。我们下山时，身边走过那些来得比较晚的游客，他们在曙光中费力地往上爬，和我一样的气喘吁吁、备受折磨，这让我感到些许安慰。

我们一直沿着一个高高的山脊行走，穿过一片杜鹃林。杜鹃树的树干斑驳，树皮剥落，和橡树一样大。花期在几天前刚刚结束，小路

[①]亦称为急性焦虑发作。患者突然发生强烈不适，可有胸闷、气透不过来的感觉，心悸、出汗、胃不适、颤抖、手足发麻、濒死感、要发疯感或失去控制感，每次发作约一刻钟左右。

上铺满了粉色和红色的花瓣。这一晚我们住在一个宾馆里，以前这里可以欣赏到高山美景，但是当我们到达时，却只能看到云雾和山麓。房间里装着木制的黑色百叶窗，精心雕刻的窗框上没有上釉。我在半夜里醒来，半开着的窗户外有几颗星星，我期盼明天早上能够看到群山。威廉躺在旁边的床上，听着他平静的呼吸声，我回想起37年前他刚刚出生时的情形。我想到他是如何被放到妈妈的肚子上的；又想到他是如何睁开那双若有所思的蓝色大眼睛，第一次看到外面的世界；也想到他在几个月大时差点死去的经历。在多年以后，我们几乎形同路人。他的生活艰难，而我却无能为力，因为我就是问题的一部分。无论我多么后悔，过去发生的事情也不可能一笔勾销。他的姐姐凯瑟琳对他的帮助更大一些。但欣慰的是，那段可怕的时光业已过去，往事如烟，很快我就又重新入睡。

早上，我从经常会做的那个噩梦中醒来。我梦到在逃学去医院做了多年的实习生之后，我又回到大学，即将参加期末考试，但我却没有做任何功课，心里满是害怕和惊慌。人们认为考试焦虑的梦是非常普遍的，但我却很好奇，为什么它会固着在我的潜意识里。在逃学一段时间后，学校又允许我重新上学了。接着，我又在精神病院里待了很短一段时间（出院后我每周去看一次精神病医生）。后来我就开始疯狂地学习，最终以优异的成绩获得大学学位。所以我不清楚为什么这种对失败的恐惧在我的睡眠中萦绕不去。

我在起床后发现，在之前只能看到云雾的地方，安纳普尔纳峰的群山奇迹般出现在眼前。它们就像是从天而降，安静地耸立在我们的上方。冰瀑、雪原和冰川在蓝天下闪耀着白光，它们看起来近在咫尺，仿佛走上几个小时就可以到达那里。而事实上，从这里到山脚下的探险队大本营，还要走上4天的时间。

返回那雅浦是一段长长的旅程。我们最开始沿着树林里一条陡峭宁静、人迹罕至的小道前行，在云雾升起之前，从树与树的空隙间可以看到巍峨的峰峦。每隔一段时间，我们就要停下来踢掉靴子上的水蛭。后来我们又回到石阶小路上，很多骡队从我们身边经过，他们行走在相反的方向上。穆迪科利河在远方的山脚下流淌，凝冰的河水呈现出灰白色，伴随着河水冲刷岩石的声音，我们缓慢地朝山下行进。

一个漂亮的尼泊尔女人

"患者22岁……从30米高的地方摔了下来……剖腹产……下肢不能活动……上肢可以。"在整个展示的过程中，初级医师吞吞吐吐，显得很慌乱。

"接着说！"我喊道，"这真是个糟糕透顶的展示。她的胳膊能做什么样的活动？她的脊柱情况如何？"

后来，我终于弄清楚了，病人的二头肌活动受限，三头肌不能活动。她可以稍微耸一下肩膀和弯曲一下肘部。但在这些部位之下，她的手、脊柱、腹部、腿部、膀胱以及其他的内脏都受到损伤。

"所以她的脊柱损伤是在C5或C6段？你们一点都不好奇发生了什么吗？30米？从那么高的地方摔下来怎么还能活呢？她是自杀吗？这是做了剖腹产后才发生的事情吗？"

"她在割草时从悬崖上掉下来了。胎儿腹死，所以医生给她做了剖腹产手术。后来她就被转到了神经外科。"

"她怀孕几个月了？"

"7个月，丈夫在韩国工作。"

"啊！"我惊愕地说道，"那好吧！我们看看扫描。"

核磁共振扫描显示，C4和C5间的脊柱断裂且完全移位。脊髓的损伤似乎不可修复。

"她永远都不可能恢复了。"我说,"下一个病例是什么?"

第二天,德瓦和住院医师们给那个女孩做了手术。尽管对于治愈瘫痪毫无用处,但他们还是用螺丝将她折断的脊柱重新连接在了一起。手术至少可以让她摆脱必须保持的平躺姿势,不用再将脖子放在颈托里了。这样,无论是护理还是理疗都会变得更简单一些。

第三天一早巡查病房时,我和德瓦在重症监护室里看到了她。

"我可以断定,一出院她就会患上褥疮和肾感染。"德瓦苦着脸说。

"她不可能活太长时间了。克里斯托弗·里夫[①]是一个百万富翁,并且生活在美国,最终还是死于瘫痪造成的各种并发症。一个贫苦的尼泊尔农民又怎么可能活下来呢?"

在和德瓦说话时,我一直看着那个女孩,显然,她不明白我们在说些什么。和大多数尼泊尔女人一样,她非常漂亮,有一双大大的乌黑的眼珠,高高的颧骨,和一张完美匀称、平静祥和的脸庞。她的眼珠缓慢地转动着,只能和我们说上寥寥数语。她的头被固定在一个大号的粉红色手术颈托中,这让她很不舒服。既然脖子折断的部分已经用螺丝重新固定了,我建议可以把颈托去掉,德瓦也同意这一点。

"我给她内置了一个锁定钢板,"德瓦说,"这个东西非常昂贵,价值几千卢比。"接着,德瓦就再次开始了他的演讲,慷慨激昂地控诉外国医疗器械公司的行径。"在第三世界国家,"他指责道,"他们按照发达国家的市场价格兜售医疗器械,使用机械植入的外科医生会获得供应商提供的 20% 的回扣,这些额外的费用都转嫁到了病人的身上。"这样的事情在尼泊尔十分普遍,他说他一直抵触这样的腐败行为。很多欧洲国家也存在这样的事情,尽管这是不合法的,但在欧洲,被抬高的额外费用通常都是由纳税人和政府(而不是由病人)来支付的。

"医疗器械的生产者是商人,不是慈善家。"我只能这样安慰他。

[①] 美国影视演员,"超人"系列电影的扮演者。1995 年,因一次意外事故而瘫痪。2004 年因病逝世。

几天之后，那个瘫痪的女孩从重症监护室转到普通病房。但没过多久，她的呼吸再次恶化，在这样的情况下，她不得不再次进入重症监护室，并使用呼吸机辅助呼吸。

"我昨天又和她丈夫谈了一次，"德瓦告诉我，"他已经乘飞机从韩国返回。他赶回来是因为知道妻子可能会死。尼泊尔的人情复杂，如果过于坦率和现实，你就会有大麻烦。病人家属会在医院里大喊大叫，制造出各种各样的麻烦。所以我不能直言相告，我对他说你还年轻，如果妻子死了，你至少还可以重新开始。"

"现在她再次用上了呼吸机，事情更简单一些了，不是吗？"我说。

她不可能再回家了，相比于在家里感染褥疮和传染病，在昏迷的状态下，戴着呼吸机死去不失为一种更好的选择。

第二天早上，我看到一群医生和护士围在女孩的床边。胸部X光显示，她的情况十分糟糕。她呻吟着，极度痛苦，麻醉师正将一根柔软的纤维支气管镜插入她的气管。支气管镜的一端连着一台小显示器，她肺部的细支气管呈环形和脊线状，非常引人注目。麻醉师正在努力地清除她肺部中的积水，她的表情痛苦，楚楚可怜。我们一致认为，死亡是她最好的归宿，但德瓦却处于两难的境地。是不是一开始就该拒绝手术，不管她错位和折断的脖子，让她不做任何治疗地死去呢？几乎可以肯定，女孩的家人会拒绝接受；是不是应该让她去另外一家医院，尽管那家医院做的手术可能还不如德瓦的呢？在我自己的职业生涯中，我从未遇到过类似的问题。

大部分病人在脑损伤后会处于无意识状态，我们都习惯了这一点，以至于忘记了在重症监护室里，一些瘫痪的病人是完全清醒的，他们极度痛苦却又无法表达。在我的职业生涯中，一些病人的遭际堪伤，当我巡查病房时，每当走过他们的病床，我都倾向于避开他们，不忍和他们有所交流。对于那些颈部以下瘫痪、戴着呼吸机且不能够讲话的病人，你又能和他们说些什么呢？

我想起多年以前，我在乌克兰遇到的一个相同的病例，那时，伊戈尔还在政府的急诊医院里工作。他设法让一个病人活了下来，他觉得非常骄傲，虽然病人只能在呼吸机的辅助下维持生命。

"乌克兰首例需要长期使用呼吸机的病人。"他说。

手术之后，在哥哥照顾下，那位年轻人在一间阴冷的侧室里生活了3年。房间的墙上原本没有任何的装饰，后来他在上面贴满了各种各样的宗教人物的画像。他做了气管造口术，鼻上插着呼吸机的导管，每次去伊戈尔的科室时，我都会顺道去看看他，每次看到他，他都比之前更加衰弱一些。他的哥哥会讲一些英语，所以我通过哥哥和他交流。他是在潜水时折断了脖子，在受伤之前，他的体格健壮，而等到去世时，他却变得骨瘦如柴。一开始的时候，我们之间还能进行理性的、正常的交谈，但是后来，我们之间的交谈变得越来越困难。在插入气管的状态下，他开始声嘶力竭地向我询问宗教奇迹和救赎的事情。我无法回答他的问题，之后再次去看他时，那里已经空空荡荡。我有一种如释重负的感觉。

只有医生才能理解

那位年轻的尼泊尔女士折断脖子时，尼泊尔人正在过德赛节。德赛节是尼泊尔最重要的节日，在这一天里，人们会宰杀5万只山羊和数百头水牛来祭祀女神杜尔迦[①]。为了纪念女神，到处都会被涂上鲜血，德瓦的金色路虎车也不例外。最近，我在本地的一家报纸上读到，动物保护主义者建议用南瓜来代替山羊。

[①] 杜尔迦是一个尚武的女神，是印度教神谱中主要的女神之一，主要功绩是消灭了杜尔格摩、巽婆和尼巽等凶残的罗刹。在印度作为降魔女神而受崇拜。

节日庆祝会持续两周。两天前，德瓦让我陪他一起去房门处，一辆警车停在那里。警车旁站着一位身着制服的警察，另外一位警察从车库后边牵出一只山羊，它的长耳耷拉，十分漂亮。

"每逢德赛节，我都会给警察送一只羊。"德瓦告诉我。山羊被胡乱地塞进吉普车的尾部，它很快又跳了出来。但之后它又被重新抓了进去，这次多了一名警察的看护。汽车开走了，透过汽车的尾窗，那只羊悲伤地望着我，一个警察就坐在它的身旁。

"这只羊足够100个警察吃的了。"德瓦满意地说。

"今年没人有心情过德赛节，先是发生了地震，接着又是封锁和燃料危机。"参观完附近的一个小镇，回加德满都时德瓦告诉我。话虽如此，但在沿途的好几个地方，我们还是看到高高的漂亮的秋千。荡秋千是德赛节传统的庆祝方式之一，用绳子把4根竹枝简单地固定在一起，这样就做好了一个秋千。秋千有20多英尺高，上面装饰着漂亮的彩旗。在尼泊尔，无论是成人还是孩子，当秋千荡到非常高的地方时，他们会非常高兴。尽管我认为这有点危险，但荡秋千时，他们都陶醉地笑着。

第二天，我坐在图书馆里给初级医师上课，讨论如何改进他们的工作。

"明天我就要回伦敦了。"我告诉这些"新兵蛋子"。他们刚刚从医学院毕业，在我看来相当地懒散。

"你们是优秀的医生，但我想你们还能更加出色。"我看着他们，"希望你们能以饱满的精神继续每天早上的晨会，不欺凌病人，而是和他们打成一片。"我对这段演讲很满意，之后我下楼去德瓦的办公室。在我正要开始门诊时，走廊里突然发生了一阵骚乱。

德瓦站在手术室的前台，表情十分凝重。他周围站着几个初级医师，每个人都是同样的严肃。

第 7 章 骑大象

"那个脖子折断的女孩刚刚死了,"普罗透斯告诉我,"她的丈夫非常愤怒。"

"德瓦是在等着跟他说话吗?"

"是的,但是我们需要支援。患者的家属可能会攻击我们,我们在等保安。"

30 分钟之后,我站在手术接待区的一个角落里,从那儿可以看到咨询室里的情况,但我只能看到德瓦,却看不到那位愤怒的丈夫。那位丈夫歇斯底里了很长一段时间,德瓦静静地听着,然后平静地回复他。我偷偷地离开了。我不喜欢偷听别人的痛苦遭遇和令人悲伤的故事。

"我真希望自己仍然在 NHS 工作。"那晚我们坐在花园里,德瓦对我说。"那样的话,至少我仍是这里唯一的神经外科医师,也不需要担心医院的财政收入。但现在的情况是,即便是 10 年之后,我仍然要担心赚钱的问题。而在 20 年前,我只需简单地说一句'我们无能为力',病人家属就会接受现实。"

"和病人家属的会面如何?"我问。

"和往常一样。现在每隔几个月,这样的事情就会发生一次,而在过去这都是闻所未闻的。他将妻子的死归咎于我们做的气管造口术。这简直是一派胡言!其实不出 6 个月,他可能就会再娶一个新的妻子。如果她活下来了,对于彼此都是一件糟糕的事。每天早上我都费了很长的时间跟他解释。最开始的时候,他对我彬彬有礼,仿佛我就是上帝。而现在,我却成了他眼中的恶魔。一定是镇上其他的神经外科医生告诉他,如果换成别的医生,他的妻子肯定已经痊愈了。"

"他的妻子刚刚去世,你不能指望他立刻恢复理智。"我说,希望我的话能有所助益。

"尼泊尔的情况完全不同,"德瓦说,"我担心那些孩子们。他们会成为高级医师,并且在这样一个民智未开的国家里工作。他们不会有我这样的权威，如果出现类似的问题，每个医院都需要一位24小时执勤的警察。他们会联合其他病人的家属封锁医院，还会恐吓说要烧掉医院。他们想要获得赔偿，我知道尼泊尔的很多医生都被病人家属敲诈过。这就是经营私人医院的问题。他们会说，'我们付钱让你来治病，而现在她却死了。'在比尔医院工作时，一切都要简单得多，但那里的问题是，政府的医疗服务糟糕透了，几乎到了崩溃的边缘。所以在尼泊尔，当你第一次见到病人时，首要考虑的不是最好的治疗方法，而是他们负担得起怎样的治疗。在NHS工作真是一件幸福的事。"

"但是对她而言，死亡是更好的选择。"我说。

一向开朗热情的德瓦突然变得沉默寡言。他的表情严肃起来，这令我不忍。"我不能和任何人说这些。"

"只有神经外科医生才能理解，被人憎恨是一件多么难受的事情。"我说，"特别是当你没有做错任何事情，所做的一切又都是为病人着想时。"

我想到自己成为会诊医师后的第一个灾难性事件。一个孩子死了，因为我推迟一个本应立刻做的紧急手术。我原以为等到早上再做手术是安全的，但是我错了。我需要接受一个医院外部机构的调查。虽然我并不会和孩子的父母面对面地对话，但在走廊里，当我和他们擦身而过时，那位母亲静静地看着我，她那憎恨的眼神让我终生难忘。

"你喝吧！"他指着我拿出来的一瓶啤酒说，"一个女议员会来医院，我不想身上有酒味。"

两个小时后，我被叫去吃晚餐。为了表示对德瓦的支持，医院管理团队的所有人都来了。想到自己遇到过的糟糕的情况，我深受感触。

这是一顿丰盛的尼泊尔晚餐，我们热烈地讨论了许多问题。他们告诉我，病人家属要绝食抗议，他们准备召开记者招待会，并且还计划召集其他的病人家属加入他们的行动。

"7.5级！"经理普拉塔普突然说，他一直在看手机。他说的是刚刚在阿富汗和巴基斯坦发生的地震。6个月前尼泊尔发生了一场灾难性的7.8级大地震,那时我还没有来尼泊尔。他们谈了一会儿地震的话题,然后又继续讨论那个死去女孩的家人,以及接下来可能会发生的事情。

"我们为了赚钱而工作,一切事情因此而起。"坐在我身边的马杜说,"谁也不想如此,但我们别无选择,因为我们不可能为每一个人提供免费医疗服务。"

第二天早晨,在即将离开尼泊尔之前,我坐在花园里喝咖啡。花园就像是个世外桃源,这里鸽子咕咯,公鸡喔啼,冠鸦在樟脑树上不停地聒噪。它们可能是在讨论婚姻大事或是那只棕色猫鼬是否会出现,偶尔,那只狡猾优雅的猫鼬会敏捷地穿过花园。两周后就是神牲节[①]了,它们也许是对可能发生的事情感到兴奋。在神牲节的第一天,尼泊尔人会祭奉乌鸦,他们会在户外放上一小碟食物,以供它们来食用。正如我不明白乌鸦为何会争吵,尼泊尔复杂难懂的社会我也知之甚少。在凉亭前的草地上,两只鸟摇摆着向前走,它们的腿上长着羽毛,我不知道它们的名字。

我像往常一样去上班,这是德赛节的第10天,也是最吉祥的一天,路上几乎没有车辆。女人们穿着漂亮衣服从我身边走过,她们身着红色、蓝色或绿色的鲜艳衣服,上面装饰金银饰品和面糊状的珠宝,这些饰品在阳光下闪闪发亮。街上到处都是水坑和垃圾,下水道也散发出恶臭,她们小心翼翼地择道而行。在医院的门前,我看到12个身着制服的警察,他们手持铁棍,正坐在木兰树旁的草丘上晒太阳。死者的家人和支持者们就站在附近,透过德瓦办公室的窗户,我和他望着这一切。

"这还要僵持多久?"我问。

"噢!直到天变得更冷一些。"他笑着说,又恢复了以前的幽默。

[①]德赛节之后的第二大尼泊尔重要节日。它不仅对人类和神表示敬畏,而且对乌鸦、牛、狗等与人类保持亲密关系的动物也表现出崇敬。

"我现在怀疑她在悬崖边割草的事儿是不是真的。她的丈夫有钱，她不太可能会去悬崖边上割草。"他说，"我怀疑这又是一起'秋千'事故。"

两天前，我们接收了一位65岁的老人。他从秋千上摔下来，折断了脖子，完全瘫痪。

"在德赛节期间，这样的事情时有发生。"德瓦说。

在警察、病人以及死者家人的身后，不远处有一片紧挨着医院的稻田。人们正在那里收割稻谷，一片风景如画的原始景象。画面背景上的加油站里，一长列又脏又旧的卡车正在等待加油。远处高耸的喜马拉雅山又隐匿于天际不见。

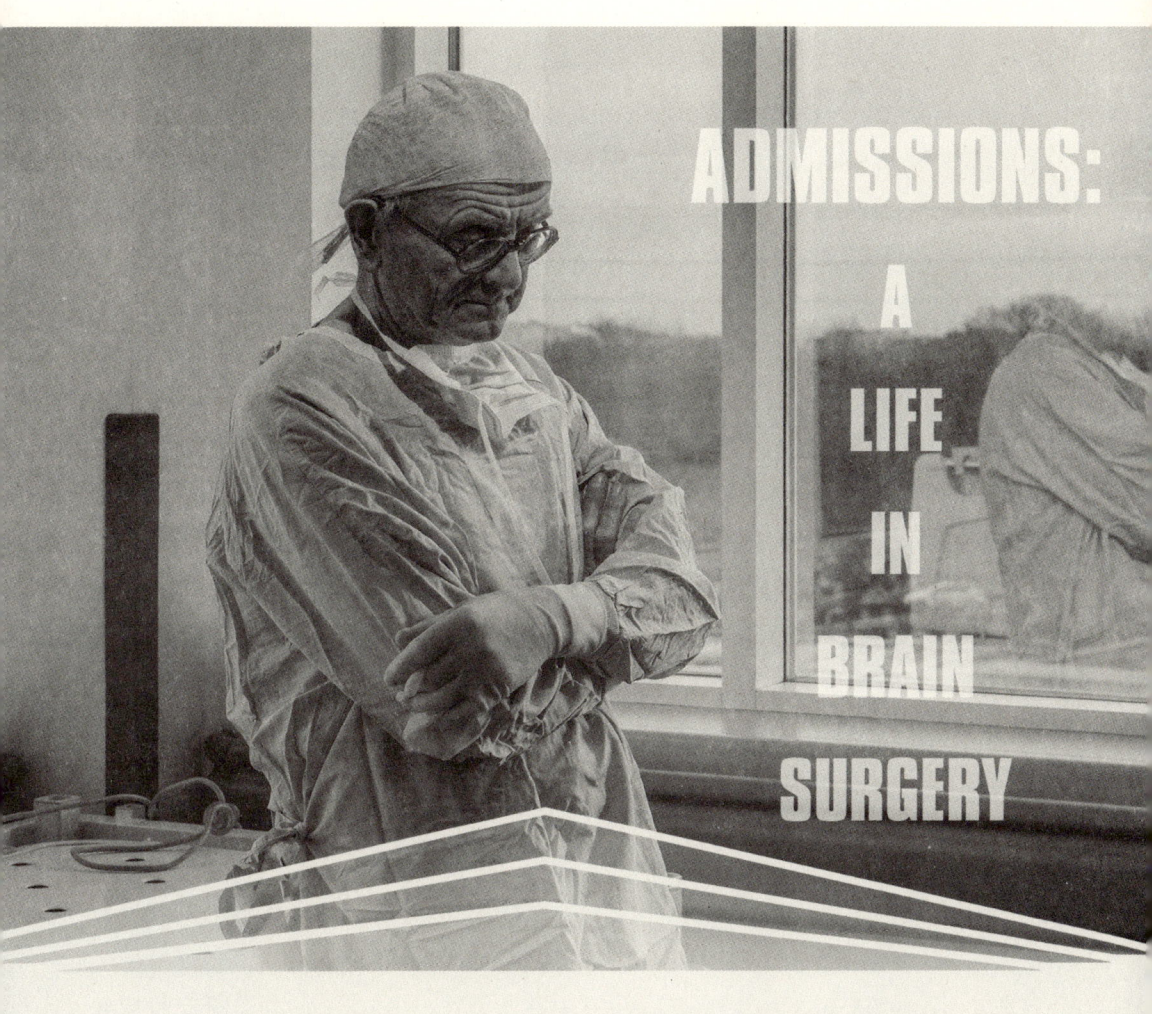

第 8 章

律 师

卷入诉讼赔偿案

由于要如期出庭，我不得不提前返回伦敦，比最初计划的时间早了一些。一位病人向法院起诉我，这个案子已经拖了4年的时间。那个病人的脊柱问题十分复杂，他出现了进行性麻痹，所以我给他做了手术。在手术结束后的最初一段时间里，他的状况变得比手术前更加糟糕，不过据我所知，最后他变得比手术前好了很多。但他觉得自己受到深深地侵害，因为另一名神经外科医生（以自以为是而不是法医学论断而闻名）告诉他，由于疏忽大意，我在手术中犯了错误。尽管我不情愿，但这一次，我不得不为自己辩护。这和尼泊尔的经历很相似，那里所有的外科医生都相互攻击。我不得不出席各种各样的相关会议，而且已经花费了几千甚至是数万英镑的律师费。在庭审开始前的最后时刻，当我大老远地从尼泊尔赶回来时，原告和他的律师却放弃了诉讼。我的辩护律师说，很抱歉浪费了我的时间。

"但这总好过12个警察来绑住我。"我高兴地说。

很多医生也做法医鉴定。这是一份盈利丰厚却很耗时耗力的工作，

第8章 律　师

在那些涉及人身伤害或医疗事故的案件中，他们负责给出鉴定报告。在成为顾问医生之后，我也曾做过几个这样的报告，但很快就放弃了。相较于频繁地参加会议和书写冗长的文书报告，我更喜欢做手术和处理与病人直接相关的事情。只有被起诉时，我才会和律师打交道。无论内疚与否，这样的经历都让人相当痛苦。

在我的行医履历中，包括撤诉的这一次在内，这样的事情一共发生过4次。其他3起案件都已经解决了，因为那些发生的事情让我非常自责，我并不愿为自己辩护。其中一次发生在以前的那所专科医院里，在做完脊髓手术后，我将纱布留在了病人体内，那时我们还没有清点纱布的规定。所幸那次事故没有给病人造成严重的伤害。另外两次都是绝无仅有的罕见情况，由于我的诊断滞后，病人在术后感染了。一位病人受到严重损伤，另一位病人遭遇灾难性的打击。

几年前，我被一桩人身伤害赔偿案的庭审传唤，他们要求我提供证据。我认为这件事荒唐可笑，完全是在浪费我的时间，所以我非常不情愿地参与其中。在听证会开始的3天前，最高法院给我发出了一连串指令，但那个负责给我传达指令的人从来没有将它们交给我本人——我相信这是法律严格要求的。他第一次派送指令时我正在做手术；第二次派送时我不在伦敦，第二天才会回来。当我第二天晚上回来时，我在家前门口的信箱里发现了一份强塞在里面的指令复印件。之后的第二天，我从早到晚一直都在做手术，当我晚上走出手术室时，一个人告诉我，清晨时分来了一位男士，他在手术室前台扔下一份指令后就扬长而去了。

最高指令连珠炮式的密集派送过来，负责派送的是一个伦敦律师事务所的律师。这家律师事务所是美国人开的，为这桩赔偿案的被告做代理服务。

一位在美国度假的英国女士遇到了一次小车祸，之后因为"甩鞭式损伤"①来找我看病。在看过她的核磁共振后,我断定她的颈部并无大碍,于是安慰她说慢慢会好起来的。但实际上,我并不完全确定她是否真的会慢慢好转。病人的颈部和胳膊会出现各种各样的疼痛和不适,和骨折、肌肉撕裂或神经受阻相比,这些症状与任何已知的病理过程都不相符。大量事实证明,软组织损伤的患者会在一定时间内痊愈并且不会再感到疼痛。而与之不同的是,在软组织恢复的时间段里,"甩鞭式损伤"并不会自发改善。在没有得到法律承认的国家里,轻微车祸引致的"甩鞭式损伤"综合征是不会"出现"的。

追尾是一种特别容易造成"甩鞭式损伤"的事故。这是一种典型的低速事故,司机或乘客受到相对较弱的外部力量的冲击,虽然这些力量不足以造成任何明显的伤害,但会导致严重而持续的症状,这些症状不像擦伤、肿胀或错位那样会留下明显的伤痕,X光或核磁共振也不能检查出任何症状。曾有人指出,在故意相互碰撞的过程中,游乐场里的碰碰车也会有持续性的追尾事故,但却没有任何人出现"甩鞭式损伤"。如果轻度受伤的病人出现了严重的症状,那么在这种情况下,人们会认为两者间的不一致是由"甩鞭式损伤"带来的。受害者认为,他们的脖子会遭到伤害,是因为受到了像鞭子甩打一样的伤害。但事实上,这只是一种从未得到证实的想法,荒谬而没有依据。

在以前的门诊经历中,每年我都会见到很多这样的病人,他们中的许多人并不是在故意装病。相反,与安慰剂效应②不同,他们是自觉而不幸的受害者,受到了反安慰剂效应③的困扰。通过暗示和期待,安慰剂能让人感觉好受一些,这一点很好理解。在轻微事故中,受害者可能会获得的经济赔偿,以及受了严重伤害的强有力的心理暗示,这

---

①多见于高速行驶车辆因突然刹车,或撞击到相对静止的车辆尾部使其突然减速,车上的乘客因惯性作用,头部在很短的时间内向前和向后剧烈晃动,是颈椎和颈髓发生的损伤。
②指病人虽然获得无效的治疗,但却"预料"或"相信"治疗有效,而让病患症状得到舒缓的现象。
③性质与安慰剂效应完全相反,病人不相信治疗有效,可能会令病情恶化。

两者的双重作用使得他们严重残疾,尽管在某种意义上来讲,这种残疾完全是患者自己想象出来的。他们是法医学产业的受害者,是将思维与大脑看作独立实体的二元论的受害者,而不是大脑之外的身体伤害的受害者。在部落社会里,人们相信通过暗示和信仰的力量,某个人被巫医施以魔咒后就会生病。这种现象屡经证实,"甩鞭式损伤"就是现代社会中的"巫医现象"。更讽刺的是,一份介绍病人的信函原件中提到,在这桩"甩鞭式损伤"案件中,受害者的丈夫是专门从事人身赔偿案件的律师。

在听证会开始的两周前,我才收到通知,他们要求我"在法庭指派的检察员之前给出相关的证据证词"。但严格来讲,我只是被要求参与听证会,并没有法律要求我必须那样做。所以在听证会开始前,我让秘书告知那位送信的女律师,我不会出席听证会,因为那天我有预约的手术和门诊。在秘书转告了我的话之后,我没有再收到任何相关的信件,于是我想他们默认了我不能参加听证会的事实。但似乎是想给我一个教训,那位律师又让法院给我下达了命令。我有几个紧急的手术要做,而且每一个都不能推迟。因此,听证会开始的那天,早上 7 点我就开始做手术了,并且还需要加快速度。我讨厌这样的事情,以这样的方式将我带离工作着实让人生气,头天晚上我没有睡好。

我不会获得任何费用,但毫无疑问,从我免费提供的医疗证词中,律师会获得几百英镑,甚至是几千英镑的报酬。整件事情充满荒诞的意味,我仅仅在 4 年前见过病人两次,已经记不起任何与她有关的事情,而且律师已经拿到所有的我和病人交流的文件,我没有任何的信息可以补充。所以我很愤怒,在听证会开始的前一天,我给那位律师打了一个电话,把这些想法全都告诉她。

罪恶的繁华之都

律师事务所的办公室在伦敦塔远方的一座大楼里，那里装饰有后现代化风格的玻璃外墙。怀着满腔的义愤，我手里握着折叠自行车和公文包，经过广场上身着西装、正在抽烟的男士，直冲冲地走进那栋大楼。前台接待员身着时髦的制服，她给了我一张薄薄的访客通行证，我拿着它挤过一道旋转中的不锈钢验证闸门，然后乘坐电梯上到 7 楼。电梯内装着黑色的玻璃，高大宽敞，速度也很快。如果医院也有这样的电梯该多好，那样的话，我们得节省多少时间！

我走进一个有 3 层楼高的中庭，尽管这已经是第 7 层了，但中庭的墙和地板上仍然铺着大理石。高高的平板玻璃外，朝劳埃德大厦①的方向望去，可以看到伦敦金融区的全景，以及大厦周围各种各样高雄伟奇的建筑。在报到之后，我还需要等待片刻。看着晴朗蓝天下的伦敦，我满心敬畏中带着酸楚。"罪恶的繁华之都②！"我想，这里是奢靡文化的中心，被闪闪发光的玻璃覆盖着，正在吞噬自己和整个地球。中庭一侧的旋转楼梯由玻璃、不锈钢和硬木精心制作而成，一位身材修长、彬彬有礼的律师从上面走了下来。他是法庭指定的审查律师，穿着一身浅黑色的细直条纹西装，他做了自我介绍，可能是对自己的迟慢感到抱歉，他说对我的到来深表感谢。

"我并不想来这里。"我向他吼道。

"我听说了。"他礼貌地回答。

在他的带领下，我走进了一个不知名的奢华会议室，会议室里没有窗户，所有的器物都是灰白色和铬黄色的。原告的英国法律顾问和被告的美国律师在那里等我，那位美国律师 50 多岁，身材健康匀称，

---

① 又称油井大厦、洛伊大厦，位于英国伦敦中心金融区伦敦城内，是劳合社的办公大楼。这幢建筑是 2007 年普利兹克奖得主、英国建筑师里查德·罗杰斯的代表作之一。
② 原文为 "Babylon"，直译为 "巴比伦"。此处指 "罪恶的繁华之都"。

一头灰白色的短发，身穿名牌运动夹克。那位英国顾问律师更年长一些，看起来并不像每天都去健身房锻炼，他的体重严重超标了，但他的气色很好，戴着半月形的眼镜，身着白色的亚麻布西装，衣服上有些褶皱。

"早上好，先生们。"进门的时候我说。从我这儿他们得不到任何信息，我多少感觉有些优越。我找了个位置坐下，自我介绍之后，一个拿着摄像机的男士用令人厌烦的声音宣读了会议的议程。他们让我做证人宣誓（但我并没有对着破旧的小本《圣经》宣誓，只是保证我的每一句话都绝非虚言），然后交叉询问我。我对那个病人已经毫无印象了，我仅仅能够证实，病人的病情记录的确是我在4年前写下的。那位美国律师还想要了解我对"甩鞭式损伤"的看法，但我拒绝表明自己的观点。

"这是一个法医学问题，"我说，"我对此一无所知。对于人身伤害，我从不给出任何的法医学意见。"不知道他们是否听出了我语气中的轻蔑。

我见过病人，而且不建议她做手术。原告律师认为，如果病人的病情并没有像我所说的那样好转的话，病人寻求进一步的治疗也是合情合理的。他让我对此表达看法，我同意了他的观点。

"您知道吗？"辩护律师接着说道，"她后来做了颈部手术。"

"我不知道。"我说。

本来还有更多的事情需要说明！我已经宣誓，保证自己如实陈述，毫无隐瞒，说出所有的事实和真相。但这只是要求我说出事实而已，并非一定要知无不言，言无不尽。我本可以跟他们解释，"甩鞭式损伤"的本质是身心失调，所谓的机械性损伤纯粹是一派胡言，所有神经外科的教材中都写着："不要给卷入赔偿诉讼案中的病人做脊椎手术，他们永远也不会康复。"某个贪婪的外科医生给她做了颈部手术，现在，她的病情可能比之前更加严重了。律师们的主要论题在于，病人的残疾是由车祸还是之后的手术导致的。和那场轻微车祸相比，律师们对于病人的问题负有更大的责任。在这次轻微事故以及其他数以百万计的类似案例中，他们不仅仅给原告带来痛苦和折磨，同时也催生了在这个巴比伦式的大理石办公室里的会面。我面前的这些男士毫无幽默感，他们围坐在圆桌上，每一个都是人身伤害赔偿产业的一部分。以保险费用为依托，人身伤害赔偿产业有一支庞大的队伍，他们由温文尔雅、成就卓越的律师和自信的专家证人组成。

会议结束时，辩护律师拿起我的学术履历看了看。他表情冷漠，面带困惑。我对自己的履历和学业成绩相当自豪，我想我的成就会让他刮目相看。如果这样的话，或许在辩论时他就会说，其他的医生居然对病人做了手术！既然一个履历如此辉煌的外科医生都反对做手术，那么手术显然不是一个好主意。

"你是如何在大学里获得了这样多的奖励？"最后他问道。

"我非常努力地学习。"我答道，感觉有些灰心丧气。

听到我的回答，原告律师笑了。但辩护律师依然面无表情，也许他只是有些无聊，想要分散一下注意力罢了。

事情就到此为止。摄像机关闭之后，审讯检察官再次对我的到来表示感谢。

"嗯！我将要继续我的生活。"我说。然后我走下旋转楼梯，拿起放在前台的折叠自行车，径直离开。

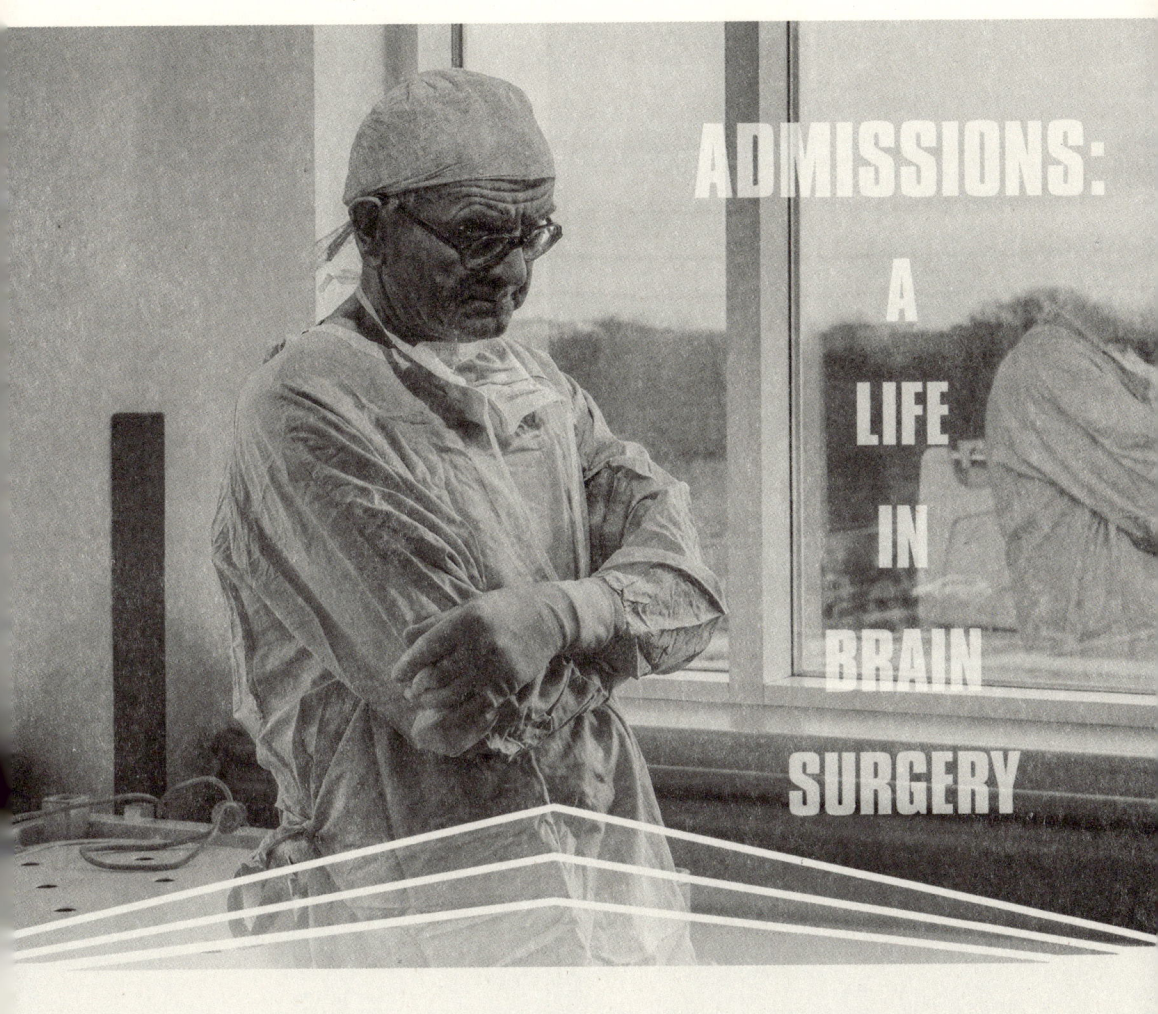

第 9 章

多余的财物

手工制造

很久之前，我就承诺要给女儿萨拉做一张桌子。我总是很喜欢说我要做点什么东西，但到头来却发现，自己根本没有闲暇时间。

在我退休的前一年，一位已经退休的医生来找我看病。他之前也是我的病人，我给他的背部做了手术。现在，他的疼痛又转移到了胳膊上。心绞痛偶尔会辐射到左侧手臂，另外一名医生说，他的疼痛可能是由心脏病引起的心绞痛，这让他非常害怕。我给他做了诊断，发现他的症状只是由颈部神经受阻引起，根本不需要治疗。他退休后在高达明镇附近经营着一家橡木加工厂，我们之间的谈话很快就变成了对木材的热烈讨论。他建议我去他那里看看，而在退休之后，我也确实去拜访了他。让我吃惊的是，他的后院是一个设备齐全的工业锯木厂，锯木机旁边有许多品质上乘的橡木树干，摞在一起足足有20英尺高。"这些树干价值8万英镑。"当我询问时他告诉我。锯木机上有一个15英尺长的锯床，液压千斤顶可以让这些树干整齐地排放在上面。锯床上横跨着一个巨大的机械锯条。每一根树干都有好几吨重，专业的牵引机会将它们拉到正确的位置进行切割。他一个人做所有的事情，尽管他已经 70 多岁了，背痛反反复复。这一点让我感触颇深。

我们度过了愉快的一天。我们一起削刨了一个巨大的橡木树干，让树干的截面呈现出规整的正方形。然后我们又用粗齿锯，把刨好的树干锯成一个个两英寸厚的木板。我们两个都带着护耳器，虽然机器的声音震耳欲聋，但新伐的橡木味道却令人沉醉。晚上开车回家时，我就像是一个追捕猎物归来的猎人，在那辆老旧的萨博车车顶上，捆着许多木板。萨博车的质量极好，尽管这辆车的行驶里程已超过 20 万英里，但它只出过两次故障。不过遗憾的是，这个型号的汽车已经不再生产了。在橡木板的重压下，车顶行李架直往下沉，我开着萨博 A3，慢慢地驶回伦敦。

次日清晨，我去温布尔顿拿我的自行车。布莱恩是自行车店里的技工，30 年来，一直是他在修理我的自行车。

"这个店怕要关门了。"我付完修理费，布莱恩对我说。

"我想你是付不起房产税了吧？"

"实在是付不起了。"

"你在这儿有多少个年头了？"

"40 年了。"

他想让我给他写一封推荐信。我乐意效劳，到目前为止，他是我遇到的技术最好，也是最有见识的自行车修理工。

"你还有其他的工作吗？"我问。

"我还是一个货车司机，"他苦着脸说，"我真是失望透了。"

"我还记得小镇商店林立的时候，你是最后一个关门的。"我说，"现在镇上只有酒吧和时装精品屋了。顺着这条路走下去就是我以前工作的医院，你看它现在变成什么样子了？一个到处是垃圾的公寓。过去那儿周围全是花园，环境美丽得都不适合做医院。"

我们握了握手，还拥抱了彼此。我羞涩腼腆，感情克制，很少会这样做。当我骑车从山上回家时，我想那大概是两位老人间的相互安慰吧！20年前，我和家人住在半山腰的一所房子里，山顶上有维多利亚时代和爱德华时代的大别墅，只有银行家或者一些律师才买得起。外科医生们都住在山脚下，离婚之后，我也就自然地搬到了那里。现在，如果不去牛津或国外，我就都会住在那里。

在加工橡木板之前，先要让它们在室温下干燥6个月的时间。由于我的房顶一直漏水，为了防止橡木板变形，我用皮带把它们捆紧，把他们放到了房子旁的车库里。一段时间后，我再把它们带回房子做进一步的干燥。

现在我已经退休，从尼泊尔回到伦敦，家中的木材也已经足够干燥，是时候大展身手，开始我的加工工作了。

20年前，我的第一次婚姻以一种糟糕的方式结束。我离开之前那个家时，得到了一大笔房屋抵押贷款，然后我就在温布尔顿的山脚下买了一个小房子。房子是典型的19世纪的半独立式住宅，楼上楼下各两个房间，房子后边还扩建了一个院子。

这座房子曾经属于一位爱尔兰建筑师，他去世之后，遗孀就把它卖给了我。这位遗孀的邻居是我非常要好的朋友，他们将房屋出售的消息告诉我。所以，我在拥有这座房屋的同时也拥有了最好的邻居和一个零乱的大花园。花园里有一个车库，旁边有一条可以直达车库的小道。在接下来的18年里，我不断地在改建这座房子。我先是把车库改造成带有地下卫生间的、类似客房的房间，接着又在花园里建了一个工作室，然后还翻新了阁楼。大部分的改建工作都是我亲自完成的。

改造阁楼需要安装两根巨大的钢梁以及更换现有的桁架。对于所需钢梁的大小，一位建筑工程师私下里给了我一些建议。我和威廉合作，一起将钢条拖到了阁楼上。钢条十分沉重，在千斤顶和窗扇钳夹器的辅助下，我们才把它们放到了三角墙之间合适的位置。在用大锤敲击钢梁时，支撑原有桁架的对角拉筋掉了下来，这着实让我们紧张了好一会儿，从对角拉筋落到钢梁上发出的声音，可以判断出整个房顶倾斜了好几毫米。所有的事情由我自己完成，尽管我提前读了很多建筑方面的书，但我仍觉得这有些疯狂。值得一提的是，阁楼改造的成功也让我有些惊异，人们对我的阁楼艳羡有加，因为我保留了烟囱和斜顶，所以它是一个正儿八经的阁楼。而我附近邻居的阁楼都改建成了非常难看的样子，就像是一个装着老虎窗的碉堡。

我向来对规章制度缺乏耐心，改建阁楼需要获得规划或建筑部门的许可，但我并没有那样做。爱上守门人的小屋之后，没有改建许可就成了问题。几年前我已经付清了那所房子的贷款首付，如果用这座房子向银行抵押借款，我就能够买下那间小屋。相关部门对房子做了调查，报告上说这所房屋可以抵押贷款，但前提是改建的阁楼要有当地市政部门的许可。

尽管十分不情愿，但我还是同意让市政部门安排建筑验收员来我家检查。在我的预期中，他们是两三个穿着长筒靴的法西斯式的专制官僚，但出乎预料的是，验收员们极其友善，非常乐于助人。他们对改建阁楼给出了具体的建议，告诉我怎样做才能够符合建筑规程。现在唯一的问题就是小屋的房地产公司了，他们开始不耐烦起来。所以我在夜里加紧工作，就像是还没有退休一样，在3周的时间里就做完了所有的改建工作。我拆除了一面墙，又按要求重建了一面装有防火门的墙；我给橡树楼梯装上扶手和栏杆（有一次我从这个楼梯上滑下来摔断了腿）；我还给整个房子安装了无线火灾自动报警器，并把它们连接到主干电源上。最后一项工作尤为困难，因为多年的生活中，我用橡木板替换了家里之前的地板。安装火灾报警器要在屋顶上走新的电缆，这意味着要在天花板上打很多洞，还要在电线铺设后重新粉刷墙面。所有的工程都完工后，市政部门给我颁发了一张阁楼改造的"正规证书"。这让我颇为得意，同时也意味着我拥有了那间守门人的小屋。

在结束了第一段婚姻之后，我就搬进了伦敦的新家。房屋花园后边有一个小公园，那里十分安静。迁入新居后，我就立刻在花园里建了一个私人工作室。工作室的屋顶漏水，于是又我雄心勃勃地在屋顶上铺了许多石板。尽管我付出了很多努力，但这个问题却始终没有得到解决。我无力重修整个屋顶，于是在下雨的时候，我只能用两个塑料盘来接雨水，这两个塑料托盘时时提醒着我的无能为力。所有的工具都储藏在工作室里，这里也是我给萨拉做桌子的地方。杂草丛生的花园里还有3个蜂房。伦敦出产的蜂蜜分外香甜，因为这里有很多花园，花园里长着各式各样的鲜花。在乡村，农业的机械化、化学肥料的播撒以及杀虫剂和除草剂的滥用，使得蜜蜂们赖以繁殖生长的野花大大减少，同时也造成蜜蜂数量的大幅下降。

制作那张桌子花了我好几周的时间。桌子表面的抛光度为400，并非完全镜面抛光。我只用了桐油和蜂蜡两种涂料，无论怎样打磨，桌面总是有些粗糙。制作桌面的关键在于将板材的边缘部分刨得极其平整。所有的工作都是手工完成的，我仔细比对不同木板的纹理，这样就看不出木板之间的接点。我将刨平的木板叠放在一起，然后从后部用强光照射木板，这样木板之间不足一毫米的缝隙都会显现出来。做这项工作需要一个锋利的刨子，在木匠传统中，锋利且调整到位的刨子被称为"身体健康的刨子"。使用这种刨子就像是在唱歌，使用最小的力量就可以推动它刨过木材。

我用了很长时间才学会怎样正确地磨快刨子。现在看起来，这容易理解，操作也很简单，但我不明白为什么以前我会觉得它那样困难。这就如同初级医师做手术是一个道理。以最简单的手术为例，比如缝合伤口，我无法理解他们为什么会觉得那很困难。看着他们操作，我很快就会变得不耐烦，觉得他们非常无能。人们很容易低估反复训练对于操作技能的重要性，你是在实践的过程中学会了这样的技能，而不是在别人的演示中学会的。心理学家称之为内隐记忆，当我们学习一项新技能时，我们的大脑必须努力运转，这是一个自觉的、有指向性的过程，要求频繁的重复与精力的投入。一旦我们学会了这种技能，大脑对肌肉运动与感觉的协调就会是无意识的，高效而迅速。当进行某种技能训练时，大脑里只有一小块区域被激活。有研究表明，职业钢琴家大脑中的手区域要大于业余钢琴家大脑中的手区域。学习就是一个重新调整大脑结构的过程。实习外科医生们在训练中投入的时间太短，这是个明显的事实，但在欧洲，人们却对它视而不见。

桌面的板材需要黏合，我通过木板边缘的相互摩擦来抹匀胶水，然后再将它们夹紧，固定在一起放置24个小时。用钉子很快就能将框架和桌腿固定好，因为使用的材质是橡木板，所以桌子沉重、结实、牢固。锯木板时要非常小心，必须从尾部开始，只有这样，才能够显现出上好橡木纹理上所特有的美丽小圆点。我把桌子寄给萨拉，她收到后非常地开心。之后她寄给我一张照片，照片上爱莉丝坐在那张桌子上。爱莉丝是她18个月大的女儿，她拿着画笔在纸上画画，对着镜头开心地笑着。但是如手术一样，桌子也有并发症，让我非常懊恼的是，最近桌面上两块木板的连接处出现了一条裂缝，木材没有足够干燥，又一次的耐心不足导致了这个问题。我还可以用补救措施来修理它，用一根木条来填塞裂缝。让裂缝的修补变得不可辨识是可以做到的，但那样的话，我需要重新打磨整个桌面。

我不知道自己怎么会对制作东西感到着迷。上学时我讨厌木工课，在那个时候，对于制作什么你无权选择。学期结束时，你带回家呈现给父母的是一些样式拙劣、胡乱拼凑而成的"礼物"：歪歪斜斜的小书架、难看的鸡蛋架或是挡书板。这常常让我很难堪，因为我的父亲是一个大收藏家，他收藏了很多名画、古董和书籍，家里有各种各样的好东西，所以我知道我在学校做的木制品有多差劲。我的父亲也热衷于修理东西，但他的水平不高，常常使用过量的胶水，把它们涂得到处都是。家人总是无情地取笑他的努力，但我知道，在他那经常的失败与偶尔的成功中，有某种高贵的东西存在。

我的父亲可以称之为 DIY 的先驱，在 DIY 商店出现之前，他就已经开始动手制作一些东西了。有一次，我看见他在修理那辆已经生锈的福特和风。他将一种高分子材料填充到车身的裂缝里，然后将厨房用锡箔纸粘到填充物的外面，最后再用从伍尔沃斯[①]买的光泽材料涂刷表面。但是他把车开出车库后不久，填充材料就掉了下来。我第一次在学校以外的地方做木工活是在荷兰的斯赫弗宁恩海边，我6到8岁时住在那里。我在海滩上发现了一块被海水漂白了的浮木，我把木头锯成小船的形状，又用从杂货店买的钉子做了栏杆，我唯一会说的荷兰语就是"kleine spijkes, alsje-blieft"[②]。那时，每次洗澡时我都会带着这些船，让它们在浴池里和我一起航行。

和第一任妻子结婚时，我家里没有任何家具，身上的储蓄也很少。所以我把一个旧货箱拆了，给家里做了一个咖啡桌。那个旧货箱是德国货，木头做的，上面印有漂亮的蜡印邮票，让人想起库尔特·施威特斯的达达主义[③]作品。那个箱子在我父母的车库里放置了很多年，里边装着我叔叔的遗物。我叔叔是一个飞行员，二战时他与纳粹德国作战，他的人品极佳，战争结束多年后死于酗酒。

我哥哥很喜欢那个咖啡桌，想让我也给他做一个。我告诉他没有

[①]澳大利亚最大的食品零售商。
[②]意为"请给我拿一些钉子"。
[③]库尔特·施威特斯是德国画家、雕刻家和作家。他是德国达达主义的领袖之一。达达主义艺术运动是1916-1923年间出现的艺术流派的一种，是一种无政府主义的艺术运动，它试图通过废除传统的文化和美学形式发现真正的现实。

问题，因为那时我已经买了一个刨子，可以用它来打磨木头。但遗憾的是，我很快就把那个承诺抛之脑后了。现在，我的工作室里堆满了形形色色的工具，有用来做木工的，有用来做金属制品的，有用来做石雕的，还有用来修理管道和建筑房屋的，手动的、电动的都有。除此之外，我还有3个小车床、一把圆盘锯、一把带锯、一个立式成型木工铣床以及其他几种机械工具。我有一把专业的德国造弓锯和一些极其昂贵的产自日本的凿子。日积月累，我已经有太多太多的工具了，我现在的一大沮丧就是没有工具可买了。我在年轻时喜欢阅读工具目录和寻求可以购买的新工具，这些乐趣也已经在岁月中消磨殆尽了。现在我就只能做些擦拭工具和打磨工具的活儿，我已不再年轻，焦虑和尴尬再次如影随形。我再也没有做出过让自己感到满意的东西，我眼中所见满是瑕疵。

有一次，我做了一个自己相当满意的橡木箱子。我在箱子的四角切割出鸠尾榫，这些完美的鸠尾榫证明我高超的手艺。真正精湛的技艺，就如手术一样，是不需要为自己宣传的。一位高级麻醉师曾告诉我，在做手术时，一个好的外科医生看起来总是十分轻松。

寿衣上没有口袋

守门人小屋靠近运河，沿岸停泊着很多船只，船民的生活简单有序。我和威廉远足时，一路上也看到许多尼泊尔农民的稀疏院落。看到船民以及尼泊尔农民的生活，我总会忍不住想到自己拥有的大量杂物和财产，不仅仅是那些工具，还有我的书、电脑、相机、手机、毛毯、衣服、绘画作品、激光唱片和音响设备，以及其他的一些没用的东西。

我想起一家精神病院里的精神分裂症患者，多年前我在那里工作。最初，我在康复病房工作。那里的慢性精神分裂症患者已经在精神病院里待了几十年，医生们努力为他们在精神病院外的社区护理生活做好准备。在他们之中，一些人的行为习惯已经僵化，以至于我们还要教他们怎么使用刀叉。我第一次去病房时看到：偌大的房间里有大约40个人，他们焦躁不安，沉寂得可怕，每个人都穿着破旧的制服，他们在房间里绕圈，一连好几个小时都不停歇，就像是一群在行军的亡灵。房间里只有他们拖沓的脚步声，以及偶尔某个病人发出的喊叫声，那是他在与头脑中的声音争论。很多人都患有迟发性运动障碍，他们的躯干表现出扭转性运动。这种疾病是由抗精神病药物的副作用引起的，几乎所有的病人都在服用这类药物。那些曾经服用大剂量氟哌丁苯[①]的病人，他们的脸部和舌头经常会有怪异可笑的动作。在人们还不清楚氟哌丁苯的副作用前，大量使用该药物治疗精神病是很风行的做法。接下来的几周里，在我被派去老年精神病房工作之前，我慢慢地了解了他们中的一些人，我注意到在医院荒凉的花园里，他们收集鹅卵石和细树枝，把这些东西装进口袋里，并把它们视若珍宝。

除了鹅卵石和树枝外，他们身无长物。比起获取某些东西，我们更担心失去一些东西，心理学家把这样的机制称作"禀赋效应"。一旦拥有了某种东西，我们就不愿意失去它，即使有人用具有更大价值的东西来交换，我们也不愿意。在精神病人的眼中，口袋中的鹅卵石比医院花园里的更加贵重，因为口袋里的鹅卵石是他们拥有的东西。

这让我想起家中的那些书籍和绘画作品。它们环绕在我的身边，我很少会去看它们一眼，但如果它们不在了，我肯定会注意到的。这些可怜的精神病人失去了一切，包括他们的家庭、房屋、财产以及所有的社交生活（或许还失去了人类所特有的自我意识）。在我看来，幸福和财产的关系就像是健康和维生素的关系。严重缺乏维生素会让我们生病，但是过多的维生素也不会让我们更健康。大部分人都会收藏

---

① 强效抗精神病药。主要用于急性、慢性精神分裂症的抗躁狂和抗幻觉。

东西，就像我和我的父亲一样，但是更多的财产并不能让我们变得更加幸福。人类的欲望正在迅速地衰化我们的地球：森林被大面积砍伐，垃圾填埋场越来越大，大气中温室气体的比例也越来越高。"进步，"小说家伊凡·克里玛①曾沮丧地说道，"不过是更多的运动和更多的垃圾。"这句话让我想起加德满都的街道。

在生活的某些方面，父亲一直都马马虎虎的，毫无条理。但是在财物方面，他却非同寻常精明。1960年，我们离开牛津搬去伦敦，住进了一栋安妮女王②时代的二层公寓。这座公寓建于1713年，坐落在当时破败不堪且有些偏僻的伦敦南部地区克拉珀姆。房子非常漂亮，房间比例协调，有一个漂亮的橡木楼梯，墙面镶着木板，上面刷着浅绿色的墙漆，虽然一些油漆已经有点褪色了。每一个房间都有铸铁制成的篮状壁炉（现在每一个都价值不菲），从宽大的百叶窗向外望去，可以看到克来芬公园里的树木。在古董收藏成为全国性的消遣和古董价格变得难以置信的昂贵前，我的父亲就在这方面很有眼光了，所以我们家里装满了书籍、绘画和各种各样的艺术品。这个新家有6个卧室和差不多40扇窗户，搬进来不久，我就粉刷了整个房屋，之后我还因为工钱的问题和父亲发生了激烈的争吵。家里的一切让年轻时的我非常自豪，我的父亲也对他的房子和拥有的东西感到骄傲，他总是想要和别人分享他的快乐，总是喜欢以一种幼稚的，甚至有些孩子气的方式向来访者展示他所有的一切。家里人都取笑他，我们称他为"他人中心主义者"。

虽然我的骄傲是间接性的（因为那些东西属于我的父亲而不是我），但我却更具竞争性和侵略性。我的父亲在96岁时去世。在他去世后，

---

① 捷克著名作家，1931年出生于布拉格一个犹太人家庭。主要作品有《等待黑暗，等待光明》《布拉格精神》等。

② 1665-1714年。大不列颠王国的第一位君主，也兼任爱尔兰王国君主，1702-1714年在位。

我与两个姐姐和一个哥哥处理他留下来的一大笔财物。我惊异地发现，在父亲收藏的成千上万本图书中，只有很少的部分是值得收藏的（这让我联想到，在我死后，我的那些图书的命运会怎样）。我们以友好的方式分配了书以外的其他东西，但现在回过头看，恐怕我拿走了比平均份额更多的东西，为了避免发生不愉快，我的兄弟姐妹们默许了弟弟苛刻的要求。那座有 40 扇窗户和墙面镶有木板的房子已经被翻修过了，听说最近以天价售出，房地产经纪公司的网站上还展示着那座房子的内部装饰图。它摇身一变，包括橡木楼梯在内，屋里的所有东西全都被粉刷成白色，看上去就像是一个招摇的五星级酒店。

在去尼泊尔时，我只携带了一些简单的行李，除了衣服和笔记本电脑之外，我没有拿上其他的东西。我一点也不想念那些留在英格兰的东西，事实上，我将它们视为负担，一种我必须返回英格兰的负担，即使它们对我很重要。此外，在目睹了尼泊尔的贫穷，以及快速的、毫无规划的城镇化所带来的悲剧影响之后，我开始从不同的角度来审视我拥有的财产。在我年轻时，我只带着手提箱去旅行，我很后悔自己没有意识到那种生活方式的优点。寿衣上没有口袋，死后我们什么也不带走。

"第一位病人是苏尼尔·史莱思拉什先生。"晨会时初级医生报告新入院的病人情况，"他之前在纳尔维克医院，之后又被转到这里。苏尼尔·史莱思拉什先生 66 岁，是一位绅士，习惯使用右手。5 天前失去了意识。检查发现……"

"等等，"我喊道，"他晕倒之后发生了什么？从那之后一直不省人事吗？他是否有任何神经病学上的症状？"

"他戴着呼吸机，先生。"

"那么他的瞳孔表现如何？"

"瞳孔 4 毫米，对外界刺激没有反应，也没有任何的运动反应。"

第 9 章　多余的财物

"那么他是否已经脑死亡？"

初级医师答不上来，他紧张地看着我。尼泊尔法律并不认可脑死亡。

"是的，先生。"比弗埃克答道，他是一名永远热心帮助初级医师的住院医师。

"如果他已经脑死亡，那么为什么他又被其他医院转到了这里？"

"不是这样的，先生。他是从家里被送到这里的。"

我停顿了一会儿，不能理解这究竟是怎么回事。

"他戴着呼吸机从医院回到家里？"我问道，觉得有些不可思议。

"不是的，先生。他的家人手动帮助他呼吸。"换句话说，他的家人带着已经脑死亡的亲人回到家，一直不停地挤压呼吸囊。

"然后他们就把他送到了这里？"

"是的。"

"好吧！我们看看扫描吧。"

扫描影像晃动着投射在我们面前的墙上，有些模糊。从扫描上可以看到一个范围很大的脑出血，毫无疑问那是致命的。

"接下来发生了什么？"

"我们说没有办法治疗了。他的家人又把他带回了家，再次用呼吸囊帮他呼吸。"

"让我们看看下一个病例吧。"我说。

重症监护室里病情严重的人，以及那些将不久于人世或已经脑死亡的人，他们通常会在第二天早上消失。我不愿问发生了什么，过了很久我才知道，是病人家属把他们带回了家。如果需要的话，他们会手动挤压呼吸囊来帮助病人呼吸。相比于冷冰冰的、毫无人情味的医院，在家里，病人至少能够在所爱之人的陪伴下尊严地死去。我突然意识到，这是一种非常人性化的方法，尽管他们回家之后的悲痛超乎我们的想象。

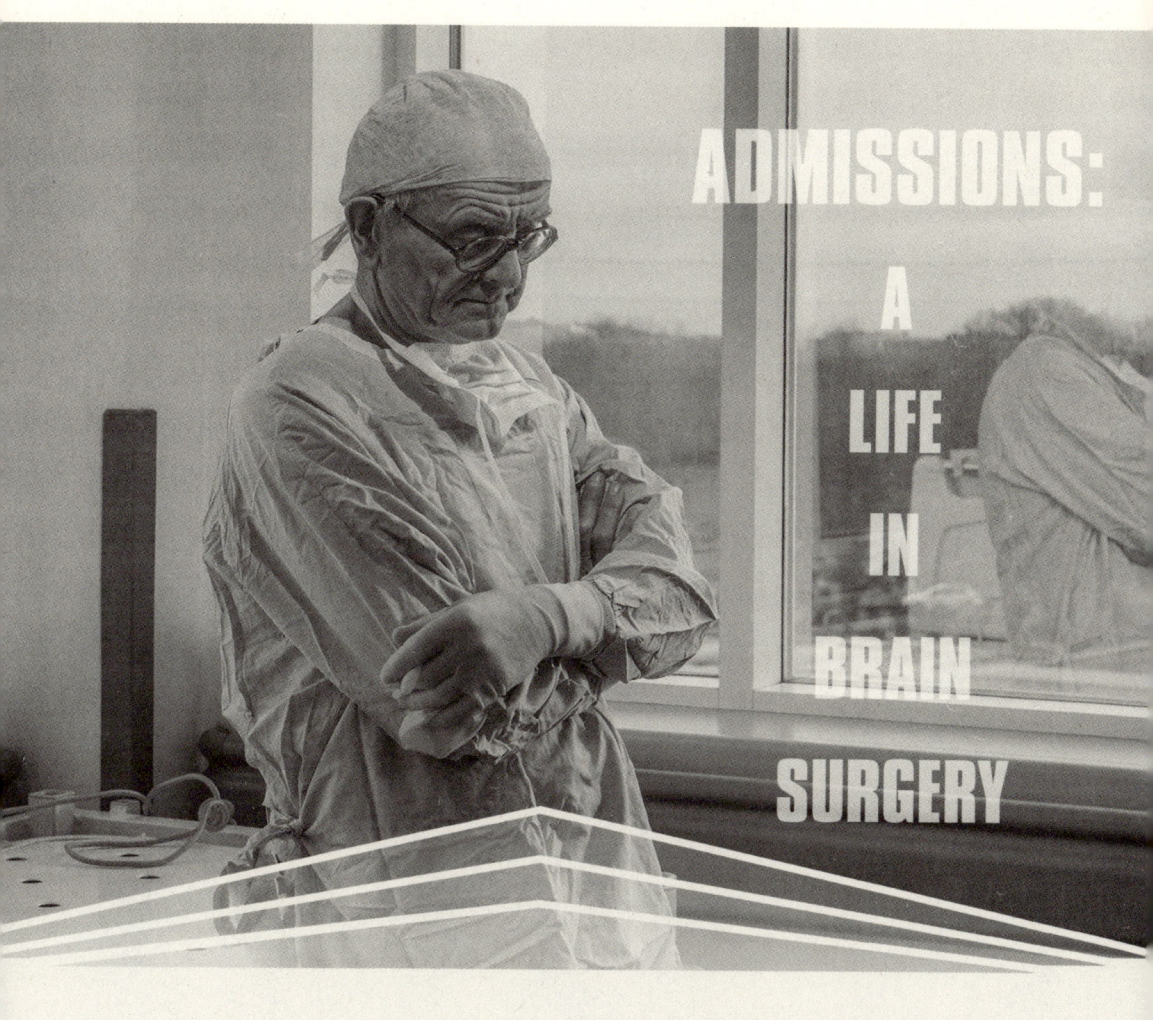

第 10 章

重修小屋

打破的玻璃

　　一回到牛津，我就去查看守门人的小屋。顺着纤道步行过去，我的心中百感交集。运河水面平静碧绿，一排排的运河船只静悄悄地停泊在河边，雨水从深灰色的天空落下，空气中带有几分潮湿的落叶味道。几个朋友认为，我一定是发了疯才想要修整这个地方。这里已经有50年没人打理了，庭院里的垃圾也堆积了同样长的时间，没有公路通到这里，整修的工程巨大，需要花费大笔的金钱。为了换取几英镑的铜币，小偷把小屋里所有的水管都取走了。墙上的灰泥已经剥落，所有的窗框全都腐烂，老旧的胶木插座和电灯开关也全都坏了。屋顶完好无损，但楼梯和3个小卧室里的大部分地板都被虫蛀得满是木屑。住在这里的老人死了，小屋也就失去了生命。这里唯一的生命就是庭院里绿色荒野中的杂草，它们自由地生长了50年，疯狂地蔓延，繁荣茂盛。

　　在伦敦的工作室里，我花了好几个月的时间来做新的窗户。窗户是式样独特的洋葱形拱窗，把玻璃板嵌入这样的窗框是一个耗时且充满困难的过程。去尼泊尔之前，在一位乌克兰医生的帮助下，我拆除了小屋里旧的窗户，又小心翼翼地装了新的。在加德满都工作的这段时间里，小屋所有新装的窗户都被人蓄意破坏了。我在窗户里边装了金属栅栏，大概这让一些人心生不满，为了泄愤，他们就把窗玻璃打碎了。实际上，小偷们还撬开了屋后窗户上的金属栅栏，进入过小屋。但好在我把一些比较贵重的电动工具放进了两个巨大的铁箱子里，并且非常有先见之明地在箱子上装了重型锁。用购物手推车把那些工具推过来实属不易，其中一个将近100千克的工具就差一点掉进运河里。

小偷们曾将一个箱子搬到了购物手推车上，但之后又放弃了它，因为我安装了一个需要用钥匙开关的门锁，他们根本打不开小屋的前门。我的姐姐对这件事另有一种看法，她是一位非常杰出的建筑历史学家。她曾经告诉我，洋葱形拱窗与小屋的风格并不搭配，或许和我的姐姐一样，那些蓄意破坏者对建筑历史遗存有着同样严苛的观点。因此，我准备重新在窗户上安装旋转金属百叶窗，虽然这彻底违背了我想要用漂亮的拱形窗来装饰小屋的本意。

在砸坏外墙玻璃后，小偷又把注意力转移到了昂贵的屋顶玻璃上，那是一面我去年安装的3层釉面的夹层玻璃。趁我外出不在家，他们爬上屋顶，弄坏屋顶上的瓦片，还用一个笨重的排水管砸穿了其中的一块玻璃。他们这样做不是为了偷东西，只是为了从破坏中取乐，因为他们喜欢听玻璃破碎的声音。我只能安慰自己说，这只是青少年的大脑额叶还没有完全髓鞘化罢了。髓鞘包裹在神经纤维外部，是由髓磷脂构成的具有绝缘作用的一层膜，这也是为什么年轻人喜欢危险行为。额叶是控制人类的社会行为以及预判风险与收益所在的区域，年轻人的额叶还没有完全成熟，青春期睾丸素的上升又进一步推动了他们的攻击行为。进化论的观点认为，这是人类在为寻找伴侣做准备。

每次去小屋的路上，我总是心神不定，不知道又会发现什么新的破坏。他们是否毁掉了那株小核桃树，或者是折断了那些苹果树的枝条？他们是否用强力打开了金属百叶窗？过去，每当手机没电时，我总是很焦虑，唯恐某个病人会因此遭遇不幸。而现在，我总是害怕铃声响起，担心是运河船上某个友好的邻居或警察打来电话，告诉我小屋又遭到袭击了。我告诉自己，为财物担忧是可笑的，何况小屋里只有一些建筑工具，而且全都锁在无法移动的铁箱子里。我总是用自己的从医经验，以及在贫穷国家工作时所学到的东西来开导自己，但即便如此，我还是感觉整修小屋的工程变成了一个重负。我本期望修理小屋能给我一种目标感，但事实上，它却让我的内心充满了绝望与无助。

动身去尼泊尔的前一周，我开始清理庭院里堆积如山的垃圾。庭院的尽头有一堵砖墙，在砖墙面对运河的一侧，那里遍地都是野草和荆棘。在清除了野草和荆棘之后，那些别致的由红砖砌成的拱形饮马槽就露了出来。每一块红砖都是手工制作而成，上边的锯痕清晰可见。在很久之前，这些马槽供那些牵拉驳船的马匹使用，砖头上锈迹斑斑的铁环曾经是用来拴马的。马槽前边的那条鹅卵石小道也是小屋的一部分，在清除掉多年的垃圾和野草之后，这条小道才慢慢显现出来。我干活儿的时候，一个叫艾玛的友好的船夫过来和我闲聊。

"这儿有一种稀有植物，我不知道叫什么名字。"她说，"一些本地的采集者对它非常感兴趣。几年前，佛雷德和约翰（另外两名当地的船夫）试图将这里清理干净时就惹上了麻烦。"

"我担心自己挖到了那种植物。"我说，唯恐自己会与采集这种植物的人发生纠纷。

"哦！它们很快就会再长起来的，"她说，"它的根扎得很深。"

我们谈到了那位以前住在小屋里的老人。艾玛告诉我，他一直都很害怕那些小偷。从那些垃圾可以看出，他的财物并不多，主要靠沙丁鱼罐头、廉价的啤酒和香烟过日子。他也曾告诉艾玛那个房子里闹鬼的事情。本地人说他年轻时"有点无法无天"，但我听到的不过是一些他在醉酒后回家的路上，骑自行车掉进运河里的故事。他的儿子曾和他一起在小屋住过一段时间，但他们之间的关系似乎很疏远。庭院的垃圾堆里还有一些廉价破损的儿童玩具和一些亮闪闪的金属箔片罩板包装，那里面装的是一种叫作"五羟色胺再摄取抑制剂"的抗抑郁药物。艾玛告诉我，他就死在了这间小屋里。

"好几天都没人见到他，最后我们让警察把门砸开，他坐在一把扶椅里，已经死了。"

慢慢地，好几百个黑色塑料垃圾袋都被装满了，里面装的全都是50年来，上一位居住者积累的垃圾和丢弃的物品。其中有一堆蓬乱的《每日邮报》（*Daily Mail*），这堆报纸大约有3英尺厚，在长久地暴露在自然环境之后，它的密度已经变得和木材差不多了。垃圾堆里还有一些生锈的自行车零件、发霉的旧地毯、塑料袋、镀锡白铁罐、大量的瓶子（一些瓶子里还装着无法辨别的液体）、损坏的工具、廉价的儿童玩具，以及各种各样的种类繁多的东西，很难一一列举。没有什么垃圾有吸引力，哪怕只是一丁点儿，从现在开始，即使一位历史学家像我这般努力挖掘500年，他也不会找到任何有趣的东西。越往下挖，就只能找到越多的垃圾。

运河边上有一艘名为"灰尘"的货运驳船，它负责给牛津运河沿岸的船民社区供给煤炭和煤气罐。在买下那间小屋后，我在信箱里发现了一张便条。便条是乔克和卡蒂夫妇写给我的，他们是那艘驳船的船主。便条上写的话让我很高兴，他们说欢迎我的到来，而且愿意为我提供服务。这张便条的价值无可估量，在他们的帮助下，我用两条驳船把垃圾装到"灰尘"号上，然后再把它们运到了运河上游不远处的一个农场里。在那里，一个农场主同意我把垃圾放在他的农场小道旁。这是一项繁重的工作，完工之后，我邀请乔克和卡蒂去附近的酒馆吃午饭。乔克告诉我，他曾经是一个背包客，结束环球旅行后做了一名重卡司机,他很小的时候就想要在船上生活了。卡蒂是一名小学教师,曾休假一年,假期结束后就再也不愿意回去工作了。他们每天开着船,在运河上慢悠悠地从上游走到下游,来来回回地给船夫们运去一袋袋煤炭和一个个煤气罐。他们和所有船夫都很熟悉,彼此就像是生活在同一个村子上的居民。运河远处停泊着他们的另一艘驳船,那是他们的居所,里面没有太多的杂物,干净而整洁。缓慢平静的生活让他们感到十分幸福。

燕子走了,再没回来

我不得不砍掉一些30多英尺高的荆棘树,因为它们已经占据了庭院的一个角落。虽然我对树木的热爱达到了崇拜的程度,但同时也必须承认,我也非常喜欢伐木,有几把极佳的锯子。我花了好几年才终于掌握了打磨锯条的艺术。我认为伐木与大脑手术有一定的共同之处,特别是在精准度和风险性方面。如果树干两边的切口不完全对称,树干倒下时就有可能砸到你,或者是卡在周围的树之间,让后续的工作变得极其困难。还有一种情况就是锯子的把手会完全卡在树干里。使用锯子时要非常小心,我曾经有一个病人,回弹到脸上的链锯对他造成了伤害。在伐木时,木材和汽油混合的味道很好闻,橡木的味道尤其如此。工作地点的不同也会给人不同的感受,在森林里伐木时,那种寂静神秘的感觉让人心旷神怡。我的母亲是德国人,我童年时读的第一本书是《格林童话》,那里边很多关于恶魔、死亡与惩罚的故事,那些故事都发生在黑暗的森林里。和外科手术一样,伐木也有些残酷。掌握一个人的生死会让你感到欢喜,看到一棵树在我的手中失去生命,我也会被深深地感动。因为"病人术后是否一切良好"的问题,医生会有强烈的焦虑感,而这种焦虑感正是大脑手术让人兴奋的地方。砍伐树木或是为了制作东西或是为了获得柴火，又或是为了帮助其他树木更好地生长。在砍伐树木后，我们还应该种植一些新的树木。

25年前，我在德文郡获得了20英亩的土地，那片土地属于我第一任妻子的父母，就位于他们居住的农舍周围。我在其中8英亩的土地上种了400棵树，都是一些本地树种，如橡树、苏格兰松、柳树和冬青树等。在那短短的几年时间里，每次去德文郡，我都会照料这些树，这让我很快乐。我小心翼翼地修剪小橡树的低枝，这样百年之后，它们就能长出没有节瘤、质量上好的超长树干。那片土地的四周围着树篱，一棵老橡树长在一排树篱的中间。我做了一个猫头鹰房子，把它放到了那棵老橡树的树枝上。有一次，我看到一只猫头鹰若有所思地坐在那里，那真是一个幸福的时刻。但那只猫头鹰并没有在那儿定居，这让我有些失望。我希望自己死后能够埋葬在那片树林里，让我的身体化为树木的一部分。但那时的我根本没有想到，自己的婚姻会变成一场悲剧，离婚后我失去了那片土地和树林，它们很快就被出售了。在谷歌地图上，我仍然能看到那片簇叶丛生、无人打理的树林。现在，那片树林中三分之一的树木都应该被砍掉，这样的话，其他的树木才能够茁壮生长，但遗憾的是，没有人会那样做了。

我非常想念那个地方，不仅仅想念那里的田野和树林，还想念农舍对面的一座谷仓，我在那里有一个工作室。那些谷仓用玉米棒子建造而成，年代十分地久远。我在谷仓里建一个工作台，还在工作台前开了一个窗户。从那些窗户向外望去，可以看到低矮的小山丘，它们从德文郡北部一直延伸到埃克斯穆尔高地。谷仓里有燕子筑巢，它们的巢窝就在我头顶的橡木上。小燕子学习飞行时，它们会拍打着翅膀，从一根横木飞到另一根横木上。前门敞开时，小燕子的父母会如箭矢一般飞进来。最开始的时候，如果它们看见了我，它们会在一个180度的急转弯后飞出屋外——我可以感受到一股气流在我面前掠过，那是它们拍打翅膀时产生的——但很快它们就习惯了我的存在。夏末时分，小鸟们会飞到农场上，在农舍和谷仓之间的电缆上集合，摇身一变为一个个四分音符和二分音符的小小歌者，在空中谱写出一支交响乐曲。在秋天到来之前，它们会离开这里飞向非洲。20年后，我回来看望那片农场，向农场的主人解释自己和这片土地的关系。他自豪地向我展示他对农场的改造。或许我真的不应该回来，因为谷仓和工作室已被改造成丑陋的度假小木屋，燕子也被赶走了，再也没飞回来。

  清理完重达数吨的垃圾之后，我就在小屋的庭院里种了5棵苹果树和1株核桃树。我栽种的都是如考克斯橙色苹果和布莱尼姆苹果之类的传统品种，60年前，当我还是一个孩子时，在我家附近的那片果园里，苹果树和我如今栽种的一模一样。

  1953年时我只有3岁，父亲买下了那片几年前还是一个劳教农场的土地。农舍是伊丽莎白一世①时代的石砌建筑，非常漂亮。农场里有几个茅草盖的马厩、一个筒瓦大谷仓、一个花园和一个果园，果园里种着60棵苹果树和一些其他的果树。农场里还有一片小树林。小树林位于牛津的郊区，是城市和乡村交界的地方，对于一个孩子而言，那里就是整个世界，如天堂一般地美丽。如今，一条公路穿过那片田野，田野附近的农场也已经变成加油站和旅馆，果园里大部分的果树都被砍掉了，变成一个无聊呆闷的住宅区。农场里的谷仓和马厩也被拆掉了。那棵小树林入口处的松树还在，它曾经在那里站岗放哨，但如今，它的周围满是房屋和汽车。小时候我很害怕那片树林，童话故事里说，那里面住着女巫和魔鬼。60年前，那棵松树要比现在小很多，但站在它的旁边，那时的我依然觉得它十分巨大。尽管我渴望成为一名勇敢的游侠骑士，但我很害怕，从未敢进入那片松树守卫着的幽深黑暗的

---

① 1533年9月7日-1603年3月24日。名为伊丽莎白·都铎，是都铎王朝最后一位君主，英格兰与爱尔兰的女王，1558年11月17日-1603年3月24日在位。

树林。有时候，我站在那棵松树旁，头顶响起风吹松动的声音，一种深邃恒久的神秘感向我袭来，我的内心深处涌现出许多无形的事物。

那时我们养了很多宠物，其中有一只名叫布朗迪的拉布拉多，它非常聪明灵巧。它是我哥哥的宠物，我很想训练它，想让它坐下并将前爪抬起乞讨食物。不知为何，我现在很讨厌人们训练动物来做一些小把戏，但那时的我却对狗很残忍，我用电缆做的鞭子和饼干让它驯服。它学得很快，在母亲发现我和那个可怜的小家伙待在一起前，我一直很享受那种控制它的感觉。在那只狗的余生里，它从不愿和我单独待在一个房间里，它不停地提醒我做过什么，尽管我一直想让它明白，我那样做是因为爱它。我的内心深深愧疚，我痛苦地认识到，对他人残忍是一件多么轻而易举的事情。这也让我早早地认识到了权力的腐败效应，所以有时候我也在想，也许是这段儿时的经历让我成为一名善良的外科医生，如果没有那些事情，我的生命不会是今天的这个样子。

在北方矿业小镇医院里做手术助理时，我有一些类似的经历。那里有一位上了年纪的麻醉师，他的无能到了令人惊骇的地步。那是我第一次给他做助手，他在给病人插管时，遇到了一些困难。病人的皮肤开始呈现出青紫色，医学上称之为缺氧导致的发绀。那时我对发绀一无所知，病人被麻醉后皮肤发青，我问他这是不是正常现象，我不记得他怎样回答的了，但当我把这件事告诉给其他手术助理时，他们都忍不住大笑起来。几周之后，那位麻醉师又遇到了问题，在给另一个病人插管时，病人开始挣扎起来，很明显，那位可怜的病人并没有被完全麻醉。为了让病人保持平躺，他让我摁住他，我也热情地照做了（在我还是学生时，我喜欢和别人搏击，尽管这其中也有一些不光彩的部分，比如有一次，我的力量和侵略性爆发，居然把一个同学打哭了）。正当我用力按压那个病人时，护士长唐纳利走了进来。"亨利！"她大声叫喊我的名字，被震惊得说不出话来。我永远也忘不了这件事儿，这样的经历让我在对待病人时有些畏手畏脚，而其他医生则完全不会像我这样。

多年以后，当我在老年精神病房做看护助理时，我发现在很大程度上，病房的环境取决于主管的高级护士们树立了怎样的榜样。看护病人实实在在是他们每天的工作，他们中的大多数人都明白自己的职责，也知道有时候工作会有多么地困难。但是现在的情况是，医院的权力正逐步从临床医生转移到非临床的管理者手中，而对这些管理者来说，他们的主要职责是实现政治领袖所要求的目标和获得预定的税收。他们和病人没有任何的接触，所以即使护理工作做得越来越糟糕，我们也不要感到惊讶。

在我小时候的家里，那些古老的建筑和庭院是我的乐园，我在里面疯狂地四处奔跑。我是家里4个孩子中最小的一个，被父母给宠坏了。10岁那年，我们一家人从牛津搬到了伦敦，那种感觉，就像是被从伊甸园里赶了出来。

把小屋的过去留在过去

我沿着纤道向小屋走去，一路上，想到自己买下这间小屋的初衷。为什么我要亲自翻修它呢？随着年龄的增长，体力工作对我来说越来越困难。翻修工作一直止步不前，更不用说蓄意的破坏让情况愈加的糟糕。当我敲开墙面安装新的插座时，大片大片的灰泥剥落下来；当我试着揭下粘在房间屋顶上的瓷砖时，板条和石膏吊顶垮塌下来，卷起滚滚的灰尘；所有的新窗户都被打碎了，我不得不重新给它们装上玻璃。此外还有一个问题，如果所有的工作都做完了，那我接下来又该做些什么呢？最后，我得出结论：这一切不仅仅是为了证明自己仍然胜任这些工作，同时也是对未来的一种逃避。这就像是一种魔法，好像现在受到的折磨能够让我逃脱将来的苦难。很多宗教里都有苦行一说（比如西藏人会绕着喜马拉雅山的冈仁波齐峰跪拜爬行），我所做的工作就像是一种苦修的俗世版本。如果仅仅是为了家庭改建，那么我做事情的方式颇有些尴尬。这么多的麻烦和遭遇让我看起来有些愚蠢，就好像我是一个受虐狂，一个极其喜欢炫耀的人，喜欢吸引别人的注意力。

带着这些压抑的想法，我走到了小屋。就像第一次来到这里时一样，一看到它，我就丝毫不再怀疑自己的选择。这里有生长着自然植物的花园和古老的砖砌马槽，屋前有一条平静的运河，屋后有一个小小的湖泊。湖畔有一排高高的柳树，冬天湖里有棕褐色的芦苇，两只洁白的天鹅浮在深色的湖面上。小湖远处有一条铁路，有一次跑过一辆蒸汽火车，我像孩子一样注视着它在咆哮声中远去。破碎的窗户都被木板封了起来，小屋里一片黑暗，光线从打开的前门照进来，散落的碎玻璃在地上闪闪发光。我走进小屋，碎玻璃在我的脚下嘎吱作响。

纷杂的忧烦随风而去。我会重修这座漂亮简陋的小屋，我会驱除老人死亡所带来的阴影，我会清除他留下来的所有垃圾。苹果和胡桃会繁荣生长，我会在树上安装巢箱和猫头鹰房子，就像我曾经在德文郡，在那棵老橡树上所做的一样。

我要把小屋的过去都留在过去，让它成为令人喜欢的地方。

我不愿跟盗贼和蓄意破坏者妥协，于是我决定，在小屋外墙上安装一个探照灯和摄像头。安装这些器材需要用梯子爬到屋顶房檐上去，在我接触过的病人中，摔断了脖子或者是头部严重受伤的老年人不计其数，他们许多人都是在干活时，不慎从梯子上摔下来。从几英尺高的地方掉落也可能是致命的，而且颅脑损伤也和老年痴呆有着显著的关联。因此，在安装探照灯和摄像头时，就像攀登者将岩钉钉到岩石的表面一样，我先在小屋的外墙上钻入了一连串的带环螺栓。然后再把梯子绑到带环螺栓上。接着，我戴上全身式安全带，用钩环将自己固定在梯子上。之后，为了铺设电缆，我再用重型钻孔机钻透小屋的墙体。

正当我做这些工作时，一个人前来拜访我，他在一条金毛猎犬的陪伴下步行而来。我爬下梯子接待他，当我们说话时，那条金毛跑到那个杂草丛生的庭院里，独自而快乐地寻找着什么东西。

"60年前我住在这里，那时我还是一个孩子。"他说，"那是在20世纪50年代，运河劳工丹尼斯接管这里之前。我有一个哥哥，我们和父母一起生活在这里，那是我们生命中最快乐的时光。"

我们的年纪相同，小时候各自的家相距不到一英里。他给我看了一张小屋的黑白老照片。照片上的小屋整洁干净，维护良好，庭院前的一棵李树开了花，花园里种着一排排整齐的蔬菜，他妈妈戴着围裙，正站在花园的入口处。

"我把父母的骨灰撒在了那里。"他指着河对面，小桥旁一处长满草的河岸说。那座小桥横跨运河，桥的一端连着小屋。"我经常过来和他们说说话。今天我是来告诉他们，他们的孙子刚刚获得了大学学历。他们会非常自豪的。"

我带他参观小屋的内部。他惊异地凝望着它，沉默不语，这里肯定勾起他太多的回忆。

"我的父亲常常坐在厨房的那个角落里。"他说，手指着的地方以前有一个炉子。"他有几个铅球。当老鼠从前门跑进来时，他就用那些铅球砸它们，我不记得他曾经是否砸中过。"

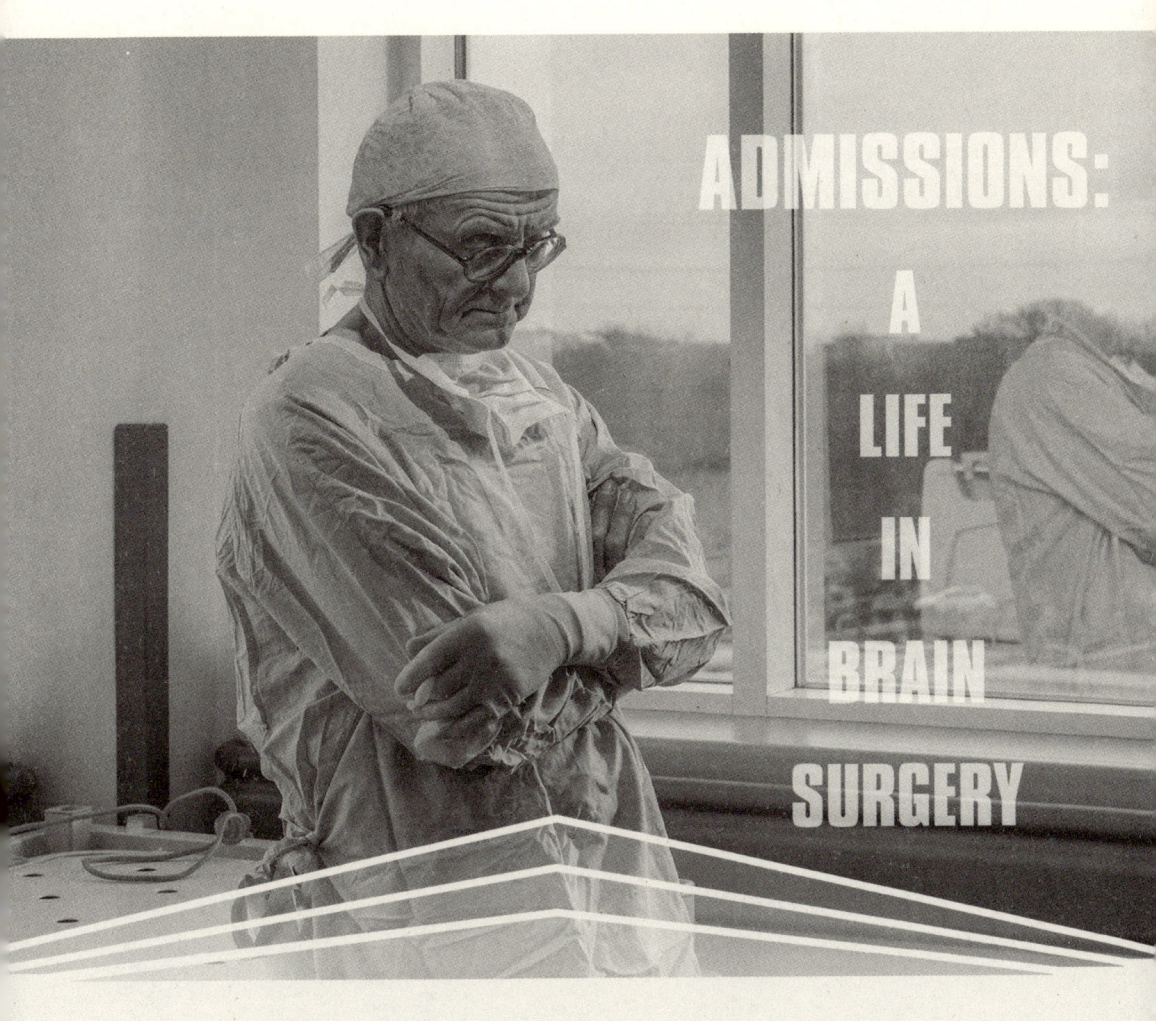

第 11 章

记 忆

从记事到现在

  我的父亲在96岁去世,那时的他已经完全痴呆。尽管他依然温和乐观,但实际上,他已经变成一具空壳。哥哥安排了一个家庭护理来照顾他,那个护理常说,这是一件毫不费力的事儿。由于记忆的逐渐消逝,大部分患上痴呆症的人都会越来越感到困惑和恐惧,进而会变得咄咄逼人,疑神疑鬼。我做过一段很短时间的老年病人助理护士,亲眼见到过老年痴呆症患者的样子。精神病院冷酷绝望,在这样的环境里待久了,那些可怜老人的病情会比之前糟糕许多。

  父亲出了名的古怪。二战后,他曾在牛津大学里做教师。当我到牛津大学读书时,他已经不在那儿任职了。牛津大学的搬运工人给我讲了许多与他的怪癖有关的故事,我听得津津有味。有一次,我的父亲碰到了以前的一个学生。那个学生告诉他,他总是十分害怕他的个人辅导。听到这话,我那温和的父亲非常惊讶。但接下来,我的父亲明白了其中的原委。原来在那时,我的父亲总是用电子打火器来点燃一个电热炉。那个电热炉的款式老旧,电热棒又红又热,他们总是担心会发生爆炸，所以很少能够理解辅导的内容。在那个古老宿舍的卧室里，我也有一个类似的电热炉。学校没有集中供暖，在冬日的清晨里，卧室的窗户上总会结出霜花。所以在起床前，我会盖着毯子，先用电热炉把衣服加热，然后再穿上它们，骑着自行车去上学。

每天晚上，母亲都会亲吻我，跟我道晚安，然后再把我房间的灯关上。在关灯之后，我常常会躲在毯子下边，借着手电筒的灯光读书到深夜。在我 7 岁时，学校的一位朋友借给我一本故事书，里面讲的是亚瑟王和他的骑士的故事。我痴迷于这类故事，把能找到的和骑士有关的书都读了读，这其中就包括马洛礼的《亚瑟王之死》(Le Morted' Arthur)。我讨厌兰斯洛特和加拉哈特的讨好卖乖，钦佩鲍斯爵士①的顽强、忠诚和可靠。我认为鲍斯爵士对女人和宗教一概不感兴趣。在我那个版本的书里，有很多威廉·拉塞尔·弗林特先生——19 世纪晚期的一位很受欢迎的艺术家，以情色绘画作品而出名的彩色插图。这些插图非常有吸引力，里面有英勇的骑士和美丽的少女，这些美少女在前拉斐尔派的绘画作品中十分常见，她们身穿飘逸的长袍，有一头又长又密的红色头发。夜间阅读导致我严重近视，以至于很多年后，我的视网膜也脱落了。

每周一次的主日学②无聊透顶，与《亚瑟王之死》的插图相比，儿童圣经故事书里的插图非常枯燥。我的父母是非常虔诚（但并不死板）的基督徒。当我还是一个少年时，在威斯敏斯特中学，我接受了传统的英国中产阶级基督教教育，每周 6 天，我都要到威斯敏斯特教堂参加早礼拜。在早礼拜快结束时，会有风琴演奏的维多尔第五奏鸣曲的最后一个乐章（我唯一能够接受的法国风琴音乐）。音乐在大理石雕像

---

①兰斯洛特、加拉哈特和鲍斯爵士都是《亚瑟王之死》中人物。
②主日学是基督教教会于星期日早上在教堂或其他场所进行的宗教教育，一般在主日崇拜之前或之后举行。主日学的形式多样化，因教堂而异，内容多以查经、教授基本教理为主，并由教会所指定的主日学老师或牧师任教。

和圣物的周围环绕，在宏伟的哥特式屋顶下发出隆隆的巨响。我待在空荡荡的教堂里，在第一堂课迟到前，我会穿过空空的回廊，踏着磨损的石碑飞奔回学校。音乐声渐渐消失在我身后。

　　入学第一年，我成了寄宿生，过得很不开心，非常怀念有私人房间的日子。我的父母认为那样对我有好处，而且在当时的中产阶级眼中，这也是男孩教育里相当传统的一部分。我在寄宿之前童真无邪，其他男孩的言谈让我诧异，他们不停谈论性的问题，有一次，我还跑去向男舍监抱怨。一年之后，我终于鼓起勇气，把我的不快乐告诉父母。他们同意我不再寄宿了。意识到每天放学后都可以回家，我如释重负。时至今日，我仍记得那种如潮水般涌来的轻松感。

　　在学校的最后一年，每周五的下午，我都在教堂的档案室里整理调查报告。那时，学员军团已经被废除了。在这个团体被废除之前，每个星期五的下午，我们都会身着军装，手持老式步枪在学校的周围行军。我们原来配备点303口径的李-恩菲尔德步枪，据说这种步枪的历史可以追溯至布尔战争①时期。后来，我们换成了点22口径的训练步枪。军团解散后，作为替代的活动方案，学校给我们提供了各种各样的选择，而我的选择是到档案室工作。档案室位于教堂横厅，在走廊的上方，从那里可以看到教堂的内部。我的任务是将大量的死因调查报告归类。那些报告被破破烂烂的绿带子捆着，放在一个巨大的半圆形橡木箱里。箱子是中世纪的物品，因为年代久远而变成了黑色的。我在箱子上边发现了一把亨利五世的古剑。我喜欢一边在头顶挥舞这把剑，一边念着莎士比亚戏剧里相应的台词。档案室的门卫矮小圆敦，动作敏捷。他总是穿着亮黄色的袜子，走起路来像是在地上打滚。他的午餐是以酒为主，所以他的午休时间特别长，总是让我一个人在那

---

① 1899年10月11日–1902年5月31日，英国同荷兰移民后裔布尔人建立的德兰士瓦共和国和奥兰治自由邦为争夺南非领土和资源而进行的一场战争，又称南非战争。

儿自由自在地做事。那些审讯报告用精美的铜版纸印刷而成，它们非常吸引人，每一个都是狄更斯式的死亡故事。更令人兴奋的是，档案室的一个旋转石梯可以通到教堂的拱廊和屋顶。因此，在威斯敏斯特教堂里的大部分时间里，我都在那些空荡的房间和教堂的屋顶上探险，从教堂的屋顶望去，伦敦市中心的风光一览无余。

从我记事起到现在，我一刻也没相信过上帝的存在。记得在一次晨祷会里，我看到学校的财务主管正在祈祷，就跪在我的对面，靠近唱诗班的镀金座椅的那一边。他是一位退役的英国空军准将，他的表情极其痛苦，还面带乞求的神色。过了没多久，他就从学校消失了，听说是死于癌症。

父母的故事

要不是70多岁时头部受了两次严重的伤，或许，父亲的老年痴呆是可以避免的。一次是从一个朋友的阁楼上掉了下来，跌落在房间里的壁炉上，不省人事。另一次发生在伦敦的房子里，他想去读煤气表，结果从梯子上摔了下来。而在更早之前，他就已经有过从阁楼上摔落的经历。那是20世纪50年代，在牛津大学的一所老房子里。那时我们的家里住着一个互惠生[①]，随着一阵灰泥的剥落，父亲的脚出现在她屋顶上，这让她大吃一惊，所幸的是，那次只有脚掉了下来，而不是整个身体。虽然两次头部受伤后他都恢复得很好，但或许那也让他的老年痴呆越来越严重了。

我并不是一个好儿子。在他的迟暮之年，在我的母亲去世后，我很少去看望他。尽管我住的地方离他很近，但我的哥哥姐姐们去看望他的次数要远远多于我。他的健忘总是让我很不耐烦，他已经不再是

[①]互惠生是为学习语言而住在当地人家里并照看小孩的外国年轻人。

之前的那个他了，这让我感到痛苦。父母亲对我要求甚少，我取得的任何成功都让他们欣慰，他们总是尽其所能地帮助我，但从没向我要求任何回报，甚至连抱怨都很少。我耗尽了他们的爱，可以肯定的是，他们的宠爱养成了我妄自尊大的个性。回望我的一生，这既是优点也是缺点。

我的父亲曾经是一名杰出的律师（虽然很难将他的职业具体归类）。他在牛津当了 14 年的大学教师，之后他离开牛津，加入了各种各样的国际法律组织。作为第一届法律委员会的委员，他为英国政府工作，致力于英国法律的改革与现代化。在年轻的时候，我对法律以及父亲的工作丝毫不感兴趣，两者在我的眼中都极其无聊。直到我马上要退休了，海外的工作经历让我认识到法律法规是自由社会的根本，这是我父亲工作的核心，也是我对世界的看法，比如，如果没有司法独立，民主选举就毫无意义。父亲的讣告占据了《泰晤士报》整整一个版面，作为他的儿子，作为一个医生，我既骄傲又惭愧，和父亲的一生相比，我所做的一切是那么微不足道。

我的父亲道德高尚，对世界的认识近乎严苛，虽然他的工作性质极其严肃，但他在生活中诙谐幽默，跟人们印象中的刻板律师格格不入。家人都听他的领导，但大家并没有把他看成权威人物，而是一个滑稽有趣的人。我们的不尊重偶尔会让他发一小会儿脾气，但这样的情况只有过零星的几次。他喜欢给我们讲他的故事，根本没意识到其中的一些古怪之处。他总是说要写回忆录，在回忆录的第一页上，他讲了一则拉火炮牵索的故事。故事发生 1917 年巴思①的维多利亚公园里，那时他 4 岁，为了资助第一次世界大战，祖父母购买了战争债券。作为回报，他可以拉一拉那门大炮的牵索。但写完这一页后就再也没

---

① 英国城市，位于英格兰埃文郡东部，是英国唯一列入世界文化遗产的城市。距离伦敦约 100 英里的路程。

了下文，我常常说要坐在那里，用录音机把他所有的回忆和故事都记录下来，因为他的生活非同寻常，饶有趣味，而且他也特别擅长讲故事。但随着大脑的衰退，我还没来得及那样做，他的过去以及家族起源的故事就都在记忆中渐渐凋逝了。而现在，他的故去尘封了所有的记忆，这是我的终生憾事。我们的家族起源于萨默塞特郡以及多塞特郡的乡村，关于他的故事，我只知道一些零散的片段。

二战期间，我的父亲在军事情报部门工作，由于会讲德语，他主要负责审讯德国的高级战俘。有一次他告诉我们，他把审讯视作一场牛津大学的个人辅导。他偏爱这样的审讯技巧，鼓励战俘们写一些与民主和法律有关的随笔。"对那些顽固的纳粹分子来说，我的这些工作注定要失败。"他说，"但对有些战俘，这还是有效的。"他发现了一位疑似反纳粹的人，在纳粹德国，他是潜艇部队的一位指挥官。父亲给他穿上英国陆军的厚大衣，偷偷地把他从战俘营里弄了出来，带着他在伦敦观光了一圈。但是他说，其实他也有点担心，如果被警察拦下来的话，他不知道该说些什么。北爱尔兰动乱刚刚爆发时，英国陆军会对那些疑似为爱尔兰共和军的人"蒙面"[①]。"蒙面"实际上是一种拷问，当这件事浮出水面时，我的父亲勃然大怒，和很多有经验的审讯员一样，他认为友善和劝导要比折磨更有作用。在审讯囚犯时，他对德国人的斗志尤其感兴趣。他在一篇报告中指出，对德国城市的地毯式轰炸只会增强而不是摧毁他们的斗志。英国皇家空军的轰炸机指挥官哈里斯——人们称他为"轰炸将军"——看了这篇报告后暴跳如雷，甚至想把我的父亲送上军事法庭。幸运的是，这没有发生。历史证明，父亲的判断完全正确。

我的父亲坚持认为，祖父的家里只有3本书，我怀疑这有些夸张了。

[①]爱尔兰暴乱中被捕的嫌疑人会被"蒙面"并受到虐待，包括强迫劳动、剥夺食物、禁止睡眠等。

祖父在巴思做珠宝生意，他的母亲在生小孩之前经营着一家裁缝店。曾祖母是一个农民的女儿，有8个兄弟姐妹。她是一个女裁缝，每天要走8英里的路去工作。后来，她终于拥有了自己的裁缝店，父亲向我们保证，她的裁缝店绝对时髦。父亲和祖父的关系很紧张，有一次他们差一点打了起来。

"那样的感觉是不是很糟糕？"我问他。

"没有，"他很平静地回答，"因为我知道自己是正确的。"

父亲这样说并不是傲慢自大，而是建立在道德观的基础上。这种道德观亘古寻常，在我还是一个叛逆自私的青年时，它曾让我十分地挫败。祖父不能理解的是，他的儿子怎么就变成了左倾的自由主义知识分子，房子里塞满了成千上万本书，还娶了一个德国难民为妻。我对祖父并不了解，因为我出生后不久他就去世了。

在去牛津大学读法律之前，父亲在巴思附近的一所公立中学读书，那是一所专门培养医生和新教传教士的学校。直到晚年，那个学校仍会让他做噩梦。他曾告诉我，和在那个学校要忍受的相比，《汤姆·布朗的求学时代》(*Tom Brown's Schooldays*)[①]里记录的事儿根本就不值一提。他非常痛恨那个地方，尽管他是学校陆军实习生中的军士长，而且还是橄榄球队里的主力球员。父亲的一切成就都要归功于一位不断激励他的历史教师。父亲对成功和传统权威的态度都极其模糊，除了我以各种各样的方式对父亲造成的伤害外，他很少会有忧烦痛苦的时刻。有一次，那位历史老师写信给他，希望他能为那所中学捐款。这件事让他很为难，我的父亲是一个非常慷慨的人，参加过很多慈善活动，但是在痛苦的思想斗争之后，他写信给那位老师，说他不能寄钱过去。

父亲曾是牛津联盟的秘书，那是一个注定会失败的理想主义者的

[①]《汤姆·布朗的求学时代》是托马斯·休斯的第一部作品，书中描述的那所公立学校校风不正，年长的学生欺侮年幼的学生，教师体罚学生，等等。

联盟。1936年,父亲去德国学习德语,他在那里遇到了我的母亲,在哈雷市,他与母亲住在同一家出租房里。那时,我的母亲准备成为一名图书销售员,正在接受相关的培训。她坚决反对纳粹的政治观点,这使她不能上大学,所以她选择到书店做图书销售——她挚爱哲学,这是一种在最大程度上接近哲学的方式。父亲是她遇到的第一个能够倾吐心扉的人,德国发生的事让她愤恨不满,她把这些一一向父亲倾诉。她最终还是招惹了盖世太保,有人听到她和同事们交流反纳粹的观点,于是她和同事们都被送进了监狱。但我的母亲后来却被释放了,原因是在审讯中,一个盖世太保把她称为"傻瓜女孩"。虽然她被释放了,但是作为目击证人,盖世太保要求她在其他人的审讯中接受交叉盘问。她认为自己不能那样做,所以在二战爆发的几周前,父亲很快就娶了她并把她带回英国。

母亲的姐姐是希特勒和纳粹主义的狂热拥护者,二战时期,她的哥哥也加入了纳粹德国的空军(尽管他这样做仅仅是出于对飞行的热爱,与政治信仰无关)。我不知道母亲对纳粹德国的罪恶了解多少,她去世之后,我读了一些有关纳粹德国的书,这才明白了她对祖国的背叛是多么了不起。当时的德国对权力无上尊崇,正处于战争的边缘,在这样的情形下选择离开,肯定很多人都把她的行为视作叛国。回顾往事,很多事情日渐清晰与从容,现在,我多么希望母亲尚在人间,那样的话,我就可以和她讲讲对这件事情的看法。

60年后,我问我的父母,他们是怎么决定要结婚的。我的第一次婚姻以一种极端的方式结束了,有时候我会跟他们讲讲我的苦恼。我本不该加重他们的负担,但是以一种平等的、成年人的方式来交流婚姻生活中的困难,这对我来说是一种陌生的经验。尽管父亲没有说明具体的原因,但我知道,这个决定对他来说也并不容易。妈妈曾暗示说,那时他马上就要与一位英格兰姑娘结婚了。但我的父亲否认了这一点,他说他当时只是处于一种绝望的状态。那时他在伦敦工作，是一名年轻的律师。一天，他沿着托特纳姆法院路向上走，看到路旁有一个广告牌，上面写着"咨询服务"4个大字。那就像是某种形式的基督徒信仰，父亲告诉我他走了进去，里边的一个人给了他莫大的帮助。

尼泊尔一直有包办婚姻的习俗。我的尼泊尔朋友告诉我，包办婚姻对双方都有极大的好处。有时我感觉到，在某种程度上，父母成功的婚姻也是一种包办婚姻，是一场基于法律法规，由道德、自由和民主的信念包办的婚姻。从20世纪60年代开始，他们参与了国际特赦组织的创立，我的母亲以稳重高效的方式管理着许多国家的政治犯登记工作。律师彼得·本南森是创建国际特赦组织的发起人，国际特赦组织的办公机构最初就设在他的私人会所里。有时我也会过去帮忙，主要是做些粘信封和贴邮票的工作。我总是喜欢说，这些信是寄给世界各地的独裁者的，但其实，大部分信件都是发给志愿者的时事通讯。志愿者们就像是革命分子，他们在各地组建起基层组织，挑选出一些特别的囚犯，再写信给那些监禁他们的独裁政府。

我出生于1950年，那时，我的母亲患上了一种可能导致残疾的怪病。她的关节青肿，疼痛难忍。她咨询了许多专家，但没有一人给出明确的诊断。一个医生认为这是由过敏引起的，所以他们把家里的所有宠物都送走了。在那时，治疗该疾病的有效药似乎只有砒霜，多年服用这种药物后，我的母亲又逐渐患上了"鲍温病"，那是一种罕见的皮肤癌。

在我只有几个月大的时候，绝望之中，他们去咨询了精神科医生。然后，我妈妈住进了牛津的帕克医院，接受了6周的精神分析治疗。给妈妈治病的医生也是一位德国移民。她告诉我，那位医生非常像她的父亲。外祖父患有转移性直肠癌，在1936年突然离世时，我的母亲才19岁。同为德国移民，那位医生非常理解她的失落感，这种失落感源于她的家人、她的过去，当然更多地还是源于她的身份认同。我的外祖母在战争期间死于乳腺癌，我的姨母丧命于英国对耶拿①的一次空袭。我的姨母是一位狂热的纳粹分子，在母亲来英国的时候，她们的关系非常紧张。战后，我的母亲得知，她的姐姐在去世之前已经改变了政治立场。虽然我没有直接问她，但可以肯定的是，逃离德国以及未能在法庭上支持她的同事，这些都让母亲觉得自己背叛了原则。

医院的治疗有了效果，她那圣痕②般的青肿消失了。没人知道什么东西起了作用，是精神分析疗法、体贴的丈夫，还是医院里的休息？在此之前，父亲完全醉心于自己的工作。母亲在几乎没有任何帮助的情况下，独自一人抚育4个孩子，从未好好地休息过。有一次他们开玩笑地说（根据著名儿童心理学家鲍尔比的著作），也许是婴儿时期缺乏母爱，所以我的性格才会时不时地会给他们带来巨大的麻烦。没人知道这是不是真的，但是当我步入老年，我开始明白，我身上的所有优点都继承自他们，我完完全全是父母的创造。

30年后，那时的我已经是一名医学生了。母亲身上那青紫色的肿胀再次出现，这让我的父母非常地惊慌。"肯定是因为你压力太大，过于焦虑了！"由于剧痛，母亲卧床不起，父亲近乎绝望地对她说。这一次，医师给她开了一种名为氨苯砜③的药物，我一直不清楚他们的诊断依据是什么，但在服用了之后，她身上的青肿就立刻消失了。在1950年，氨苯砜还只是一种化学制品，如果那时它已经作为药物出现，或许我就不会是现在的我了。我就不会坐在玛纳斯卢峰山脚下这个偏远的尼泊尔山谷里，在布达甘达基河冰冷的河水旁，一边听着急流冲击岩石，一边写下我父母的故事。

我的父亲是一个乐观主义者，即便记性越来越差，但他还是认为

---

①德国城市，以光学工业闻名，是德国的光学精密仪器制造业中心。
②在基督教中，圣痕会出现在某些圣徒身上，与耶稣身上钉子留下的伤痕相似。
③一种通常用来治疗麻风病的药物。

自己的病情有好转的希望。在重度痴呆之前,他仍住在那栋18世纪的豪宅里。为了将他的房子与业已出租的地下公寓区别开来,我曾在前门的电铃按钮旁做了一个黄铜门牌,并把一家人的名字刻在了上面。门牌做得非常难看,我用螺丝钉将它固定在墙上,从左到右,上面的字母一个比一个小。我们看着这些字母,父亲悲伤地说道:"就像我的身体机能一样,越来越衰弱。"那时候,他还能洞悉自己将来的状况,但他继续说:"我认为我的身体会好起来的。"

"健康营"

我第二次前往尼泊尔,陪德瓦去一个"健康营",那是他在偏远地区组织起来的。碎石子路只铺到廓尔喀①,之后我们在一条崎岖不平的泥地山路上行驶了30英里,用了3个小时才走到阿鲁卡德小镇。小路虽然崎岖不平,但却畅通无阻,大卡车或公交车都在小路上缓慢前行,扬起一阵阵褐色的尘土。在有些地方,车辆交会时必须紧靠着彼此,因为再有几厘米,车辆就有可能跌落到险峻的山谷里。天气晴朗时,可以看到山谷远处的玛纳斯卢峰,它是喜马拉雅山最漂亮的山峰之一,也是世界第八高山。但是那天,它被重重的雾霭包围,我们根本看不到它。"健康营"是一个全新的基层医疗所,但是在它即将开放的几天前,一场地震让这个地方遭到了严重毁坏。在德瓦来这里之前,那座医院已经被废弃了,但检查之后他发现,尽管到处一团糟,但医疗所的大部分地方还是可以用。一队人马已经提前赶到那里,他们做了清理的工作,当我们到达时,我惊奇地发现,尽管墙上有很大的裂缝,墙体的一侧也部分倒塌了,但医疗所还算干净整洁。神经医院的团队由医生、护士和技术人员组成,一共有30多个人,并且还带来了足够

---

①廓尔喀位于尼泊尔中部地区,距加德满都西北80公里,海拔1500米。

的设备。这些设备足够开设一个药房、一个实验室、两个手术室和五个门诊室，还可以做 X 光和超声波检查。这真是一个令人惊叹的团队，他们经验丰富。在以前，特别是地震发生后，他们已经在其他地方组织过类似的"健康营"。

次日清晨，等候的病人在医疗所外排成一列长队。所有的治疗都是免费的，一共来了好几百个病人，主要是一些穿着鲜红色衣服的女士。很快，气温就超过华氏 90 度，病人们都打起了遮阳伞，每一把伞的颜色都同样地艳丽。武装警察挡在医疗所门口，让他们一个接一个地进来。在入口处登记后，他们会被带到合适的门诊，或骨科，或整形外科，或妇科，或其他科室。我们在 3 天的时间里一共会诊了 1500 个病人，给很多人做了手术，有的还是全身麻醉的大手术。遇到患有疑难杂症的病人，我们会建议他去远处的大医院做进一步的诊断。病人们来自四面八方，很多天前，就已经有人给"健康营"做广告了。

"一些病人甚至是从与中国接壤的边境赶过来的。"有人告诉我。

"距离多远？"

"从那边过来没有公路，要徒步走上四五天的时间。如果换作你我，可能要走上 10 天的时间。"

一些病情严重的人是躺在担架上被抬过来的，还有一些老人是被人背过来的。

在当地人举行的开幕式和闭幕式上，他们给我戴上杜鹃花编制的花环和丝绸头巾，还给我颁发了一个带框的证书，上面写着 4 个字："爱的象征"。尽管我受到了皇室般的款待，但我知道，我在这里没有任何的作用。我已经有很长时间没有做过普通外科或普通内科的诊疗了，看着德瓦兴致勃勃地做腹股沟疝气手术、阴囊积水手术或类似的手术时，我闷闷不乐地发现，自己已经完全忘记了这些手术该怎么做，尽管我以前是一个普通外科医师，在整整一年的时间里，我做了几十个这样的手术。在35年前，为了成为一名神经外科医生，我必须要有一年普通外科医生的经历，才有资格参加皇家外科医师学会会员考试，只有通过考试，我才能够接受神经外科的培训。在"健康营"里坐诊时，我发现那些初级医生懂的东西都比我多。

德瓦正在诊疗，我坐在旁边的一张椅子上。病人如潮水般不断涌来，包括一位鼻子上戴着精美的黄金饰品，患有直肠脱垂的老妇人；一群患有腹股沟疝气的老年男人；一群患有痔疮的老年妇女以及很多患有静脉曲张的病人。这些病人让我想到，差不多在40年前，普通外科的工作结束后，我觉得十分地高兴，因为这意味着我可以从事神经外科的工作了。但在另一方面，这些病人也提醒我，现代医学不仅仅是为了延长人们的生命，因为通过对非致命性的慢性病的治疗，它可能已经达到了这样的效果。没有这些治疗方法，我们就会遭受痛苦的折磨，就像这些贫穷的人们正在遭受的一样。

在被强制做普通外科医生的那段时间里，一个周五的下午，我给一个病人做了直肠检查，无论是我还是那位病人，我们都不喜欢那个检查。在医学中，这项检查被称为"乙状结肠镜检查"，也就是用长长的带照明的不锈钢管来检查直肠的内部。尽管我不喜欢普通外科的检查，但我还是很喜欢做外科手术。

一个年轻女士的右眼单侧眼球突出，我们安排她去加德满都检查。一个女孩可能患了假性癫痫发作，被她焦虑的母亲急匆匆地送了过来。女孩的癫痫在医生面前发作了，这意味着病人的问题是心理上的，而不是真的患有癫痫病。德瓦给她开了抗抑郁药阿米替林。毫无疑问，在这样偏远的地区，后续的疗效跟踪是不可能进行的，我们不可能在之后知道，病人的病情会有怎样的发展，大部分人都不识字，他们手里拿着很多塑料袋，袋子里装满了他们要服用的药物。

医疗所外人声鼎沸，他们讲着尼泊尔语，数百个人的声音混杂在一起。天花板上的电扇呼呼地旋转着,这一切让我昏昏欲睡。室外的气温已经上升到华氏 95 度以上了,队列前排的人被挤到金属大门上,警察们不时地挤进人群,或是为了防止打斗,或是为情况紧急的病人开道。但是医疗所内,一切都还井然有序。

一个男人的手脚上长了巨大的疣。接下来是一个 5 岁的男孩和他 10 岁的姐姐,他们俩在两岁时失明了。他们什么也看不见,被带到诊室里坐了下来。同事们在一沓脏兮兮卷角的纸张里翻看他们的病情记录。看着这两个孩子,我们唯一能做的就是,确认他们没有办法治愈了。我问尼泊尔是否有盲校,他们告诉我虽然有,但是他们住在遥远山村里,是不可能去上盲校的。

我们在炙烤的屋顶上吃午饭。抗震救灾时,联合国难民署留下来一些湖蓝色的防水油布,他们用这些油布搭起了凉棚,我就坐在那里和一位妇科医生谈了起来。

"到目前为止,你为多少个妇女做了阴道检查?"

"超过 500 个。"

"她们对解剖学有认识吗?"

"只有少数几个人能明白,大部分人对此一无所知。跟她们解释是浪费时间,通常我只会告诉她们得了什么病和该吃什么药。"她接着说,"妇女们在房间外边排队,为了先进来,她们还会打架。"

有一个房间是预留给那些过于虚弱,不能坐下或站立的病人的。一个患糖尿病的年轻女子出现了严重的酮酸中毒,她躺在担架床上,眼神呆滞,一副听天由命的样子。她不停地咳嗽着,还不时地对着一个塑料碗呕吐。一个卫生员想给她输液,但是没有成功。我试了试,也没有成功,这再次证实了我的无用。最后,还是一个麻醉师成功地做到了。我们从其他病人那里找到了一些胰岛素,给她做了静脉注射。

"她的前景如何?"我问。

"不太乐观。她只是偏远乡村里的一个贫苦农民，负担不起胰岛素的费用。糖尿病对这里的很多人而言还是致命的疾病。我们让她去最近的大医院，那里的人可能会给她提供帮助。"

在医院被损毁的地方，我发现了一个空房间，地震使房间的墙面裂开了一条大缝。房间里有许多窗户，从那里向外望去，可以看到一些高耸在屋外的芒果树，房间里可以听到河水淙淙流过的声音，那是宽广的布达甘达基河，它发源于玛纳斯卢峰上的冰川。我在那里静坐了一会儿，想写一点儿什么。两个顽皮的尼泊尔男孩儿发现了我，他们从我的肩膀上方窥视，想知道我在做些什么。他们没有离开的意思，所以我只好回到门诊，看更多的病人在我的面前来来往往。

3天以后，"健康营"的活动就结束了。傍晚时，只有少数几个病人还在医疗所的门口等待。医疗所外的四周环绕着黯淡的蔚蓝色群山，天气仍然很热，我坐在一把白色塑料椅上，一阵疾风吹过，巨人般的芒果树在风中摇曳。附近的公路上传来婚宴的嘈杂声，女人们穿着艳丽的服装，走在最前边的两个男子吹着长长的弧形喇叭。新娘坐在轿子里，头戴面纱，穿着红色和金色的衣服；新郎走在轿子的后边，脸上化着浓妆，身穿精心制作的外套。队列走过后尘土纷飞。3个年轻的女孩子在医院的院子里玩耍，她们向我走了过来。除了英语，我不会讲其他的语言，我们交谈了几句，彼此都不明白对方的意思。接着她们哈哈大笑起来，围着我跳了一会儿舞后就离开了。天色越来越暗，我独自一人坐在那里，看着尘土被吹离地面，它们上升上升，变成了一个小型旋风。

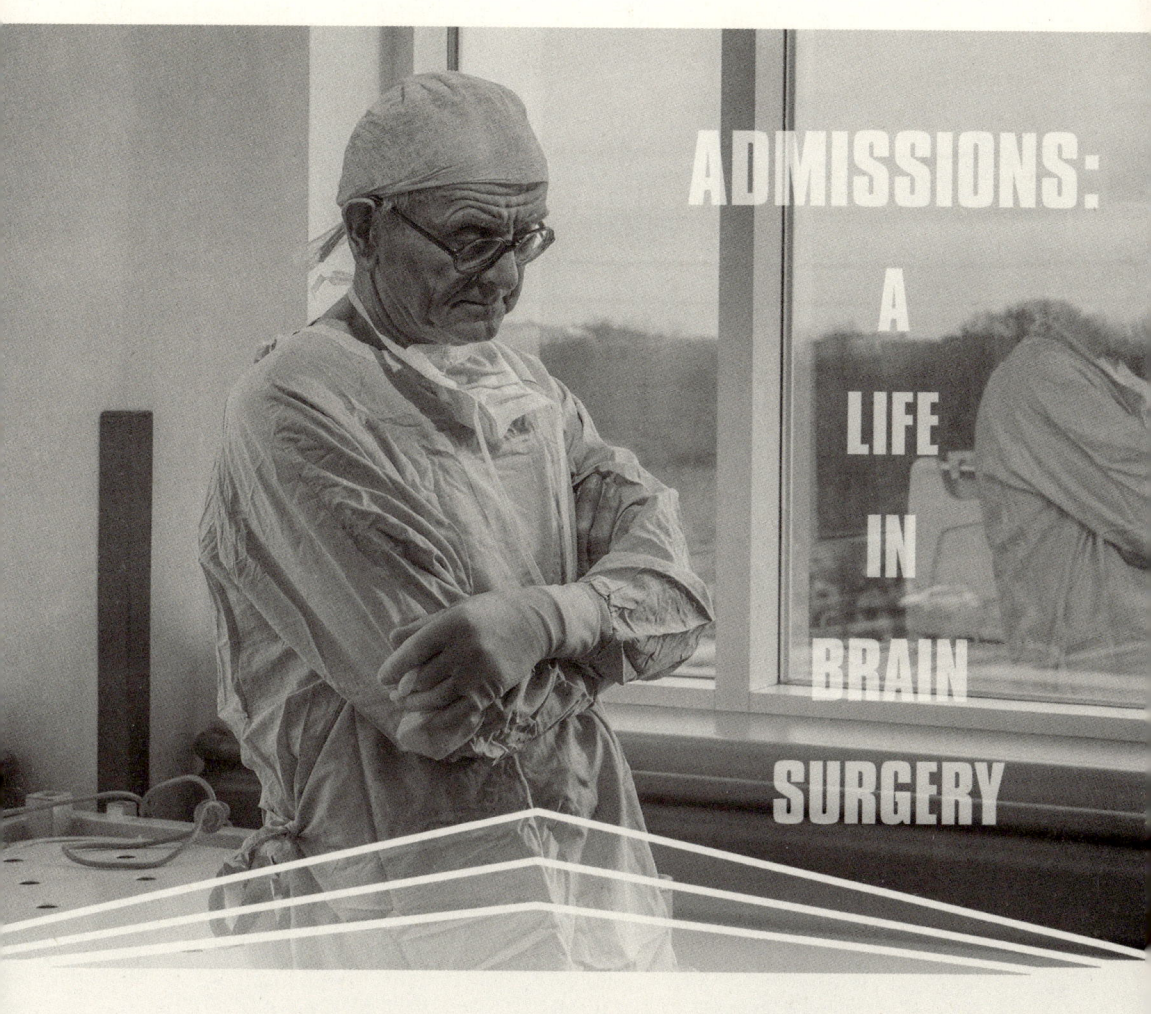

第 12 章

乌克兰

伟大的分水岭

像以往一样,伊戈尔在机场等我。他头上紧紧裹着一顶羊毛帽,在出口处的人群中,不停地探出头来想要找到我。他脸上带着惯常的严肃神情,看到我时他笑了一下。我还记得我们第一次见面时,他那种庄重的热忱让我非常感动,而现在,他的热忱似乎在渐渐地冷却,变得与之前大不相同。

他亲吻了我的脸颊以示问候,这让我有些不自在。我们互相抢着拿手提箱(里边装满了二手的外科手术设备),然后爬进了他的面包车。我们一路向城里的医院驶去,尽管伊戈尔的英语不太流利,说起来结结巴巴的,但他一直在滔滔不绝地讲话,一直到了医院,他的独白才停了下来。我一直认为乌克兰语粗糙生硬、慷慨激昂,就像伊戈尔讲的那样。直到我在乌克兰西部城市利沃夫,听到了诗人玛丽亚讲的乌克兰语,我才意识到原来乌克兰语是如此美丽动听。

"金融危机真可怕。每个人都有金钱上的问题。在金融危机之前,医生们每个月可以赚到2000美元,而现在只有400-500美元。"

第 12 章　乌克兰

我知道，在伊戈尔那个狭小的办公室外，有一长队病人正站在走廊上等着见我，他们要么长着巨大而可怕的肿瘤，要么患有其他的神经外科疾病，治愈的希望十分渺茫。

"有两个听神经瘤患者。"他说。此时，我们正经过城市郊区，那里有高大而丑陋的公寓大楼。地面铺着一层薄薄的雪，在冬日的薄雾中，那些高楼看起来冷漠又凄凉。我不止一次地想到，乌克兰的形势有多么严峻，乌克兰人要生存下来是多么艰难。"有许多有趣的病例，亨利。"他高兴地说。

"是吗？只是你觉得有趣而已。"我生气地答道。

"你退休后好像失去了对医学的热情。"

"也许是我老了。"

"不，不，哪有！"他大声说。接着又话锋一转，回到了他最爱的话题上。他告诉我，就在去年，乌克兰有20家银行倒闭了。

苏联时期，乌克兰在第聂伯河①上修建了很多大桥，我们从其中一座桥上通过了大河。河面有些地方结冰了，桥下突出的冰架上有很多小小的身影，他们坐在黝黑发亮的水边，正从凿开的冰洞里钓鱼。

"每天都有人溺水，"伊戈尔说，"今年有20个人溺亡。真是不幸，这样的事情真是太愚蠢了。"

沿着第聂伯河河岸，有一条通往基辅市中心的路，这条路上铺着鹅卵石，高低不平。我们顺着这条路向上开，转过一个弯，就到了赫雷夏蒂克街。几个月前，独立广场上爆发了一场示威游行。伊戈尔的私人诊所以前是乌克兰安全局的医院，那个地方是他租来的，就在利普斯卡大街的拐角处。乌克兰安全局的前身是著名的苏联国家安全委员会②，这是乌克兰非常重要的一个机构，所以理所当然地，它的下

---

① 源自俄罗斯西部，向南流经白俄罗斯和乌克兰，注入黑海。
② 即克格勃，苏联时期主要的安全机构。

属医院自然就应该在基辅的市中心。

我第一次去乌克兰是在1992年，那时苏联刚解体不久。在对一家医院的访问中，我和伊戈尔偶然相遇。我们很快就成了好朋友，从那之后，为了帮助他做手术，我每年都要去乌克兰待上几天。那时，乌克兰的医学落后西方数十年，我给他找来了很多二手的手术设备和显微镜，并把我知道的一切毫无保留地传授给他。最开始的时候，我和伊戈尔一直在做脊柱手术，伊戈尔很快就成为乌克兰技艺最为精湛的脊柱外科医生。随着他的声名远播，越来越多的脑部疾病患者也来他的门诊寻求治疗。他看过我在伦敦做的听神经瘤切除手术，那些肿瘤巨大，手术十分棘手，在乌克兰，那样的肿瘤患者无法得到有效的治疗。所以他不停地缠着我，希望我帮他建立一个神经外科科室。在乌克兰，由于诊断的滞后，病人的肿瘤总是非常地大，手术也就相应地非常困难，而且还充满危险。听神经瘤是从颅内听觉神经上长出来的，它会变得越来越大，挤压病人的大脑，然后慢慢地夺去病人的生命。1992年我第一次来基辅时，与我同行的还有两位同事，他们一位是麻醉师，一位是病理学家。我们访问的是乌克兰最权威的神经外科医院——在以前，苏联有两个最主要的脑神经研究中心，它便是其中之一——我们来这里的目的是做一个讲座。那位病理学家被带去参观病理学教研室，回来后，他看起来有些惊魂不定。他告诉我们，医院人员给他展示了很多的水桶，里面装的都是死于听神经瘤手术的病人大脑。

2004年，伊戈尔和他的妻子伊莲娜来伦敦参加我和凯特的婚礼。在婚礼期间，他不停地在说乌克兰发展听神经瘤切除术的必要性，最后，凯特终于忍无可忍了。"伊戈尔，"她说，"我很抱歉，但是我不想再听到'听神经'这个词了，我们可以谈点其他的。每一天，每一次吃饭，你都在劝亨利教你做听神经瘤切除术，我受不了啦。"之后的好几天里，伊戈尔都没有再提这件事情。伊戈尔对神经外科有强烈的热情，并且全身心地投入其间，他的这种狂热不时地让我感到疲惫不堪。每次回到英格兰，我都会热情地告诉人们："乌克兰是一个非常重要的国家！"

他们总是一脸困惑。

"乌克兰不是俄罗斯的一部分吗？"

遇到这样的问题，我就会给他们粗略地讲解一下乌克兰的历史。

许多同事和朋友都认为，我对乌克兰的迷恋是一种怪癖。但是在乌克兰独立广场上爆发示威活动后，整个欧洲人民都看到了别尔库特防暴警察与示威游行者之间的战斗画面。那就如同中世纪的战争场面，人们手持着棍棒、盾牌和弹弩互相厮杀，汽车的轮胎燃烧着，整个广场上火光四射，黑烟滚滚。我很早就预料到乌克兰可能会发生这样的事情，在与我合作的24年里，伊戈尔遇到了很多问题。他倡导医学改革，在许多方面都是一个异议分子，他在我这里学习知识，并希望用这些知识去发展乌克兰的神经外科。与这个国家的政治系统相比，乌克兰的医疗系统同样的独裁专制，所以他树敌无数，处处碰壁。由于他的病人都恢复得很好，所以他的诊所不断完善，最终变得颇具规模。那些医学前辈和管理者处处打压他，但他们的尝试都以失败告终。他所取得的成就充满英雄主义的色彩，就如那些广场上的抗议者一样，多年以来，我和伊戈尔的工作也是与腐败的独裁统治做斗争的一部分。

我的愤怒

医院入口的小门厅处有一个十字转门，人们靴子上带进来的雪融化了，让铺着瓷砖的地面湿乎乎的。病人和他们的家属可以在医院里自由地来去，但是国家安全局的人员对我这个外国医生有些戒备，走到门口时，转门后边的士兵让我出示护照。他年纪轻轻的，表情严肃。

"他们怀疑你是恐怖分子。"转门打开时，伊戈尔说。我推门进去，十字转门"哐当"一响，就像是某种权威的声音。

"士兵隶属于国家安全局，医院无权管辖他们。"他又补充道。

"那真是个无聊透顶的工作。"

"不，不，不！他们很高兴，因为这样就不用去前线了。"

一走进医院，我就感觉自己是进入了监狱。我不会讲乌克兰语或俄语，入口处的士兵也让我感到害怕。也许这完全是不应有的想法，因为有一次，医院安排我接待一个电影制片人，我站在医院的门口。在那个制片人到达之前，一个士兵一直在外边的人行道上陪着我。制片人来了之后，她为我翻译，那位士兵跟我讲了一些话。我原以为他是在用逮捕或类似的事情威胁我，但他的长长的一段话里，说的全都是感激我的话，他说他感谢我对乌克兰病人的帮助。

回忆起实习医生的经历，我感到有些羞愧。在做那些困难又充满危险的手术时，如果外科医生的经验还不如你，给他当助手完全是一种折磨。在带我实习的高级外科医生中，有些人完全不会动手做手术，而是让我自己来完成。这就是所谓的"看一次，做一次"的外科教学方法。在过去的英国外科医生培训中，这种方法臭名昭著。回想起实习时犯下的一些错误，我不寒而栗。更糟糕的是，在我自己成为高级医生后，我的一些实习生犯下的错误更是让人震惊，对此我有很大的责任。我现在才意识到，在带着我做手术的过程中，培训我的医生们是如何耐心，他们既善意也充满勇气。以前的我从没想过，对于他们而言，培训是一件多么困难的事情，那时的我总是自以为是，只专注于自己正在做的事情。现在，伊戈尔的情况与我当时遇到的如出一辙。他从未注意到，对我来说，长达 10-12 个小时的门诊有多么艰难。在做大的脑瘤手术时，他对我遭受的痛苦和折磨也视而不见。他在手术上做的越多，学到的东西也就越多，但这也同时意味着，病人可能遇到的风险就越大，我也就越觉得焦虑。如果我认为他独自完成手术没有问题，那么我就会回到手术室旁的康复室，把头枕着纸箱，躺在窗户旁的手推车上舒展一下身体。尽管如此，我还是会感到无聊和紧张，每隔一段时间，我就会走进手术室，看看他的进展如何，是否需要我来接管手术。

"你想让我清洗消毒，参与到手术之中吗？"我问。

"不，不，还不需要。"他通常会这样回答。但有时他会寻求我的帮忙，有时我也会坚持要求接管手术。

有一年，我来乌克兰时已是冬天了。我躺在手推车上，看着窗外美丽的景色。漂亮的雪花从灰色的天空中飘洒下来，医院花园里有高大的松树和银桦树，它们的树枝都被重重的雪压弯了。整个院子都洁白无瑕，小路上依稀留下几个脚印。我们正在给一个年轻女士做肿瘤手术。这个手术非常棘手，虽然伊戈尔和我都认为，我应该助他一臂之力，但伊戈尔还是独自一人完成了手术，而且病人醒来后也一切安好。

窗外雪花缓缓飘落，我躺在手推车上，就这样度过了那漫长的几个小时。我想，在多年的培训之后，他终于可以独立完成手术了。但在两年后的一次定期访问中，我偶然得知那个女人在手术几个月后就去世了，死于术后的大脑感染。伊戈尔对此守口如瓶。对于那位女士的术后感染，他没有征询我的意见，这让我大发雷霆。我真想对他说我再也不来乌克兰了。但我最后打消了这个念头，因为有人告诉我，伊戈尔之所以不把这件事情告诉我，是因为他怕我知道这件事后，我就再也不来乌克兰了。可他的担心与事实完全相反，这说明他对我一点也不了解。这让我想起了切尔诺贝利，在惨剧发生后，苏联政府拖了很长时间才承认。

我向伊戈尔坦白了我的愤怒，但是过了很长时间，他才勉强地向我道歉，而且道歉的话就像是卡在了喉咙里，吞吞吐吐地难以出口。我告诉他，我也曾犯过一个类似的错误，术后感染对病人是致命的，而且当时我也没有去寻求别人的帮助。我仍然保存着那位年轻的乌克兰女士的照片，那是我第一次见到她时，在那个小诊室里拍摄的。照片中的她正用乞求的眼神看着我。乌克兰已成为我生活中重要的一部分，尽管我仍愿意来这里，但她死亡的信息还是让我心如死灰。直到多年以后，我才意识到自己是多么盲目、固执而任性。我开始极度后悔没有那个时候离开他。也许，我从来都不该教他做脑瘤手术。

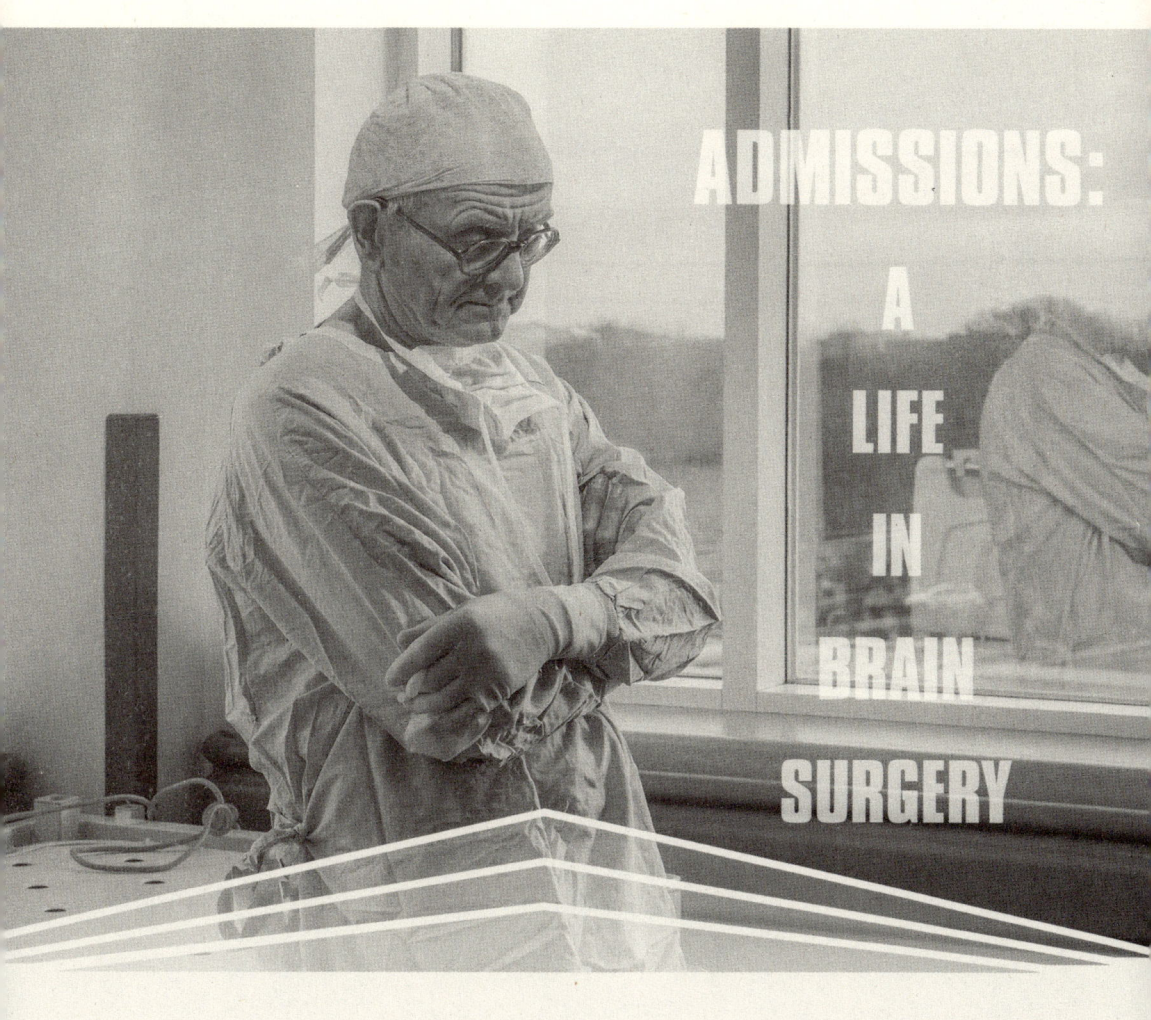

第13章

抱　歉

错误时有发生

周日，我像往常一样去上班。这几周以来，我一直意志消沉。我骑车去医院，在黑暗中沿着图庭大街前行。我暗下决心，应该积极地思考问题。我告诉自己，虽然一些病人遭遇了不幸，但大部分的病人都康复了，我应该记住成功的例子，而不是只盯着那些失败的不放。最近我读到一篇文章，上面说紧张和焦虑更容易让人患上老年痴呆症，而积极的思维方式则可以增强免疫系统的能力。因此，在那个星期天的晚上，当我大步朝医院走去时，心中充满了美好的愿望。

有4位脑瘤患者在等我。我和前3位病人谈了很久，轮到第4位病人时天色已晚。最后一位病人是一位患糖尿病的亚洲女士，她比我小几岁，英语水平很有限。两周前，她的家人带她来找我诊疗，她们告诉我，在过去的两年时间里，她的行为越来越古怪，现在，她又变得非常嗜睡了。我尽可能多地了解她的病史，然后又和她的家人讨论了她的问题和治疗方法。扫描显示，她的大脑前部有一个小的良性脑膜瘤，肿瘤导致大脑内出现大量的肿胀。这种肿胀在医学上被称为脑水肿，而正是脑水肿导致她出现种种的临床症状。手术肯定可以治愈她的病症，我们可以让她变回以前的自己，即大脑水肿导致性格改变前的那个她。脑瘤手术的关键在于处理大脑肿胀，为了减轻肿胀，让病人在手术前服用类固醇是一种常规的治疗方法。在病情严重如这位女士的病例中，在手术的前一周，我就会让他们使用类固醇药物。所以我写信给她的全科医生，我请他开药，并且提醒他，类固醇药物也会加重她的糖尿病。

晚上10点钟，我来到她的病房，发现她已经睡着了。带着些许歉意，我轻轻地摇了摇她。她很快就醒了过来，困惑地看着我。

"我是马什，"我说，"一切都还好吗？"

"还是很瞌睡。"她说，然后朝里面翻了个身子。

"你还好吗？"我又问。

"是的。"她说，然后又睡着了。

值班的住院医师就站在我身后，我转身面向他。

"两周前我见过她，脑肿胀让她总是昏昏欲睡。"我说，耸了耸肩。"现在已经是深夜，我们最好不要去打搅她。她的家人应该也能够理解。"

焦虑会传染给他人，医生不喜欢焦虑的病人，因为焦虑的病人会让医生也变得焦虑。同样地，自信也能感染他人，前3位病人都对我的诊断表现出极大的信心，所以走出医院时我精神振奋，没有过多考虑最后一位病人的嗜睡症状。我已经为明天的手术做好了准备，我感觉自己就像是一艘大船的船长，甲板已清理干净，一切都井井有条，左右工作准备就绪，可以让人大显身手了。这些新奇的航海隐喻让我很开心，我在自娱自乐中回到家里。

第二天也有一个良好的开始。我睡得很好，醒来之后更觉热情洋溢，并不像以前的周一早晨那样充满焦虑。晨会也进行得很顺利，我们讨论了一些有趣的病例，对于病人的花费我还讲了几个很好的笑话，惹得初级医师们哈哈大笑。之后我们立刻按照清单开始手术，前3位肿瘤手术都堪称完美。

我走进手术室，第4位病人已经躺在了手术台上。麻醉师看着我，表情复杂，那是一种既想控诉又想道歉的表情。她手里拿着病人的血气分析化验单，病人在睡眠之后，医生通常会对他们做血气分析。

"你知道她的血糖指数是40吗？"

"该死！"

"而且她的血钾浓度为7，血液酸碱度为7.2。她严重脱水，糖尿病完全失控了。"

"肯定是服用类固醇引起的，昨天晚上，她入院时的血糖是多少？"

"夜班人员没有给她做检查。3天前的入院门诊记录显示，她的血糖只超标了一点点。"

"不管怎样，昨天晚上应该检查一下的，不是吗？我们都知道她是糖尿病患者。"

"是的，是应该检查。早上见到她时，她的反应似乎就有些迟缓。"麻醉师继续说，"但我以为那是肿瘤导致的，我现在才意识到，那是糖尿病性昏迷的征兆……"

"我昨夜也犯了同样的错误，"我难过地说，"我从来没遇到过这样的事情，想必我们要取消手术了？"

"恐怕如此。"

"该死……"

"我们要把她转到重症监护室，妥善治疗她的糖尿病，这可能需要好几天的时间。她需要补水，现在做手术极其危险。"

"还没有做手术，助理医师就已经给她剃了个滑稽的发型。"把病人的头从手术台上松开时，我对住院医师说。我真佩服他的理发方式，直接把病人前额上的头发剃掉了几英寸。

第13章 抱 歉

"这是典型的错误用药导致的问题，"手术台另一边的麻醉师评论道，"太多微不足道的小事同时发生了，导致了严重的后果……如果她的英语能再好一些，如果她没有因为肿瘤而有些迷糊，那么我们能肯定意识到事情的不对劲。那样的话，是否在做手术前检查血糖也就无关紧要了……如果几天前她只是登记了一下，而没有去入院前门诊，那么在入院时，我们就会像过去一样给她做血液检查……"

"管理部门引入入院前门诊是为了提高工作效率。"

"但是由于床位的紧张以及工作负担的增加，"她回答说，"在手术的前一晚，病人入院的时间越来越迟，我们根本没有时间做好登记工作。"

"我们现在应该做些什么？"

"向其他的总局报告。"

"但我们不是应该先和病房里的护士谈谈吗？我们真的要让那些冷血的管理者来斥责她们吗？"

"你可以那样做。但这可是 HONK，她可能会因此而死。"

"HONK 又是什么？"

"高渗性非酮症糖尿病昏迷。"

"哦！"意识到自己的医药知识已经跟不上时代的步伐，所以我只用了一个字来回应。

我去找护士们。护士长非常不安，她是所有护士中最尽职尽责的一个，永远都带着一副焦虑的神情。

"我会将此事告诉夜间值班护士。"她看起来难过极了，我担心她会突然哭起来。"她应该给她查一下血糖的。"

"不要伤心，"我尽量用愉悦的语气说，"事情已经发生了。病人还没有受到任何本质上的伤害。先和夜班护士谈谈吧，我们只是凡人，错误时有发生。你知道，我也曾有过错误发生……重要的是同样的错误不要发生两次。"

所以当我指导初级医师时，我总会对他们说，如果犯下愚蠢的错误，你要认真地与病人交谈。

回到手术室，我找到每个病人家属的电话，然后一一向他们报告病人一天的情况。前3位病人一切顺利：患有脑垂体肿瘤的老人视力已经恢复了一些；少言寡语的汽修工在术中唤醒后能多说一些话了；患有颅底肿瘤的年轻女士在手术后，她僵硬疼痛的颈部也有了出奇的好转。除了最后一位病人，她因为糖尿病性昏迷，正戴着呼吸机躺在重症监护室里。

做完这些后我就回家了。这一天有点混乱，但所幸没有一个病人受到严重伤害。我仍决心把注意力放在神经手术中积极的那一面，这种决心似乎不可动摇。

没有任何存活的希望

晚上11点钟，正当我准备睡觉时，我的手机铃声响了。那时我正在楼上刷牙，手机放在厨房的桌子上充电。在慌乱之中，我不顾赤身裸体，跌跌撞撞地就从楼上跑了下来，一边跑一边咒骂。在一天的手术结束之后，神经外科医生最不喜欢的就是在晚上听到电话铃响，因为这通常意味着发生了非常严重的事故。我拿到手机时它已经不响了，紧接着，我的固定电话又响了起来。与此同时，因为有语音信息，我的手机也再次响了起来。我一边拿起固定电话，一边更加大声地咒骂起来。

"脑膜瘤导致两个瞳孔放大，扫描显示，大脑肿胀非常严重。"是值班的住院医师弗拉德的声音。

那一刻，我惊讶地说不出话来。

"但是我还没有给她做手术。我一直在担心其他的病人，没有想到她会出问题……"

"可能是糖尿病的原因，也可能是脱水后的复水致使脑肿胀更加严重了。"弗拉德说,"你现在打算怎么办?"

"我不知道。"我光着身子坐在厨房的椅子上,一时间手足无措。

"她的机体指标还不错,麻醉师已经检查过了。"弗拉德补充道。

"她也许会幸运地挺过来,"过了一会儿我说,"但是我真的不知道该做些什么……为了给肿胀腾出空间,我们可以给她做骨瓣减压术,虽然那样做能让她活下来,但也会让她落下残疾。如果我们不给她做手术,她也有可能会挺过来,那样的话,我们就可以晚些日子再给她做手术了。这难以选择,我不知道该怎么办。"

我茫然地注视着厨房的墙壁,弗拉德也默不作声。

"这种情况真是百年不遇,"我说,"这真是碰运气的事儿,只有掷钱币才能做出决定。"

我想到了那些手里拿着锤子的人,在他们眼中,所有的东西都像是钉子。

"我们是外科医生,"我继续说,"总是倾向于用手术的方法来解决所有的事情。但这并不意味着手术就是正确的选择。"

弗拉德再次沉默了,他在等我做出决定。我静静地坐了一会儿,希望潜意识能告诉我,我该怎么做。这样的问题异乎寻常,推理与科学都无法给出解决的方法,而现实却需要我即刻做出决定。弗拉德的经验丰富,在很短的时间内,他就成为一名顾问医师,手术在他的能力范围之内。

"把她带去手术室,打开前颅骨,移除肿瘤。如果肿胀极其严重,就不要把骨瓣放回去了。"

"好!"弗拉德说。他很满意我最终做出了决定,也很高兴自己可以做手术了。

我凝视着厨房的墙壁,在椅子上坐了很久。我并不是非去医院不可,但想到手术过程,我躺在床上无法入睡。于是我迅速穿好衣服,沿着黑漆漆的、空无一人的街道开车赶回医院。我很快就到了医院，我从楼梯跑到二楼的手术室，但让我恼火的是，病人没有在那里，所以我又绕回到重症监护室。病人正躺在病床上，戴着呼吸机昏迷不醒，周围站着医生和护士。

"不要冷血地站在这里，不要等那些搬运工了，"我狂暴地说，"把她带去手术室。"一切又像往常一样忙碌喧闹起来，病人身上连着各种各样的机器设备：注射器、监测仪、导尿管、静脉注射器、动脉导管和呼吸机。这些设备都不能拔掉或者是需要连接到可移动的装置上。一切准备就绪后，我们就出发了。医生和护士们或推床或搬设备，我们都弯着腰，缓缓行走在通往手术室的长廊上。

一到手术室，在几分钟之内，我就迅速打开了这位可怜女士的颅骨。我戴着手套去触摸她的大脑。

"非常松弛。"我咕哝道。

"可能是输氧和用药的结果，"弗拉德说，"看，大脑的搏动。"他用手指着一堆黄色和浅棕色的东西，它们覆盖在血管之下，连接在麻醉机上的心脏监视器发出"哔哔"的声音，大脑也随着那声音同步地扩张与收缩。"她不会有事儿的。"

"那只是你的看法，"我说，"根据我的经验，瞳孔放大说明，她已经遭受了毁灭性的脑梗死。她大部分的大脑已经死亡了，这就是她的大脑目前不再肿胀的原因。但等到明天，它就会再次肿胀，直至大脑全部死亡……但是也有另一种可能，那就是她正在康复……"我又补充道，心里仍抱一线希望。我拿起解剖器和吸管，只花了几分钟的时间，就把那个导致所有问题的肿瘤切除了，简单得有些可笑。

我们迅速完成手术。现在最关键的就是拨开病人眼睑的一刻，我们要观察病人的瞳孔能否对光做出反应。如果瞳孔收缩，那么病人就能够存活下来。

病人的右眼隐藏在绷带下，那是完成颅骨缝合后，我缠在她头上的。"左侧瞳孔有反应。"凝视着病人空洞的黑色瞳孔，麻醉师高兴地说。

我仔细观察，脸几乎就要贴在那个女人的脸上，由于来时过于匆忙，我忘记了带上眼镜。

"我不这样认为，"我答道，"那只是你的一厢情愿罢了。"

我做了一个简短的手术记录，并且告诉弗拉德，病人一出手术室，就给她的家人打电话。之后我就开车回家了。

我睡得非常不好，不停地从梦中醒来。就像被拒绝的求爱者一样，我内心始终抱有一线希望，希望弗拉德在黎明时分打来电话，告诉我病人有了好转的迹象。但是电话铃声始终没有响起，第二天一早，我来到重症监护室，顾问医师正站在病人的床边。

"没有好转的迹象。"他说，并且告诉我，他如何用技术手段处理病人复杂的代谢问题。在这个过程中，他使用了很多专业术语，在我眼中，他一直是个缺少人情味的技术人员。

"我昨晚根本没有睡着。"他突然说。

"这不是你的错。"

"我知道，"他说，"但我就是感觉很糟糕。"

病人家属在重症监护室外等候，我们走过去，告诉他们要做好最坏的打算。病人仍有一线希望，可能会活下来，也可能会死去。

"在做手术前，她可能遭受了毁灭性的中风。但这只是我的猜测，目前还没有定论。"我继续向他们解释，"病人是否有严重的中风，只能通过第二天的扫描判断。晚些时候我们会给她做一次扫描。"

当天晚上，我来到X光检查室，在电脑上看到了那个女人的大脑扫描。扫描上斑驳的黑色区域表明，病人的大脑受到了严重损伤。很明显，严重地脑肿胀导致了一次灾难性的中风。手术太迟了。我走回重症监护室，他们的目光齐刷刷地集中到我身上。我告诉他们，病人没有任何存活的希望，由于入院时没有给她做血糖检测，她的死亡已无法挽回。我承诺会展开调查，也会及时向他们反馈调查结果。

在说这些话时，我好想大声地告诉他们："这不是我的错。"没有人给她做适当的检查，我们匆忙地就让她入院，没有一个初级医师给她做血糖检测，麻醉师也没有意识到这一点。我想到了医院的经营者和高高在上的政客，他们的责任并不比我少，他们几乎没有或极少与病人家属有过交谈。他们今晚能躺在床上，舒适地睡个觉，或许还会梦到他们的政治目标以及在乡村旅馆里放松的日子。对于医院的经营我没有发言权，这样一个混账的医院，为什么我要为它承担责任，为什么我必须要道歉呢？是我导致了船沉吗？但是，我只能把这些想法埋在心底，病人即将死去，我却不能挽救她的生命，我只能告诉他们自己有多么抱歉。他们静静地听我说话，努力抑制着眼泪，不让它流下来。

"谢谢您，医生。"最后，一个病人家属对我说。我离开那个小小的会客室，愈发感到难过。

我告诉重症监护室的工作人员，让他们在第二天关闭病人的呼吸机。

我告诉病人家属可以去起诉医院，医院没有任何辩护的余地。但或许是因为我的道歉，他们并没有这样做。

我希望英国当局能够理解，让医生道歉是多么艰难。医学总会最近发布了一个有关"诚实"的文件。如今，"诚实"也成了法定的职责。他们命令医生："无论何时犯下错误，都要如实告知病人，既要有口头的表示，又要有书面的告知。"文件上写道："不论谁人犯错，高级临床医生都要承担责任并向病人道歉。"他们还补充道："真诚的道歉才是有意义的道歉。"似乎他们并没有意识到"强制道歉"与"真诚道歉"之间的矛盾，文件也没有提到如何解决这一矛盾。但其实，如果高级医生被人信任，受人尊重，有一定的管理权，而且不被迫做那些毫无意义的事，比如让病人填写调查医生行为的问卷，那么这一矛盾自然就能解决。如果能给予医生足够的资源，那么他们的工作将会更有效率。

我完全认可文件中提到的诚实与道歉，也知道它们的重要性。但问题是，在英格兰，医生的品德越来越败坏，他们与病人越来越疏远，每每看到这些，我就感到悲哀和愤怒。由于一如既往地受到那些小报新闻的影响，以及出于对医生和医疗机构的不信任，政府机构建立起越来越复杂的官僚管理体系。医生当然需要被管理，但他们也应该被信任，这是一种微妙的平衡，在这一点上，英格兰政府犯了一个巨大的错误。

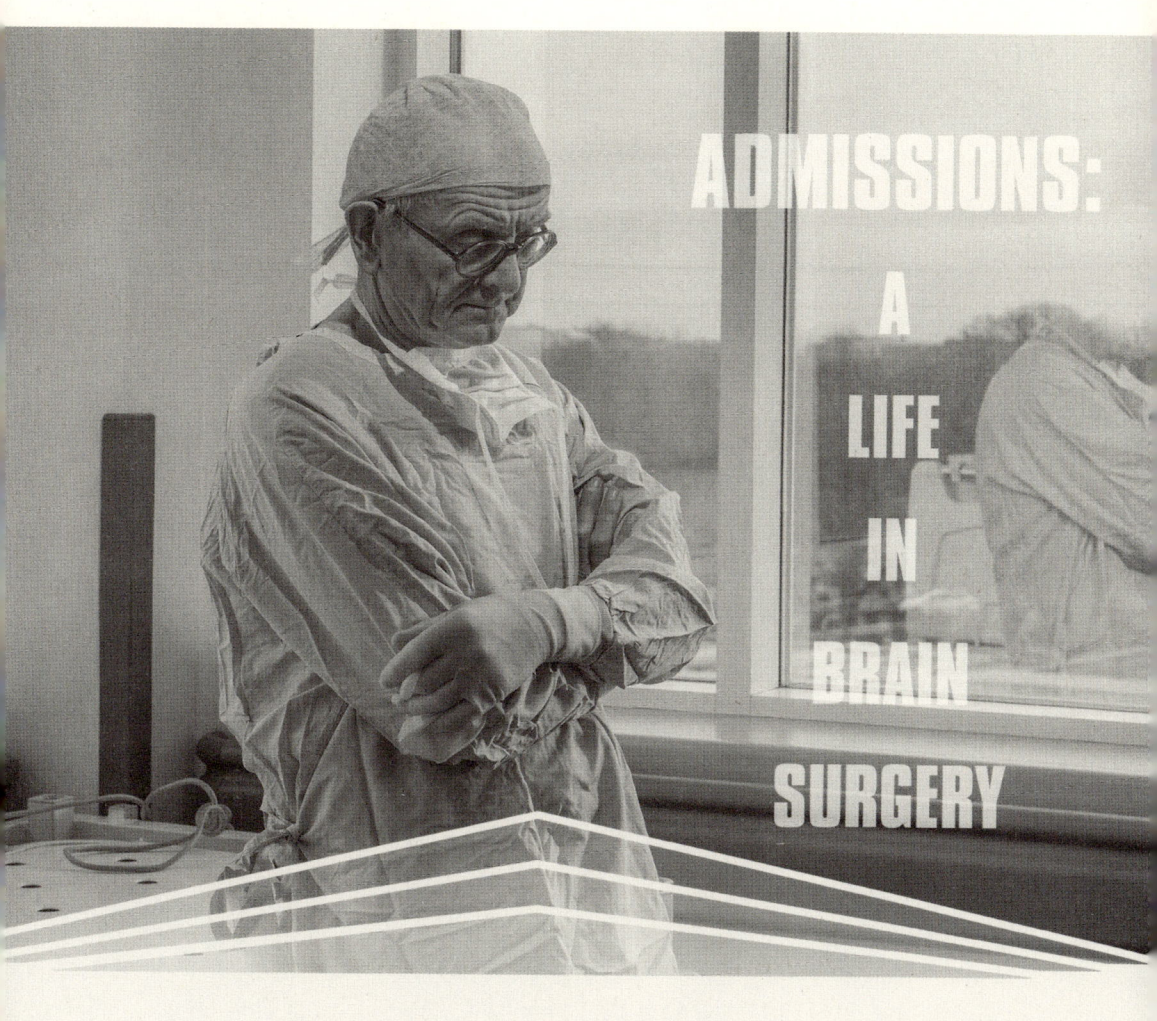

第 14 章

红松鼠

每个人都想离开

在伊戈尔那间拥挤的办公室里，有两位听神经瘤患者正在等我。两位患者都是女士，一个50多岁，一个30多岁。她们俩的肿瘤都非常大，由于肿瘤压迫脑干，两人的身体都开始失去平衡。患有大肿瘤的病人，他们的情况会逐渐恶化，残疾的程度也会越来越高，多年之后会因此死亡。如果成功地给他们做手术，那么病人因病死亡的风险就会很小。但是，对于大肿瘤患者，术后，他们半边脸颊瘫痪的风险很高，而面瘫会极大地损毁病人的外貌，对大部分人而言，这将完全改变他们的生活。

我和伊戈尔一起做过几台听神经瘤手术，目前为止还没有出现过任何问题，所以这次，我并不担心和他一起做手术。那位年纪大一些的女士很乐意接受手术，但那位年轻的女士却非常害怕，犹豫不决，我们花了近两个小时的时间来和她交谈。毫无疑问，她需要做手术，但她有两个选择：一个选择是我和伊戈尔；另一个选择是国立医院。我不可以将我们的手术效果与国立医院进行比较，并判断孰优孰劣。

"在德国做手术要花多少钱?"她问我,乌兰克的富人们喜欢去德国治疗。

"至少要花 3 万美元,或许更多。"

她无法筹集到这么多钱。但不能否认,如果去德国,手术风险会更低一些。两个小时后,我们的意见达成一致,由我和伊戈尔给她做手术。我们打算周一给年长的那位做手术,周二给年轻的那位做手术。

还有其他的病人需要诊疗,但因为是星期天,所以我们的门诊速度要比平时更快一些。来了一位乌克兰西部村庄的年轻女士,她一头长发,脸色苍白,长了一个非常大的鞍上脑膜瘤,肿瘤挤压到了她的视神经,她的视力正在逐渐下降,但我们还不清楚病人的一些细节信息。

"如果不做手术,她就会失明。"看着她的大脑扫描,我对伊戈尔说,"但是,手术让她失明的风险也很大。"

"哦!我已经做过几个鞍上脑膜瘤手术,结果都不错。是你教会我怎么做的。"他自信地说。

"伊戈尔,这是个巨型肿瘤,也是我见过的最大的一个,和那些普通的小肿瘤完全不同。"

伊戈尔没有再说什么,但看起来并不信服,心里渴望着做这个手术。

第二天,我们给那位年长的女士做了听神经瘤手术,手术一切顺利。我已记不住那个手术的细节了,因为之后发生的事情完全覆盖了之前的记忆。我只记得那个手术做了好几个小时,直到晚上 9 点我才回到家里。

"你来这里之后,一切都好极了!"在开车回家的路上,伊戈尔对我说。通向第聂伯河的鹅卵石道路上,他的面包车不停地颠簸。

"这对我来说就像是在休假,我可以'洗洗'脑子,再给自己充充电!"

我不由地想道:"那洗脑的刷子也会磨损,会弯曲;电池也会放电,也有耗尽的时候。"但我没有说出口。

我们住在一座公寓大楼的 16 层，那是一栋典型的苏联风格建筑。我睡在客厅的沙发床上，虽然不舒服，但我却睡得很好。一天半夜，沙发床突然裂开了，我掉到地板上醒了过来。窗外的景色阴郁凄凉，破旧的高楼一模一样，它们围成一个大圈，中间有一个破败不堪的学校和一个保健中心，远远遥望，就像是一个苏联式的巨石阵。房间里有一个大尺寸的平板电视，墙上挂着一些圣像画。房间里还有一个玻璃门书柜，里面主要摆放着一些医疗书籍。像房间的其他东西一样，书柜朴素整洁，有点清教徒式的严谨古板的风格。伊莲娜是基辅急诊医院的心脏病科医师。他们因工作相识相爱，然后建立起这个家庭。

清晨，一大早就有人去上班了。大楼里破旧的电梯上上下下，发出沉闷回荡的隆隆响声，我通常都是被电梯吵醒。我们 6 点起床，6 点 45 分开车去医院，这时，路上的车辆已经很多了。在横跨第聂伯河的莫斯科大桥上，汽车飞速向前，在西边，拉夫拉修道院的金色穹顶闪闪发光。太阳在东方冉冉升起，阳光反射在公寓大楼的窗户上，让人有些目眩神迷。那些大楼是 2007 年之前修建的，那时乌克兰的房地产行业蓬勃发展，而在之后一落千丈。

我们去探视前一天切除听神经瘤的女士。她的状态非常好，脸部也不再感到麻痹。我惊叹于乌克兰人的坚强，虽然她走路还有些摇摇晃晃，但这位刚刚做完手术的女士已经下床了。每个人都很高兴，开心地笑着，她的病床旁边就是那位长发的年轻女士。

"我们明天做鞍上脑膜瘤手术！"伊戈尔宣布，"第二位听神经瘤患者的咽喉疼痛，乌克兰的法律不允许给这样的病人做手术。"

接下来的一整天时间里，我们都在门诊。下午晚些时候，伊戈尔带我到郊区的一块荒地。他居住的公寓大楼也在这附近。几年前他买下了这块地，打算在这里建一所属于他自己的医院，但是 2007 年爆发了金融危机，导致这个地方至今仍未开发。作为替代方案，他正把城市西部的一栋公寓大楼改造成医院,而且还给自己买了一幢尚在建造之中的大房子。近年来,他的表情越来越严肃,我暗自猜测,可能是有什么事情超出了他的能力范围。越冬之后,野草枯黄,有些地方还留有焚烧后的黑色余烬,有些地方已经长出绿色的嫩芽。这里遍地都是垃圾,远处矗立着毫无生气的楼房以及发电站高大的烟囱。旁边有一条肮脏的小河,河道的一部分被塑料袋和易拉罐堵塞了,一排光秃秃的柳树像无精打采的人一样立在河边。伊戈尔从口袋里掏出一把面包刀,然后砍下一截柳枝插到地上。

"这能长出来吗?"我怀疑地问道。

"百分百可以!"他答道,向垃圾满地的河岸边挥了挥手,告诉我那里有大约 12 棵柳树,都是在过去的 10 年里长起来的。

在这条肮脏小河的另一边,我们正对面有一个混凝土废墟和一家餐馆,餐馆旁边有一堆堆的垃圾和一条狗。一看到我,那条狗就狂吠起来。

"居住在这里的人会把树砍掉,"他指着很多树桩和烧焦的树干说,"种 5 棵树,只有 1 棵能活下来。"

他一边栽种柳枝,一边谈论腐败的官僚体制给他带来的无穷无尽的问题。

"这个国家已经失去发展的可能。"他说,"第一个问题是俄罗斯,第二个问题就是腐败的乌克兰官僚。每个人都想离开这里。我热爱并痛恨这个国家,这就是我种这些树的原因。"

巨大的鸿沟

第二天,我们给那个快要失明的女孩做手术。伊戈尔总是在中午之后才开始做大手术,和他一起工作时,这是我遇到的最大的困难,我总是跟他抱怨。这是一个严重的问题，如果中午之后才开始手术，那么就意味着，要在晚上完成手术中最困难也最危险的部分，而那时，我已经开始疲惫了。大脑手术危险而精细，需要我们保持高度紧张的注意力，并极其消耗体力。但是伊戈尔却总是说，手术不可能早一点开始。

"包括检查设备在内，我必须做所有的事情。"他说，"如果让护士或其他医生为手术做准备工作，他们会出错的。"

我告诉他，应该把更多的工作交给别人去做，因为不信任自己的团队才真的会出问题。但他却强烈地抗拒我的提议。

"这里是乌克兰，"他说，"一个遍地愚民的愚蠢国家。"他的陈述极富个人特色，既慷慨激昂，又笃定自信。这些年来，很少有医生或护士能长时间待在他的部门里，我不知道我们孰是孰非，但在很晚的时候才开始做这些充满危险的大手术，这件事真的让我很讨厌。

直到下午1点，他才开始打开那位女士的颅骨。一想到手术要持续到晚上，我就感到沮丧。我不顾医院入口处的守卫，鼓起勇气，逃到医院附近的一个小公园里散了会儿步。天气突然变得暖和了，天空昏暗阴沉，我在融化的冰面上跟跟跄跄地滑行。一只红松鼠在我周围绕来绕去，它耳朵又长又尖，如果我靠近，它就会受到惊吓，飞奔到离自己最近的一棵树上。我向松鼠倾吐与伊戈尔合作的困难，尤其是在大手术上的分歧。

我走向医院，出示护照，又回到手术之中。病人的颅骨已基本上被打开了，伊戈尔正在桌子旁彻底洗刷手臂。我回到自己通常所在的地方，麻醉室角落里那个硬邦邦的手推车上。通向手术室的门开着，时不时传来伊戈尔大声训斥医护人员的声音。他正在使用电钻——那个电钻由压缩机带动，是我9年前送给他的，主要用于打开病人的头盖骨——压缩机就在我躺着的手推车旁。每隔几分钟，当需要压缩空气让电钻工作时，压缩机就会发出震耳欲聋的轰鸣声。我不时地睡着，又不时地随着压缩机的响声在固定的时间间隔里醒来。已经两点半了,他们才刚刚做开颅的工作!这已经不是第一次了,我心想,我以后再也不要来这里了。我之前已经做过很多次这样的手术了,知道这并不是一种好的手术方法……这真的有必要吗?伊戈尔真的需要不时做做这些困难的手术吗?我一直在生气,不能再继续这样下去了,跟我在伦敦医院的工作经历相比,这无异于是它的翻版。

终于,伊戈尔请我来接管手术。他缓慢而谨慎地寻找了很长时间,但仍没能找到病人的左侧视神经,所以他需要我的帮助。一坐在手术椅里,我的愤怒便迅速烟消云散。手术似乎进行得很顺利,我感到高兴,精神开始集中起来。手术给我带来紧张的喜悦感,我焦虑而兴奋,在几个小时的时间,我在仅有一厘米宽的地方做精细的解剖,最后终于找到了左侧视神经。由于肿瘤,这位女士的视神经已经变得非常细了,我这才意识到,刚才的努力完全是在浪费时间,因为她的左眼已经不可能有任何视力了。

"她的左眼失明了吗?"我问伊戈尔和他的助手。他们告诉我这位女士仅有 20% 的视力,却没人知道她的视力到底如何。我立马意识到自己犯了一个严重的错误,我应该在手术之前就询问一下她视力丧失的基本情况。如果知道她的左眼已经失明了,我是不会花几个小时的时间来寻找和保护她的左侧视神经的。3 小时的高强度手术仅仅只发现了一块轻易就能切除的肿瘤!天色已晚,我也已经筋疲力尽了,我以为对伊戈尔而言,剩余部分的工作十分简单,因为到目前为止他都做得很好。但后来发生的一切让我明白,我应该更清楚地给他讲解一下视神经的解剖构造。我离开手术室去吃了个三明治,回来后发现,在切除肿瘤的同时,伊戈尔也破坏了至关重要的视交叉——左右视神经连接交叉的部位。这完全是我的错误,我应该留在那里看着伊戈尔切除最后一部分肿瘤,或者由我自己去做。

我痛苦地从显微镜向下看去。

"她会双目失明的。"我说。

"她的右侧视神经不是好好的吗？"伊戈尔惊讶地说道。

"但她的视交叉被破坏了。"我说。

"如果由我来做这最后一部分，这也有可能发生。"我又补充道。话虽如此，但那样的话，至少我还尽力了。

伊戈尔一言不发，并不相信我说的话。

我们在晚上9点做完了手术，将她的颅骨重新缝合起来。我们离开时，她仍处于麻醉状态。她那双大大的黑眼睛对光线没有任何的反应，这是失明的标志，但伊戈尔不愿接受这个事实。

"明天她就会好起来。"

"我不这样认为。"

患者在术后失明，这件事让人特别地不痛快。我有过两次这样的经历，这种感觉比患者死亡还更加糟糕，因为你无法逃避。虽然在这样的情况下，病人不做手术也会失明（况且他们已经失去了大部分的视力），但当你站在病人的床边，看着他们用空洞的盲眼徒劳地搜索周围的事物时，你还是会感到深深的痛苦。起初，他们中的一些人会有幻觉，认为自己仍然能看见，而且还试图说服你相信他们。你可以证明他们看不见——最简单的测试方法就是突然将拳头伸到他们的眼前，盲人是不会因此而眨眼的——但却不愿意让他们从幻想中醒悟过来。

第二天早上，我们坐在一起吃早饭。

"睡得好吗？"伊戈尔问我。

"不好。"

"为什么？"

"我心里很乱。"

他没有再说什么。

第 14 章 红松鼠

我们像往常一样去上班。伊戈尔和我去楼上看望那个年轻的女人，毫无疑问，她已经什么都看不见了。伊戈尔拿起一个明亮的台灯，弯下腰去照射她的眼睛，试图证明她的瞳孔对光线仍有微弱的反应。我不忍心看到这样的场景，于是径直离开了房间。

我们回到楼下，走进伊戈尔的办公室，走廊里已经有一些病人在排队等待了。

"取消那位听神经瘤患者的手术……天哪！"伊戈尔在空中挥动胳膊，"这真是个糟糕的决定。她非常希望你参与手术，而现在你却要走。"

我们谈了很长的时间。如果我不参与到手术中，那么她所有的希望都破灭了，或许这有点夸张，但现实就是这样的残酷。而且，在手术发生事故后，伊戈尔更加需要他人的指导。

我看着手机上的日志，心想，"让一切听天由命吧。"

"我会在 10 天内飞回来做这个手术，"我说，"但我只有一天的时间，之后我就必须离开了。"

伊戈尔点了点头什么也没说。他的表现忍不住给我这样一种感觉，即他认为我做的一切都是理所当然的。女孩的失明让我感到愧疚与绝望，这种感觉排山倒海般向我袭来，那天晚上，在从医院回家的路上，我对着伊戈尔生气地大声喊叫。我并不是责备他在手术上的过失，而是责备他完全不理解我。他不理解帮助他是一件多么困难的事情，而且他还全然不顾别人的感受。我叫嚷咆哮了好一会儿，那时，我们正在黑暗中穿过莫斯科大桥，桥下第聂伯河的黑色河水已经开始解冻。

"哦！我最好闭嘴，否则你会撞车的。"我担心自己的情绪爆发会分散他的注意力。

"不会的，"他以苏联式的着重语气说，"我正集中注意力开车呢！"在那一刻，我感到彼此之间横亘着一条巨大的鸿沟，这条鸿沟就像桥下的黑色河流般宽阔。他的平静与超脱让人吃惊。

关于诚实与欺骗的演讲

　　那周晚些时候，我前往乌克兰的西部城市利沃夫。之前我接受邀请，给那里的一所医学院做一次讲座。我讲座的主题是"如何做一名诚实的医生"。取得医师资格证，穿上白大褂之后，我很快就明白了诚实对于医生而言有多么困难。一旦需要为病人负责，即使处于医疗等级制度的最底层，我们也必须学会掩饰。对病人来说，没有什么是比医生，尤其是缺乏自信的年轻医生更可怕的了。

　　病人既需要治疗，也需要希望。所以，为了避免病人被即将面临的现实吓倒，我们很快就学会了欺骗，学会了假装自己的水平和学识比实际的要高，并且努力地遮掩。欺骗别人，最好的方式就是自我欺骗。人们非常善于利用一些细微的迹象来识破别人的谎言，而医生在说谎时绝不会漏出一点马脚。因此，我告诉这些乌克兰医学生，在最开始做医生时，我们必须学会自欺这个重要又必需的临床技能。随着年纪的增长，当我们真的拥有了经验与能力之后，我们就必须开始抛弃自欺了。高级医师就如同高级政客，很容易就会变得腐败，因为他们手握权力，周围又没有敢于说真话的人。尽管我们在职业中会不断地犯错，但我们从失败中学到的东西要远远多于从成功中学到的。成功不会教给我们任何东西，只会让我们轻易地自鸣得意。我们要想从错误中学到东西，就必须要承认错误，如果不愿对同事或病人承认错误，至少要对自己承认错误。自欺欺人是我们在职业生涯初期必备的重要技能，承认错误意味着我们必须与它做斗争。

　　当一个外科医生建议病人做手术时，他或她暗含的意思是，做手术的风险要低于不做手术的风险。但是在医学上，没有任何事情是可以完全确定的，我们要在一组可能性与另一组可能性之间权衡，或者是将一种可能性与另一种可能性做比较，当然，只有两种可能性的情况非常罕见。这种权衡既需要判断力，又需要学识的支撑。当和病人谈论手术的风险时，我们不能只是转述从教科书上学到的内容，而是要如实地告诉他们，我们曾经在手术中遇到过的问题。然而，在和病人谈话时，大部分外科医生很容易就会忘记那些糟糕的手术结果，他们不仅不愿承认自己的经验不足，而且通常还会低估手术的风险。即使手术成功，病人在术后没有出现任何的并发症，手术仍有可能是一个错误，因为极有可能，病人本来就不需要手术。医生热切地做手术，是因为他高估了不做手术的风险。过度医疗——包括不必要的检查和手术——是现代医学中越来越严峻的一个问题，即使病人没有受到明显的伤害，过度医疗也是一种错误。

问题的关键在于，我们要明白"当局者迷，旁观者清"的道理。丹尼尔·卡尼曼①和阿莫斯·特沃斯基②的研究表明，我们的大脑无法对可能性做出连续的判断。我们每个人都有过心理学家称之为"认知偏差"的经历。"认知偏差"使我们的判断扭曲变形，并偏向于对我们有利的事情。医生总是处于压力之下，所以我们总是会过快地做出决定。无论我们多么努力，我们还是没有做到承认错误。我告诉他们，在很大程度上，医疗安全取决于我们是否有好的同事，他们能否批评和质疑我们。说到这里时，我想到了伊戈尔和德瓦，他们两个人几乎是在孤身奋战，对外科医生而言，那是非常艰难的事情。

后来我得知，对这些乌克兰医学院的听众，这次讲座改变了他们一生。因为一位高级医师承认自己也会犯错，而且还强调了团队工作、听取别人的批评意见以及做一名好同事的重要性。这真是一种讽刺的对比：我的演讲对乌克兰人造成良好影响的同时，我和伊戈尔的矛盾却越来越多。

---

①丹尼尔·卡尼曼，以色列裔美国心理学家。由于将心理学成果与经济学研究相结合，成为行为经济学的先驱，并获得2002年诺贝尔经济学奖。
②阿莫斯·特沃斯基，美国行为科学家，因对决策过程的研究而著名，他的合作者丹尼尔·卡尼曼获得了2002年诺贝尔经济学奖。

9天后的一个寒冷早晨，我骑车去温布尔顿火车站。屋外的街道上停放着许多汽车，车身上结了一层霜，在月光下闪闪发光。在伦敦南部的铁路上，沿线两边有许多石板瓦顶房，我坐在火车上，身上裹着那件冬天去乌克兰时穿的厚大衣，看着太阳从地平线升到屋顶的上空。我已记不清自己有过多少次这样的旅行，以往，乌克兰让我心潮澎湃，而现在，我只是感到悲伤和后悔，就像是刚刚结束了一段恋情。我要遵守自己的诺言，给那个患听神经瘤的女士做手术。我也做出了一个决定，那就是完成这例手术以后，不再帮伊戈尔做这样的大手术。他已经不再是基辅唯一能够做这些困难手术的外科医生了，可以肯定的是，国立医院的医生做得更多。国立医院是一个大医院，与之相比，伊戈尔的医院不过是一个私人小诊所罢了。从我第一次访问乌克兰开始算起，24年的时间里，国立医院并没有止步不前。大脑手术十分复杂，对我而言，这是一个需要团队协作才能完成的工作，在手术前，医生应该在清晨就做好准备工作，让病人躺在手术台上等待手术。在手术后，医生还需要可靠的同事和助手，让他们和你一起分担护理的重任。

　　在医学中，一个令人痛苦的事实是为了病人的安全着想，我们必须让一些病人暴露在危险之中。作为一名经验丰富的外科医生，我不仅对面前的病人负有道德责任，对下一代医生的病人也负有同样的义务，因为培训这些医生是我的职责所在。如果不让病人处于一定的风险之中，我便不能训练好那些经验不如我丰富的外科医生。如果我独自一人完成手术中的所有工作，如果做手术时，实习生的每一步都要在我的指导下完成，那么他们就学不到任何东西，将来的病人就会因此而遭殃。我一直都乐意帮助伊戈尔做那些危险的手术，也愿意承受指导他做手术而带来的痛苦，因为我相信，他正在为他的诊所创造一个独立的、可持续发展的未来，借此，乌克兰的病人和他的学员可以从中获益。当他告诉我，在乌克兰，外科医生没有能力做那些危险的手术时，我也相信了他。在20年前，这确实是现实，可现在的情况是，现实已经改变了。我曾经很天真（或许更糟），把自己在乌克兰的工作看作是一种英雄的行为，这种想象和虚荣扭曲了我的判断。

回到基辅，我才发现伊戈尔再次取消了手术，他没有明确告诉我这样做的原因。我和医生们做了一次会谈，但会谈的结果糟糕透顶。我原本以为，一起讨论工作可以改善一下彼此的关系。但我错了，伊戈尔非常生气，因为他认为下属医生没有权利去指责或抱怨，尽管这些人都是他的同事，但他还是把此次会议视为一次针对他的阴谋反叛。我只是一个充满善意又愚蠢至极的局外人，介入到异国机构的内部事务中，却无法理解发生的一切。

第二天一早我就回到伦敦。随后我写信给伊戈尔，解释我为什么不再继续和他一起工作，我在信中告诉他，不改变管理方式，诊所就没有未来可言。但我没有收到回信，也不知道那位患听神经瘤的女士最后结果如何。我和伊戈尔在一起工作了24年，几乎与我第一段婚姻的时间一样长。在这两件事中，我抓住残存的东西不放，不愿睁眼面对现实，不愿承认自己婚姻已到尽头，不愿承认与伊戈尔的工作已经结束。这是两个，我一手造成的噩梦。

6个月之后，我再次受邀为基辅的医学生做讲座，也再次谈到了诚实以及做一个好同事的重要性。我告诉他们，倾听病人的需求是医生的基本素养，学会同病人交谈也是一件困难的事情，因为病人很少会指出医生讲话中存在的问题，因为他们害怕冒犯医生。他们不会消极地反馈医生的问卷或指责医生的工作，而这些对于我们的提高至关重要。对大部分医生而言，诚实是一件非常困难的事情，因为那意味着我们要承认自己没有把握。我讲到了那位切除鞍上脑膜瘤后失明的女人，她听说我在基辅，要求来见见我。我害怕面对她，但是，当她被丈夫带到我面前时，她并没有显得格外生气或不开心。她对我说，手术后她去看了很多医生,那些医生告诉她,再等一段时间,她的视力就会恢复。她想从我这里知道,那还需多长的时间。

"我该怎么和她说呢?"我向这些学生提出问题,"我知道她永久地失明了,她是否有知情的权利呢?"

康复的几率非常小,尽管我已经提醒过她和她的丈夫,但伊戈尔却没有给我翻译。如果手术刚刚结束,就剥夺她所有的希望,那样的事情太残酷了,但如果6个月之后还继续说谎的话,那就是一个错误了。在那之前,她谈话时,脸上的表情十分地勇敢,甚至还说了几句玩笑话。然而,在后来,我慢慢地引导她,跟她谈起手术中的事故,想让她知道我是多么地难过。她和她的丈夫哭起来,我也为之动容,潸然泪下。我对她说,你已经失明,必须要学会使用盲人专用手杖和阅读盲文。大脑的视觉神经区域可以转换为分析听觉信息的区域,我给她讲了这一部分的神经科学知识,我告诉她,尽管存在困难,但盲人也可以过上正常人的生活。我们又交谈了很长时间,最后她问我什么时候再来基辅,她还想要过来和我谈谈。

小屋庭中半是苔

小屋已经有3个月无人管理,花园里野草繁芜,摇身一变为茂密丛林,人在其间难以通行。花园里有10英尺高的欧芹和与小树齐高的大蓟,大蓟的紫色花朵就盛开在我的头顶,除此之外,里面还有许多我叫不上名字的植物,它们的叶子就像是撑开的雨伞。小湖旁边,在如潮水般疯狂生长的野草的掩映下,那两个屋顶生锈的小棚屋几乎消失不见。这些绿色植物象征着自由的荣耀,虽然我不愿意驯服它们,但是我在冬天栽了几棵苹果和一株核桃,它们也隐藏其间,我很想知道它们怎么样了。

我把绿篱修剪器装在5英尺高的驱动轴上，在它的帮助下，我在通向核桃树的方向上开辟了一条小路。一开始，我只看到一棵枯死的植物茎秆，尽管在此之前，为了抑制野草的生长，我已经在树的周围铺了一层黑色塑料薄膜，但这毫无作用，高高的野草仍然四处蔓生。把野草清理干净后，我高兴地发现那棵核桃树还活着，而且长势良好，在它的树枝上，嫩绿色的叶子迎风招展。苹果树种在花园的另一个角落里，与核桃树所在的方向正好相反，于是我又在那边开辟出一条道路，我发现这些苹果树也生机勃勃，甚至还结出了一些小小的苹果。

我又花了5个小时来修剪小屋篱笆前疯狂生长的野草，因为它们已经挡住了纤道。这是我几个月来第一次做这样辛苦的体力活，我也再次发现，尽管劳动让人筋疲力尽，但它却也是一剂灵丹妙药。我忘却了所有的焦虑与急需解决的事情，不再去思考未来的方向、过去的羞耻与愤怒以及对英国脱欧公投的绝望。空气中弥漫着绿草的清香，以及欧芹和碾碎的树叶发出的刺鼻的味道。我脑海中满是清理活动，想的都是下一个要修剪的地方。我在脖子上挂了一根吊索来保持修剪器的平衡，我的脖子随着修剪器的工作而颤动，右侧肩膀一阵接着一阵地发麻。这可能是由第三到第四颈椎之间的神经受阻引起的，这个问题已经困扰了我好几个月，我的脖子僵硬，以至于夜晚看星星时，我需要竭尽全力才能仰起脖子。

随着身体的衰老，我发现自己出现了各种各样新的症状。跑步时，我的左侧臀部会痛；蜷坐在飞机里，我的右侧膝盖会疼；前列腺炎会让我在半夜里醒来。我是个医生，知道这些症状意味着什么，并且也知道它们只会越来越严重。迟早有一天，我会有某种严重疾病的早期征兆，它们会导致我生命的终结。尽管一开始我对它们不予理会，希望它们能自行消失，但在内心深处，我仍然感到害怕。最近我住在一个豪华的宾馆里，房间用奢侈的大理石做装饰，卫生间里有很多镜子。

这些镜子不仅让我看到自己衰老下垂的臀部，也让我看到自己右耳前的一颗痣。之前我并未注意到它的存在，如果只有一面镜子，我是看不到这颗痣的。我躺在床上，确信自己患了黑色素瘤，一种最致命的皮肤癌。最后在恐惧之下，我只好起床用手提电脑搜索自己照片，终于找到了一张侧面照。照片上，那颗痣十分清晰，说明很多年前它就已经出现了。至此，我才安心地躺回床上睡觉。

从小屋花园回到家，我全身僵硬，筋疲力尽，一觉睡了9个小时。清晨，我躺在床上，脖子和背都很疼，我开始怀疑，自己是否有能力完成所有的修复工作。那天晚些时候，我又回到小屋，开始拆除窗户上被人蓄意砸碎的玻璃，一年前，我用专业的玻璃装配钉、腻子和胶泥，花了很多个小时才将弧形的玻璃板装进窗框。

窗外下起了瓢泼大雨，雨水拍击在河面，一向平静无波的运河看起来就像是在沸腾。窗外的景色分散了我的注意力，我的手一滑，窗框里的碎玻璃割到了我的左手食指。伤口很深，肌腱上的一块皮被掀了起来。指头血流如注，流在窗框上，形成一条亮红色的小径。我在手术室里见惯了鲜血，以至于我都忘了它那童话般的美丽颜色。我惊异地看着它们，直到雨水将它们冲刷干净。我应该到医院去缝针，但我不喜欢排队，所以我在血淋淋的手指上缠了块手帕就回家了。

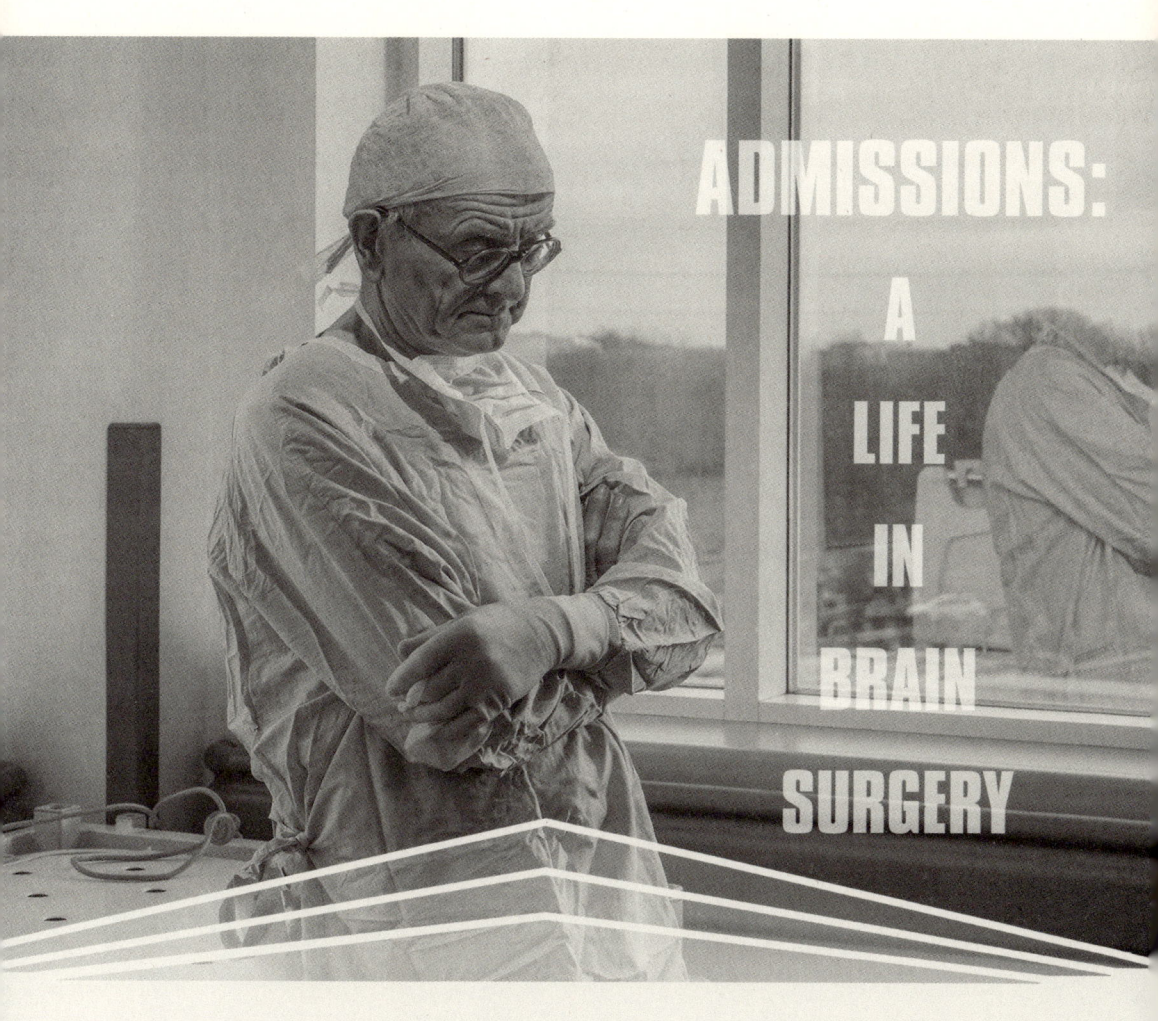

第 15 章

太阳和死亡

除了等待，别无选择

35年前，当我刚开始接受培训，并准备成为一名神经外科医生时，我需要先参加"皇家外科医学院普通外科医生"考试。那时还没有专门的神经外科专业考试，只需参加一个以普通外科（主要是腹部外科）知识为重心的考试，通过之后，便可以成为皇家外科医学院的会员。初级住院医师只有任职满1年后才有资格参加考试，为了获得考试资格，我在伦敦郊区的一个地方医院工作1年。

那是一份繁重的工作，实行"三七工作制"。这样的工作制是指，除了正常的工作时间外，每周要在医院里值3个夜班，每个月的第3个周末的晚上也要值班。工作超出40个小时的部分按"工作单位"来计算，一个"工作单位"就是一个"医疗时间单位"。一种委婉的说法是，超出工作量后，每4个小时视为一个"医疗时间单位"，薪水相当于基本工作量里1个小时的薪水。很多个晚上我都在做手术，但通常做的都是一些相当简单的手术，比如阑尾炎手术或引流囊肿手术，所以我的睡眠还算充足。医院里有两个顾问医师，他们都是非常好的老师，给了我很大支持和帮助。但是，和大部分初级医师一样，那时的我相当骄傲，除非万不得已，我不会开口请求他们的帮助。虽然我很快就学会了很多东西，但回想起那时犯的一些错误，我还是感到深深的愧疚，因为我本应该请求顾问医师的帮助。但庆幸的是，那些错误没有一个是致命的。

就如同忘记了在"健康营"里做的手术，我也忘记了那一年里，我治疗过的大部分病人。但有一个病人我却记得很清楚，我还可以回想起他的名字。那是一位50多岁的男士，一天晚上，他和妻子一起来到急诊室，夫妻俩非常有礼貌。他衣着讲究，身穿一件带黑色天鹅绒衣领的浅褐色大衣。很快我就意识到，他曾经是顾问医师的一个私属病人，但他的保险费用完了，所以又重新加入了 NHS。他们看起来很紧张，现在回想起来，或许那时，他们已经预感到了病情的发展。在两天之前，他的腹痛越来越严重，按照惯例，我问了他一些相关的问题：疼痛是否是一阵一阵地发作？排气排便是否通畅？有无呕吐？

"我今天吐了，"他痛苦地说，"而且难闻得可怕。"我默默做着记录，几乎可以肯定，他的呕吐是由于肠梗阻引起的。我让他脱掉上衣，躺在被布帘隔开的小房间里。

他的腹部鼓鼓的，上边有一个灰白色的十字形手术疤痕。

"3年前我做过结肠癌手术，"他说，"术后出现了一些问题，所以我在医院里住了好几周，又接着做了好几个手术。"

"直到两天前开始腹痛，他手术后再没出现任何问题。"他妻子补充道，想要寻求一丝希望。

在为他触诊时，我发现，他的腹部像鼓皮一样，绷得紧紧的。我又给他做了叩诊，我用左手中指按压在他的腹部上，然后用右手中指在上面轻轻地敲击，他的腹部发出非常沉闷的回响声。我将听诊器放在他的腹部，他的腹部因胀气发出叮咚的声音，那是肠鸣，一种典型的肠阻塞的症状。他肯定在家里等待了很长的时间，祈祷这些症状能自行消失。

有东西把他的肠道堵住了，就像下水道被堵住了一样。肠道肌肉想要奋力排除堵塞，所以他才会感到剧烈地疼痛。

"我们认为你需要住院。"我说。

"我们"这个词让人心里更踏实一些，它让医生感到并不是"一个人在战斗"，可以减轻我们"孤立无援"的感受。

"我们会给你做 X 光检查，或许还要给你插鼻胃管，挂点滴。"

"他的病情严重吗？"他的妻子问道。

"希望只是术后结疤引起的，那样的话，他很快就会恢复了。"我说。

他住进了外科病房。X 光检查显示，患者肠袢间充积气体，可以确诊为肠梗阻。对于肠梗阻的病患，那时的医院采用一种名为"滴漏"的管理方法，即不让患者用口腔进食，而是使用静脉注射来代替。保持患者体内电解质平衡的同时，为了防止病人呕吐，医生还要给他们插上鼻胃管。这样的方法可以让病人的肠道休息，通过这样的理疗，有些时候，肠梗阻可以在不做手术的情况下自行治愈。

但那样的事情没有发生，他的病情每况愈下，入院两天后，顾问医师就把他送入了手术室，而我是手术助手。当我们切开他腹部上结疤膨胀的皮肤和肌肉时，我们发现，他的肠道被瘢痕组织纠缠在一起，部分肠道已经变黑，这意味着它们正在坏死。如果再不处理，他会在几天内死去。

"情况不妙！"顾问医师叹着气说。他用手术剪慢慢地将肠道分开，以便他检查。他把手伸入病人的腹，他摸索着从肝脏和肾脏旁绕过去，再向下伸入骨盆。

"这里感觉不对劲儿，亨利，"他对我说，"这里，肝脏这里。"

我和顾问医生站在病人的左右两侧，我左手戴着手套，把手伸入那个打开的"温暖的洞"里,摸索着肝脏的情况。肝脏的表面通常光滑紧致,而现在,它的表面却有一大团结节。

"这是一个大的转移瘤。"我说。转移瘤是一种继发性肿瘤,是由于原来的肿瘤扩散导致的,它的出现是死神的征兆。

"是的,肠系膜上出现了继发性肿瘤。我们无能为力了,我想我们最好切除坏疽的部分,这样的话,兴许他还能再多活几个月。"

所以,在接下来的两个小时里,我们先切除了三截比较短的坏死的肠道,然后又将余下健康的部分重新缝合起来。

在脑外科手术中,如果手术失败了,医生很快就会知道,因为病人要不是在醒来后残疾,要不是就根本不会醒来。但在普通外科手术中,并发症通常在几天之后才会出现,那时要不是会出现创面感染,要不是会出现伤口缝合撕裂。但这位可怜老人的并发症极其讨厌,他肠道的缝合处断裂了,手术切口处和一些老疤痕处都出现了很多的洞,粪便不停地从这些洞里往外泄露。这么多的排泄口,护士不可能让它们保持干净,味道难闻极了,他被放到一个侧室里,走进这个房间前,你需要先深深地吸口气。

每天巡视病房时,我都会去看看他。我们什么也做不了,只能看着他等死。他的意识十分清醒,清楚地知道自己将在难闻的粪便味中慢慢死去。只有鼓起勇气才敢面对这可怕的恶臭,每次走进他的房间,我们的脸上都挂满了不情愿的表情,而他肯定也把这些看在眼里。

为了让他舒服一些,我们给他注射了吗啡,时间推移,他慢慢死去。

我记得自己站在他的床边,看着护士努力清理他的粪便,以及保持他腹部的清洁。但这些都是徒劳,他只是悲伤地看着我。我们有过简短的交谈,但是我确信,我们没有谈论即将到来的死亡,只是问了一些很老套的问题,比如,他的疼痛是否还严重。

我没有抽出时间坐下来和他好好交谈,我永远也不知道,他想要说些什么。我是担心他请求"安乐死",担心他要求增加吗啡的用量,或担心他要求用其他药物来结束自己的生命吗?如果我不幸也患上了这样致命的疾病,我也会用上述的东西来结束自己的生命。或许他只是不愿面对现实,仍然认为自己有活下去的希望?又或许他只是想回忆往昔,甚至仅仅只谈谈天气,并从中获得些许安慰呢?秋景时节,落叶纷纷,我记得自己常常会把目光从他的身上移开,转而望向医院停车场边的树木,我需要强迫自己,才能把目光收回,有意识地重新看着他。

和垂死的病人谈论死亡,这是一件困难的事情。在一个散发着恶臭的房间里,我很难与人有长时间的交谈。我是个懦夫,让那位老人失望了。

获得行医资格的几个月后,我在伦敦的一家医院里做实习医生。在 19 世纪,这个医院一直是个济贫院,所以在变成医院后,它仍未能摆脱济贫院给人带来的感观印象。和当时很多的英国医院一样,那里的走廊又黑又长,遍地狼藉,破旧不堪。

我的职责是在急诊室里做病人登记,并给他们办入院手续。重症监护室位于急诊室正上方的楼上,如果病人要住进重症监护室,我就要推着病床,顺着医院的主廊走上四分之一英里的路程,接着乘坐唯一的一部电梯到达楼上,然后再沿着走廊往回走,直到把病人送入重症监护室。如果病人的病情严重,那我就要与搬运工和护士合作,保证以最快的速度将病人送入重症监护室。

一天晚上,我登记了一位内出血的病人,并且让他住院了。病人大约 50 岁上下,肝硬化导致他的食管静脉曲张,食管静脉的扩大又造成了他的出血。他的肝硬化是由传染性肝炎引起的(而不是最常见的酒精中毒),扩张后的血管十分脆弱,很容易就会破裂出血。病人来到医院时,正在大量吐血。我下楼去看他时,他已经因失血而休克了。

第 15 章　太阳和死亡

休克是一个医学术语，它意味着病人的血压正在下降，如果持续的失血没有得到补充，病人就会因此死亡。眼前的病人脸色苍白，手脚冰冷，他的脉搏微弱，神色焦虑，呼吸衰微而急促。

我迅速将一个大口径静脉套管插到他胳膊的静脉上，然后给住院医师打电话，激切地告诉他有一个需要急救的病人。我们大老远将他送到重症监护室，然后给他输血。但是，血刚一输入病人的体内，他立马又把它们吐了出来。这件事情发生在差不多 40 年前，那时候，除了输血，剩下的唯一办法就是双气囊三腔管压迫止血术。双气囊三腔管是一个非常长的红色橡皮管，上面有两个气囊，使用时，需要把橡皮管伸入病人的喉咙，然后挤压气囊，产生的气流挤压流血的血管使其闭合。橡皮管太大了，将它放进病人的喉咙并插入食管是一个非常困难的过程。在这个过程中，病人不仅会咳嗽、窒息，而且还会呕吐鲜血。我、住院医师以及重症监护室里的护士们穿着围裙和靴子，花了整整一夜的时间来抢救他。我们想尽一切办法，但他不停地吐血，直至死亡。我仍记得抢救时，他那双眼睛默默地看着我，每隔几分钟，他都会虚弱地转向一侧，对着身旁那个灰色硬纸碗呕吐鲜血。

尽管我们给他输了新鲜血浆以及凝血因子，但还是未能挽救他的生命。他体内的血液越来越少，呕吐在碗里的血也不再凝结。他即将死去，住院医师抽了满满一注射器的吗啡，想让他至少舒服一些。此时天已破晓，重症监护室里，刺眼的灯光已被白日的柔和光线所取代。病人死亡之后，我很快就给他开具了一份死亡证明。我记的非常清楚，那是夏日里一个阳光明媚的美丽清晨，我筋疲力尽地走回破旧的值班室，楼下餐厅里飘来了煮白菜的香气。

成为顾问医师的一年之后，我接收了一个脑瘤患者。这位患者的脑瘤是由恶性肿瘤转移而导致的继发性脑瘤。这是一种罕见的肿瘤，刚开始时候，它还只是一个实体肿块，我很快就把它切除了。但由于是恶性的，所以几个月后它又复发了。这一次，它已经变成一个个长在脑脊液中的癌细胞，肿瘤如同溶解在脑脊液中，使脑脊液变得黏稠，进而导致病人急性脑积水和剧烈头疼。为了降低他逐渐升高的颅内压，我又给他做了第二次手术，将一个可调压分流管插入他的体内。那个病人患的是恶性脑膜瘤，现在回想起来，那是一个错误的做法，因为让病人死去反而更加人道一些。所以，在之后的很多年里，我很少再给恶性脑膜瘤患者做手术。

手术并不是非常成功。虽然他的头痛好转了一些，但是他不仅变得非常糊涂，而且还十分地焦虑。我告知他的家人，进一步治疗没有任何的意义，患者正一步步地走向死亡。虽然患者家人接受了这一现实，但是病人却顽固地抗拒死亡，手术后他又活了很久。死亡不断地往后拖延，他的家人越来越痛苦，也越来越烦恼。一天早上，护士长给我的秘书盖尔打来电话，让我去一趟楼上的病房。那时我在温布尔顿的专科医院里任职，办公地点在一间地下室里。

"他们正在大吵大闹，"护士长在电话里说，"还要求见您。"我后悔给他做了引流手术，在病态的焦虑下，我迅速地走到楼上。

那是一间南丁格尔式的病房①，古老而陈旧。病房呈长方形，面积很大，房间里有高高的窗户，30张病床整齐地摆放在房间的两侧。左手边第一个就是那位男士的病床，床的周围拉着帘子，我小心翼翼地把头朝床中间探去。病人的妻子坐在床边无声地抽泣，她的儿子已到中年，脸颊因生气而通红，他站在母亲身边，没有给我说话的机会。

"你对自己的狗也不会这样！"他说，"你应该让他摆脱痛苦，不是吗？"

一时间，我不知如何开口。

"我认为，他现在并没有比手术前更痛苦。"我看着病人，努力说

---

① 南丁格尔式病房是放置24-34张病床的大病房，没有病区划分，而现代病房仅放置5-6张病床。南丁格尔式病房是以近代护士事业的先驱弗洛伦斯·南丁格尔（英国护士）而命名。

出这句话。病人正默默地望着天花板，一言不发，虽然完全清醒，却对周围的事情一无所知。我给他们解释，这是注射了吗啡的缘故，我一边说，一边指向放在病人床边的输液架，上面挂着点滴瓶。

"这还要持续多久？"他的妻子问道。

"我不知道，"我说，"过不了几天……"

"几天前你就是这样说的。"他的儿子打断我。

"除了等待，我们别无选择。"

希望自己是只海鞘

医生的职责是延长病人的生命和减轻病人的痛苦，但我怀疑，这一点已经被现代医学抛诸脑后。医生经常因"扮演上帝"而被起诉，但根据我的经验，更多时候，医生并没有那样做。减轻病人的痛苦还是加速他们的死亡？很多医生总是回避这样的选择。我们应该阻止那些想要自杀的青年，并为他们提供帮助，因为美好的未来还在等待他们。我也曾差一点自杀，那只是一时冲动罢了。但是对于老年人来说，他们没有太多可以展望的未来，在权衡了各种可能性之后，他们做出的决定十分理智。正如律师所说，与缓慢而悲惨的死亡方式不同，那是一种没有痛苦，可以快速结束生命的选择。但是太阳与死亡都让人无法直视，我不知道当我老了，生活不能自理时，我会做出怎样的选择？

医药科学所取得的成就令人赞叹，但它同时也让我们进退两难，因为这是我们的先祖从不需要面对的问题。现代社会中，大多数人都能活到年老之时，那是一个癌症和老年痴呆越来越普遍的年龄，这些病症在我们身体尚佳，心智还比较健全时就可以诊断出来，尽管我们不知道具体的时间，但我们可以预测将来会发生什么。问题的关键是，进化决定了人类害怕死亡的本质。在遥远的过去，我们的祖先可能还以一种简单的生命形态存在，只长着某种和大脑类似的东西。他们十分脆弱，尚不能存活较长的时间，而如果物种要在世界上繁衍生息，能否健康地多活几年是至关重要的。

　　生命的本质不愿终结。我们生来就对一切充满希望，总感觉自己前途光明。大脑是人类活动的基础，我们根据对事物的预测来采取下一步的行动，这是人类智力上升最有力的证据。对于世界以及自身，我们的大脑有一个模型，该模型使我们能够掌控外部的世界。知觉就是期待，我们年轻时就在头脑中建立了外部世界的模型，当我们观察、感受、品味和倾听时，大脑只是将眼睛、嘴巴、皮肤和耳朵获取的信息与之前的模型进行比对。下楼的时候，如果有一两个台阶是我们没有预料到的，我们就会在瞬间失去平衡。海鞘是广为人知的生物，因为在科普类神经科学讲座中，人们总是会提到它。海鞘有着原始的神经系统（脊索），在幼体阶段就已经能够运动。所以它们能在一小片区域里自由浮游。在海鞘的成体阶段，它的前段突起会将自己固着在岩石上，仅仅依靠涌入到导管内的海水被动摄食。在变态完成后，它的神经系统就会退化消失，因为这个生物不再需要运动，神经系统也就成了多余的东西。我的妻子凯特曾用诗歌来描述这一现象：

>　　我希望自己是一只海鞘，
>　　如果生活变成了负担，
>　　我会在最近的岩石上休憩，
>　　然后吸收自己的大脑。

　　衰老缓慢而残酷，与之相伴的老年痴呆会使人最终进入植物状态。尽管有时可以减缓，但这个过程是不可逆的。在老年阶段罹患癌症，一些人可以治愈，多数人可以治疗，虽然少数人能长期存活，但他们之后也会死于其他的疾病。而且，如果我们已经老了，所谓的"长期"其实也是十分短暂的。

我们要在可能性而不是在确定性中选择，这是一个艰难的过程。如果我们甘愿接受治疗所带来的疼痛与不快，我们的生命可以额外延长多少年呢？这些年日里生活质量又如何？如果治疗带来的副作用严重超过治疗的好处，我们该怎么办？年轻时很容易就能做出决断，但如果我们行将就木，马上就要走到生命的尽头呢？理论上，我们是可以选择的，但是乐观精神，对生活与生俱来的热爱，以及恐惧死亡的本性让我们难以选择。我们都希望自己是幸运者，希望自己能长命百岁，希望自己的岁数至少在平均水平之上。然而据统计，在发达国家，75%的医疗费用都耗费在生命中的最后6个月里。这就是希望的代价，而希望并不现实，它只是一个概率事件。因此，我们的生命总是以这样的方式终结：自身遭受巨大的痛苦，社会也蒙受巨额的经济损失。

每个国家的医疗卫生花费都呈螺旋式上升，失去控制。我们的先祖在这些事情上没有选择的余地，但是我们可以，至少在大体上，我们可以决定自己的生命应该以怎样的方式结束。

我们对死亡的恐惧根深蒂固。一种说法是对死亡的认知将人类与动物区分开来，死亡也几乎是所有人类行为和成就的原动力。大象会哀悼死去的同伴并相互安慰，这是事实，但我们无法知道，在某种程度上，这是否意味着它们知道自己有一天也会死。

我们的祖先恐惧死亡，不仅仅是因为在没有现代医学的过去，死亡是一件可怕的事儿，也因为他们对死后可能会发生的事情感到害怕。

但是，我不相信来世。作为一个神经外科医生，我知道，我之所以为我，我有意识或无意识思考和感受到的所有事情，都是数十亿大脑细胞的电化学活动。这些大脑细胞由无数个突触连接在一起，随着年纪的增长，很多突触都会失去作用，一旦我的脑死亡了，"我"也就死了。"我"只是一支短暂的电化学舞曲，由无数个信息单位组成。正如物理学家所言，信息是一种物质。我不知道在我死后，这些无数条被拆分开的信息是否会重组。我曾经希望在我死后，这些物质可以化为橡树的叶子和枝干。如果孩子们将我的骨灰撒在小屋花园里，或许它会成为养料，滋润核桃和苹果的生长。害怕死亡是不理智的，如何才能无所畏惧？我当然对将来心存恐惧，也非常痛恨这样的事实：我永远不可能知道我的家人、朋友以及整个人类的未来命运。但是现在，我对死亡的本能恐惧已经转变为对垂死状态的恐惧，对尊严尽失的恐惧，对变成一个无助的病人的恐惧。因为在临死前，我只能听凭一群医生和护士的处置，他们对我一无所知，冷漠无情。更糟糕的是，我或许还会老年痴呆，大小便失禁，在疗养院里慢慢死去。

我的母亲是一位极其讲究的人。她住在克拉珀姆，房子里镶有木框，装有高高的百叶窗。从这些窗户望出去，可以看到克拉珀姆公地上的树丛。在她生命的最后几天，她躺在床上，大小便已经严重失禁。"临终的侮辱，"当我和姐姐帮她清理时，她恨恨地说，"是时候离开了。"

无论临终关怀有多出色，但在我眼中，它没有半分优点。在生命的最后几天或几周里，我们或多或少会受到侮辱。而且，只有少数幸运儿才能得到临终关怀！我希望人类对死亡的看法能在未来有所改变。可能我有些不切实际，这些都纯属空想。但如果我们的看法真的改变，那么在我临死之际，我也会像母亲一样，身旁站着家人，死在自己的床上。但不同的是，我不会大小便失禁，不会喘息着发出死亡的喉鸣，而是迅速平静地死去，正如墓碑上的委婉语一样，真的是睡着了。

躺在那里等待死亡时，相信来世的人肯定异常痛苦。他们会想，天堂里是否有自己的位置。是否为了在死后能继续存在并升入天堂，灵魂要经历痛苦的重生？是否存在魔术般的交易：如果我们今生承受伤害，来世就可以免遭痛苦的折磨？是否我们不会下地狱也不会成为一个不快乐的漂泊鬼魂？是否迅速舒适的死亡仅仅只是一个谎言？但我并不相信来世，我唯一关心的，是自己能否以一种尊严的方式好好死去。当大限来临之时，我希望所有的事情都准备得妥妥帖帖。我不想让它变成一件不断向后拖延的令人不快的事情，我不想被那些临终关怀的专业人员照顾，他们的意义感与目的感源于我的痛苦。死亡的唯一意义是：如何过好当下的生活，死亡时有值得回忆的美丽往昔。

我做好了离开的准备

我需要再做一台动脉瘤手术。我虽然紧张，但同时也很自豪，因为我还有能力做这样困难的手术。虽然可能会失败，但我会承担责任。每一次手术之前，彻底清洗手臂时我都很害怕。既然我可以在任何时候放弃神经外科手术，那么我为什么要继续折磨自己呢？我身体的一部分想要离开，然而我还是彻底消毒，穿上手术服，戴上手套，走向手术台。住院医师们正在打开病人的颅骨，目前还不需要我，所以我坐在长凳上，头向后靠在墙上等待。我将戴着手套的双手放在胸前，手掌合十。这看似在是祈祷，实则是外科医生等待手术时的常用姿势。我身旁的显微镜也在等待，它长长的脖子向后折叠着，已经做好了帮助我的准备。在这里我感到自己还有用，虽然我不知道这种感觉会持续多久，也不知道自己是否还会回来，但现在，这里仍然需要我。

这个城市又脏又热，雨迟迟不下，天空呈黄色，空气中满是污染物和灰尘，雾霾严重到看不见最近的山麓。这样的情况逐年恶化，至于那天堂般的喜马拉雅雪山，似乎从来都没有存在过。据说冰川正在加速融化，消融的速度比最悲观的预言都快。过不了多久，河流就要干涸了。

我靠在手术室的墙上打盹。我想到了守门人的小屋，心中燃起回家的渴望。我想象着自己在茂盛的绿色花园里四处走动，幼嫩的苹果树上，几毫米大小的花蕾刚刚舒展开来，一层层粉红洁白的小花紧紧地蜷缩着，内心仿佛充满了进入外部世界的热情。天上正下着雨，空气潮湿，可以嗅到春天的气息。雨水落在湖面上，溅成无数个波纹，它们刚一形成又迅速消失。那两只天鹅像往常一样有些高傲，如帝王般在苇丛中游荡，也许，它们今年要在芦苇丛里搭一个窝。我还做了一个猫头鹰房子，并它放在湖岸边那棵高挑的柳树上。我会在晚上练习吹猫头鹰口哨，那是我最近买的，希望能用它吸引一只猫头鹰在这里安家。花园里现在应该又长满了野草，而我也非常认真地读了一些有关植物的书，知道了所有野花野草的名字。也许，饮水槽前边的鹅卵石和猪舍地面的红砖之间也再次长出了野草，兴许里面还有当地搜寻者们喜爱的那种罕见的藤蔓植物，而在之前，我花了很多天才把它们清除掉。我已经把蜂房带到这里，它以前放在伦敦家的花园里。冬天已经过去，蜜蜂从蜂房里飞了出来，在新家的周围探索，回来时腿上沾满了黄色的花粉。我还会买一艘小船，当外孙女爱莉丝大一些的时候，我就可以带着她在湖上泛舟遨游。如果那时候我有时间，能自己造一艘就更好了。在我的工作室里，所有的工具都磨得锋利，整齐地悬挂在墙上。在这里，可以闻到被锯开的橡木和松木的芳香。从工作室的窗户可以向外俯瞰小湖，夏天的时候，窗户那边的小湖上盛开着黄菖蒲和百合。远处还可以看到那座摇摇欲坠的破旧小屋，那些蓄意破坏者已经安静地离开，我赋予它新的生命。

回到伦敦后，有许多事情等着我。当我重新拾起遗留的工作，有很多东西需要修理，也有很多东西需要送走或扔掉。现在，能否把所有的工作做完，对我而言已不再重要。我并非刻意等待死亡，但我希望那一天来临时，我已整装待发，做好离开的准备。只要我能健康地再生活一段时日，只要我能够幸运地成为家庭的一部分，无论是过去、现在还是将来，只要我还有用，只要还有工作要做，我就心满意足了。

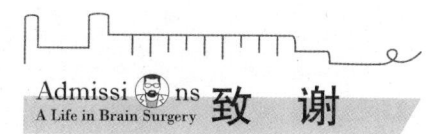

致 谢

只有当你自己去写一本书时,你才能够理解致谢的重要性与真诚性。无论这本书质量如何,没有朋友们的批评与鼓励,它会比现在逊色很多。感谢我的朋友们,特别是罗伯特·麦克拉姆,艾丽卡·瓦格纳,杰弗里·史密斯,以及我的哥哥劳伦斯·马什。我的经纪人朱利安·亚历山大非常优秀,总能给我提出一些睿智的建议。我的编辑贝亚·海明将一份杂乱无章的草稿变成了一本书,他的帮助让我获益良多。韦登菲尔德·尼科尔森出版社的艾伦·萨姆森,珍妮·洛德和霍利·哈利对原稿提出了很多修改意见,他们给了我莫大的帮助。我也非常感谢伦敦、基辅和加德满都的病人以及同事,特别要感谢乌彭德拉·德瓦科达和马杜·德瓦科达夫妇。他们在尼泊尔热情地招待我,他们的好客与友好让我的尼泊尔之行收获良多。我也非常感谢卡特里奥纳·巴斯,是她为我找到了守门人的小屋。然而,最最重要的是要感谢妻子凯特的帮助。她给我的书起名字,参与到了这本书的方方面面。她既是这本书的创作者,也给出了很多意见,还是我灵感的泉源。

"iHappy书友会"会员申请表

姓　名（以身份证为准）：_____　　性　别：_____

年　龄：_____　　　　　　　　　　职　业：_____

手机号码：_____　　　　　　　　　E-mail：_____

邮寄地址：_____　　　　　　　　　邮政编码：_____

微信账号：_____（选填）

请严格按上述格式将相关信息发邮件至中资海派"iHappy书友会"会员服务部。

　　邮　箱：szmiss@126.com

　　微信联系方式：请扫描二维码或查找zzhpszpublishing关注"中资海派图书"

中资海派公众号　　中资海派淘宝店

优惠订购	订阅人		部门		单位名称	
	地址				邮编	
	电话				传真	
	电子邮箱			公司网址		
	订购书目					
	付款方式	邮局汇款	深圳市中资海派文化传播有限公司 中国深圳银湖路中国脑库A栋四楼			邮编：518029
		银行电汇或转账	户　名：深圳市中资海派文化传播有限公司 开户行：工商银行深圳八卦岭支行 账　号：4000 0273 1920 0685 669 交通银行卡户名：桂林　卡　号：622260 1310006 765820			
	附注	1. 请将订阅单连同汇款单影印件传真或邮寄，以凭办理。 2. 订阅单请用正楷填写清楚，以便以最快方式送达。 3. 咨询热线：0755-25970306 转 158、168　传　真：0755-25970309 转 825 E-mail：szmiss@126.com				

→利用本订购单订购一律享受九折特价优惠。

→团购 30 本以上享受八五折优惠。